基于莲文化的三品德育

何爱莲 著

广东省中小学『百千万人才培养工程』系列丛书

SPM 南方传媒 | 广东人民出版社
·广州·

图书在版编目（CIP）数据

基于莲文化的三品德育 / 何爱莲著. —广州：广东人民出版社，2024.1

（广东省中小学"百千万人才培养工程"系列丛书）

ISBN 978-7-218-17209-5

Ⅰ.①基…　Ⅱ.①何…　Ⅲ.①德育—教学研究—中小学　Ⅳ.①G631

中国国家版本馆CIP数据核字（2023）第245630号

JI YU LIAN WEN HUA DE SAN PIN DE YU

基 于 莲 文 化 的 三 品 德 育

何爱莲　著

出 版 人：肖风华

责任编辑：王庆芳　陈埼泓
责任技编：吴彦斌　马　健

出版发行：广东人民出版社
地　　址：广州市越秀区大沙头四马路 10 号（邮政编码：510199）
电　　话：（020）85716809（总编室）
传　　真：（020）83289585
网　　址：http://www.gdpph.com
印　　刷：广州小明数码印刷有限公司
开　　本：787 mm × 1092 mm　1/16
印　　张：22.5　字　　数：330 千
版　　次：2024 年 1 月第 1 版
印　　次：2024 年 1 月第 1 次印刷
定　　价：88.00 元

如发现印装质量问题，影响阅读，请与出版社（020-85716849）联系调换。
售书热线：（020）85716863

广东省中小学"百千万人才培养工程"系列丛书
编委会

■ 总 序

求实笃行，守正创新
做扎根岭南大地的时代大先生

教师是教育改革发展的第一资源，教师强则教育强。近年来，党和国家对教师队伍建设的重视达到前所未有的历史高度，党的二十大更是把加快建设教育强国、科技强国、人才强国，作为全面建设社会主义现代化国家的基础性、战略性支撑。作为置身改革开放前沿的教育大省，广东省始终积极响应国家的教育发展战略，把教师队伍建设、教育人才建设摆在极其重要的位置，以培育一批教育家型教师、卓越教师和骨干教师为目标引领，2010 年至今已先后实施三批广东省中小学"百千万人才培养工程"，通过提炼教育改革典型经验与创新理念，打造具有鲜明岭南风格与广泛影响力的教育特色品牌，致力于为推进中国式教育现代化事业贡献智慧。

作为人才强教、人才强省的一项重要改革举措，广东省中小学"百千万人才培养工程"的深入实施，就是要持之以恒地通过教育人才培养机制的创新，探索名优教师成长规律，优化教师专业发展的环境，激发教师竞相成才的活力，真正形成让教育家型教师不断涌现的良好教育生态。

十多年来，中小学"百千万人才培养工程"通过不断完善培养机制，形成了较为科学的"顶层设计"，建立了省、市、县三级分工负责、相互衔接的中小学教师人才培养体系，坚持"系统设计、高端培养、创新模式、整体推进"的工作理念，遵循"师德为先、竞争择优、分类指导、均衡发展、公平公正"的工作原则，统筹安排好集中脱产研修、岗位实践行动、异地考察交流、示范引领帮扶、课题合作研究等"五阶段"，并注重理论研修与行动研修相结合、导师引领与个人研修相结合、脱产学习与岗位研修相结合、国外学习与海外研修相结合、研修提升与辐射示范相结合的"五结合"，从而有效解决了传统教师培训存在的问题与矛盾，让"百千万人才培养工程"成为助力教师队伍整体素质提升、助推全省教育现代化的"标杆工程"。

教育现代化首先是"人"的现代化，推进中国式教育现代化建设呼唤数以千计、数以万计教育家型教师的示范与引领。什么是教育家型教师？2021年4月，习近平总书记在清华大学考察时强调，"教师要成为大先生，做学生为学、为事、为人的示范，促进学生成长为全面发展的人"。这实际上是为广大教师提出了职业发展的高标准，一个教育家型教师一定要胸怀"国之大者"，关心学生的精神成长、着眼于学生的全面发展和终身发展，立德树人，笃志于学，努力做新时代的大先生。

开辟新学，明德新民，岭南大地是一片有着优良文化传统的教育改革热土，生逢中华民族走向伟大复兴的新时代，今天的教育人更应该赓续初心，勇于担当，借助于"百千万人才培养工程"的制度赋能，立足于充满希望的教育实践原野，努力书写"立德、立功、立言"的精彩教育人生。

第一，要求实笃行，做勤学善研的育人者。

岭南大地向来有着求真务实、勤勉笃行的文化传统，正是凭着这样的实干精神，创造了经济社会发展的一项又一项奇迹。浸润在岭南文化精神中，广大校长教师始终笃守着为师的道义，躬身教育实践，用心用情地教书育人，并不断地思考、凝练和升华，同样创造出富有岭南教育文化特色的改革实践与教育理念。透视这些实践与理念，其中蕴含着真学习、真研究、真实践的教育价值导向。

　　深入研究学生，是育人之根。所有的校长教师，都应以学生为本来推进教育教学实践改革，关注学生的个体差异，包括智力、性格、情感、行为等方面的差异，了解他们的发展特点和需求，以便为他们提供个性化的教育；注重学生的生活体验和情感需求，帮助他们解决心理问题，调整情绪状态，创造良好的学习和生活环境，培养健康的心理素质和人格品质；关心学生的综合素质和发展潜力，引导学生参加各种活动，以培养其领导能力、创新能力、团队协作能力等非学科能力，提升其全面素质和可持续发展能力。我们坚信，一个育人之师必须要研究学生，为学生健康而全面成长服务。

　　深入研究课堂，是立身之本。课堂是育人的主阵地，也是师生共同成长的主要空间。校长和教师一定要沉潜在课堂一线，关注师生的课堂生活质量。从学生的学习兴趣和需求出发，引导学生主动参与课堂教学，激发学生的学习热情，使其在学习中得到满足和成长；要不断创新教学方法和策略，灵活运用不同的教学策略和技巧，提升学生的学习能力和思维品质，促进知识的内化与能力的输出；同时还要对课堂教学的内容、形式、效果等方面进行全面的评估和反思，不断提高课堂教学质量和效果。优秀的校长和教师的生命力在课堂中，脱离了课堂教学，任何教育创新都是"无本之木"。

　　深入研究管理，是兴教之源。教育管理，事关一所学校的"天地人和"，能够让每个人各展所长、各种资源得到适当调配，让人财物完美契合。这就要求校长教师要注重教育的发展战略和规划，善于构建教育愿景，以此来制订教育教学计划，为学生提供更优质的教育服务；注重管理机制和制度的建设，从招生到课程安排，从班级管理到教学管理等，无不体现规范与科学；此外还要注重自身与队伍的终身发展，不断提升团队建设水平，优化组织文化，在协商共治中走向教育治理，用良好的组织文化引导人、凝聚人、发展人。

　　第二，要守正创新，做知行合一的自强者。

　　教育是一项继往开来的事业，既需要继承传统，循道而行；又需要开创未来，大胆创造。一个优秀的校长或教师要掌握并尊重教育的基本规律，包括党和国家关于教育的方针政策、发展方向以及制度规定等，唯有如此，才能行稳致远，保障教育高质量发展。同时面对教育中不断出现的新情况、新问题和新挑战，要有改革思维与问题意识，发挥好主动性和创造性，在不断破解问题中实现教育的新发展。

一方面，要做好教育传承，弘扬教育文化自信。党的二十大报告提出，坚持和发展马克思主义，必须同中华优秀传统文化相结合。这启示我们，办好教育必须珍视既有的文化传统，植根于本民族、本区域历史文化沃土。岭南是传统文化蕴藉深厚之地，有着丰富的地域文化可作为教育的资源，也经一代代教育人的探索形成了许多宝贵的教育经验与理念。这些都是帮助我们办好今天教育的精神财富，作为校长和教师一定要通过学习，研修了解岭南教育的传统，做好教育资源的调查研究，用本土化、特色化的教育实践彰显教育文化自信，做有根的教育。

另一方面，要推进教育改革，以新理论指导新实践。教育要培养面向未来的一代新人，因此必须常做常新，满怀热忱地拥抱新生事物，要在不断学习中适应新情况、创造新经验。勇立潮头、敢为人先也是岭南的文化精神之一。广大校长和教师要敢于迎难而上，主动作为，面对教育工作中的问题或困难不抱怨、不懈怠、不推诿，充分激发成长的内驱力；要认识到所谓的问题恰恰是改变的契机，我们的教育智慧、我们的教育事业都是在不断破除困难、解决难题中得以发展；要不惮于说前人没有说过的话、做前人没有做过的事，不断拓展认识深度和广度，力争创造出更多教育改革的"广东经验""广东智慧"，这才是教育家型教师应有的胸怀胆识。

第三，要海纳百川，做担当使命的引领者。

优秀的校长、教师与班主任，在一定程度上都是先进教育文化的代表，这就意味着我们在"百千万人才培养工程"这个项目平台上，必然要承担更大责任，履行更大使命，有更高的精神追求。除了在高水平研训活动中完善自我、提升自我之外，还要胸怀天下、海纳百川，凝练自己的教育教学实践成果，升华对教育教学的思想认知，形成具有示范性、影响力的教育特色品牌，带动更多的学校和教师共同成长，一起不断地提升教育品质，推动教育高质量发展。

凝练教育特色品牌，从经验积累走向理论思考。一位优秀的教育者必然要做到知其然并知其所以然，不断增进对所从事教育工作的规律认知和价值思考。我们的名校长、名师和名班主任要立足自己丰富的实践经验，不断学习、不断反思，在专家指引和同行启示下，结合教育学、心理学、社会学等学科理论，将个人的实践经验凝练和表征为富有内涵的概念与符号，确立起具有鲜明个性特点与自我风格的教育教学品牌性成果，从行动自觉走向理论自觉，并用自我建构的理论或工具去指导实践、印证实践、优化实践，从"名师"走向"明师"。

用好教育特色品牌，从个体实践走向群体发展。实践经验范型一旦表征化为符号、概念，就立刻具有凝聚力、解释力与普适性，这就有助于引领、启发和影响更多的教师，结成教育发展的共同体，共同优化教育教学实践。各位名校长、名师和名班主任要发挥教育特色品牌的示范性，依托工作室平台，不断地吸收新生教师力量，不断地影响更多教育同行。正所谓独行速，众行远。以品牌建设为纽带，让每一位名师都发挥"磁场效应"，真正达到造就一位名师，受益和成长起来一批优秀教师的局面。让这些在岭南大地上星罗棋布的名师交相辉映、发光发热，照亮广东教育的美好未来。

升华教育特色品牌，从著书立说走向文化传播。近代以来，无论是岭南文化还是岭南教育，始终开一代风气之先，形成了许多影响全国的好经验、好理念和好的发展模式，同时也在教育文化的交流传播中更好地促进我们自身的发展。今天的校长和教师是岭南教育文化新的代表，也要有一种开放的胸怀和眼光，在教育全球化、信息化的背景下海纳百川、兼收并蓄，同时也要积极传播自身教育的优秀成果，在更大的教育发展平台上与名师名家、教育同行、社会各界交流对话，发出教育的声音，讲好教育的故事，扩大教育的传播力与影响力，增进不同教育文化的理解与互鉴。

正因此，看到又有一批"百千万人才培养工程"的优秀教育成果即将付梓面世，作为这项工作的管理者、参与者和见证者，由衷感到骄傲和自豪。古人云，"言而不文，行之不远"。希望我们广东的优秀校长和教师更加重视教育教学成果的凝练升华，这本身就是一件创造性的工作，也是更好地激发自身教育潜能、唤醒更多教育人生命活力的有效途径。愿这样的优秀教育成果能够发挥更大品牌效应，引领更多教育人不忘初心，潜心育人，参与到中国式教育现代化的伟大事业中，为中华民族的伟大复兴做出教育人应有的贡献。

是为序。

2023 年 5 月

■ 序 言

在当今社会，教育的目标已经超越了单纯地传授知识，更加强调培养学生的综合素质和道德品德。基于莲文化的"三品"（品格、品行、品位）德育就是一种以莲文化为基础的育人理念和实践方法，旨在通过深入挖掘莲文化的内涵和价值，培养学生的品德与道德观念。

《基于莲文化的三品德育》是一本学术专著，全面探讨了基于莲文化的三品德育理念和实践方法，旨在帮助教育工作者在培养学生品德和道德观念方面取得积极而有效的成果。本书不仅深入分析了文化德育的意义和内涵，还强调了莲文化与德育的密切联系，揭示了莲文化在培养学生品德和道德素养方面的潜在力量。

莲文化作为一种深厚而独特的文化传统，在世界各地都具有广泛而深远的影响。莲花作为莲文化的象征，代表了纯洁、高尚、正直和坚韧不拔的品质。这些品质反映了莲文化的独特魅力和价值观。通过深入研究莲文化，我们发现莲文化与三品德育之间存在着紧密的关系。莲文化所代表的纯洁、高尚和正直的特质，正是培养学生品德和道德素养所需要的基石。

莲文化具有浸润力，能够有效地引导学生追求美好品德和道德价值。莲花的纯洁和高尚品质潜移默化地影响着人们的心灵，激发出对美好和纯净的追求。将莲文化融入到教育中，可以激发学生的内在动力，培养他们对美德的追求和道德责任感。

在实施基于莲文化的三品德育的过程中，本书提供了多个方面的有效策略和方法。在班级环境建设上，明确核心价值观和目标、建立规范与制度、培养积极沟通和互动，同时，通过营造莲文化的环境，如莲文化图书角、莲花寓言故事分享等，营造出一个充满美好品质和道德价值的育人氛围。在班级管理制度方面，鼓励团队合作是培养学生品德和素养的关键，建立班级品牌管理制度可以激励学生共同追求卓越，并培养他们的集体荣誉感。此外，采用"莲"心管理方式，教师引导学生从莲花的特质中汲取智慧，将其运用到自身的管理能力中，培养学生在有序管理中的品德素养。此外，本书还介绍了班本课程的设计与实施，讲述了如何将品德教育融入到学生的日常学习中，设计适合的课程内容，使其与莲文化的价值观相契合，将品德教育贯穿于班会和活动中。通过探究莲花的象征意义，学生可以在实践中体验纯洁、高尚和正直的道德品质。

活动悟德是三品德育的重要组成部分，在本书中也得到了详细的论述。通过参与传统活动、团队活动和生涯活动，学生可以在实践中感悟道德品质，培养自己的情感和情绪管理能力。此外，家校合作和多元资源的协同配合对三品德育也起到了积极的促进作用，家庭和学校的合作是品德教育的重要支持系统。学校可以积极与家长协作，共同关注学生品德的培养和发展。此外，多元资源的协同配合也可以丰富品德教育的内容，如邀请专家学者举办讲座、组织参观活动等。

在这本书的编写过程中，我通过深入研究和实践，为读者提供了基于莲文化的三品德育的全面而具体的指南。无论是教师还是教育工作者，都可以从这本书中获得有益的参考和指导，促进自身教育工作的发展，并将这些策略和方法应用于实践中。

希望这本书能够为教育工作者提供有益的借鉴和指导，推动基于莲文化的三品德育在学校教育中的广泛应用。让我们共同努力，培养具有高尚品德和道德价值观的学生，引导学生在追求美德、培养道德品质的道路上成长为全面发展的个体。

C目录
CONTENTS

第一章

文化润德：三品德育之根

第一节　文化德育的意义与内涵

番禺区作为岭南文化和广东音乐的发源地之一，被誉为"文化之乡"。在岭南文化的滋养下，番禺区的德育工作多年来展现出独特的魅力。站在新时代的视角，番禺的教育工作者勇于进取，不仅秉承岭南文化的传统，还积极汲取其他优秀文化的精华，聚焦于"文化德育"这一理念，以培养有文化素养和高尚品德的人为目标。他们积极利用各种有效的文化资源，并依靠文化独特的育人作用，通过学生对文化教育资源的积极吸收和文化教育活动的深度体验，唤醒学生主体道德成长的积极性和主动性。他们通过文化的浸润，让学生内心深处感受到文化的滋养和启迪，以文化引领学生的品德成长，实现以文化人、以德育人。番禺区的德育工作得益于岭南文化的熏陶，同时也融合了多元文化的精粹，以推动学生全面发展和个性培养为目标，以打造有文化底蕴和高尚品德的人才队伍为使命。

一、文化德育的意义

（一）实现立德树人根本任务的需要

文化作为国家发展的软实力，具有重要的作用，文化兴则国运兴，文化强则国运强。实践已经证明，优秀的文化是德育工作持续发展的动力源泉。作为学生道德成长的环境和空间，文化以其强大的影响力融入到学生的德育核心中，从多个角度影响学生道德成长的长度（道德的健全）、厚度（道德的力量）、高度（道德的境界），在潜移默化中塑造学生的道德品质。因此，通过优秀的文化引领，可以有效促进学生融入文化体验，激发文化自觉，增强文化自信，树立文化追求。在番禺，实施立德树人的目标体现为"文化德育"，以优秀的文化为基础，开拓了新时代立德树人的新途径。通过借助丰富的文化资源和活动，番禺区致力于培养学生的道德品质，使学生在这个充满文化氛围的环境中能够绽放个人的光彩，实现全面成长和发展。

（二）培育中小学生文化自信的需要

国无德不兴，人无德不立。习近平总书记在党的十九大报告中强调，文化是一个国家、一个民族的灵魂。文化兴国运兴，文化强民族强。习近平总书记一贯高度重视培养社会主义建设者和接班人，把立德树人作为教育的中心环节。为服务于新时代的重大战略任务、培养学生核心素养和健全人格、推动番禺教育现代化全面发展，番禺区教育局提出要践行落实上品教化升级版——文化德育，要培养学生的文化自信，就必须用文化育人，用文化兴教，这既符合国家战略的要求，也符合新时代学生成长的需要。

（三）打造班主任品牌发展的需要

在任何品牌企业中，独特的企业文化都是不可或缺的，产品缺乏文化底蕴就难以具备生命力。同样地，班级作为重要的育人环境，也需要打造出优秀的班级文化。班级文化可以充当班级的黏合剂，紧密团结学生，以促进班级保持蓬勃的朝气和优良的班风班貌，使每个学生都有维护集体荣誉的责任感。

因此，每个优秀的班主任都应该具备自身的品牌意识，凝练个人特色班级文化，打造、展现和传播自己的核心价值观，以获得较高的知名度、认同度和影响力，这是打造名副其实的班主任的基础所在。然而，班主任个人品牌的建立不是自我吹嘘或自我营销，而是真实地表达自己与社会、世界的联系，以推动班主任专业发展。

通过精心设计的班级活动、鼓励学生参与社会实践和公益活动、为学生提供个性化的关怀教育等方式，班主任可以塑造独特的班级文化。这样的文化将激发学生的创造力、团队合作意识和社会责任感，培养学生的领导能力和人文素养。同时，班主任也应与学校、家长和社区等外部环境进行有效的合作与沟通，将班级打造成一个有着积极影响力的育人平台。

班级管理工作通常包括常规管理和创新管理两个方面。在常规管理工作方面，学校通常会制定相应的规章制度，我们需要按照规定进行执行。在创新管理工作方面，我们需要结合学校、个人以及学生的实际情况，开展一些独具特点的创新活动，逐步形成自己班级管理的品牌。

然而，常规管理工作不能只是机械地被动执行，同时也需要采取创新的方法和策略。通过探索新的管理方式，例如，引入新的教育技术、推行个性化辅导等，可以提高管理效果和学生参与度。创新管理工作也不能随意行事，需要符合一定的常规要求和教育原则。只有找到常规管理与创新管理的平衡点，我们才能让学生在班级活动中得到全面发展，在班级文化的浸润中走向卓越。这样的管理方法可以增强学生的文化自信，培养他们成为敢于担当民族复兴大任的时代新人。

因此，在班级管理工作中，我们需要灵活运用常规管理和创新管理的方法，根据具体情况制订相应的策略和计划。通过倡导积极向上、合作互助的班级文化，组织丰富多样的活动，培养学生的团队意识和创新力，我们可以打造优秀的班级管理品牌，以提升学生的整体素质和综合能力，为他们成长为时代新人奠定坚实的基础。

二、文化德育的内涵

文化德育是有文化内涵的德育，是基于优秀文化的德育。站在文化高度，遵循文化规律，运用文化方式，用优秀文化熏陶人、用时代内涵引领人，以实现立德树人的根本任务。充分挖掘中华优秀传统文化、革命文化、社会主义先进文化，结合岭南乡土文化，中外先进文化，进行文化德育，培养有教养的番禺人。其具体表现为：

文化德育的内容：人文德育、生活德育、风雅德育、幸福德育。

文化德育的目标：以文化滋养心灵，引领品德成长，培养具有人文情怀、责任担当、优雅气质、乐观豁达的人。

文化德育的方法：德育教育必须充分唤醒道德成长主体的内在自觉，最大限度地催生和壮大学生自身的品德成长力量。以"体验、感悟、实践"为方法，引导学生感知，强化情感认同，深化自我内化；帮助学生生成自主思考的能力，调适学生的心理状态，升华其理想追求，转化行为习惯，增强教育的实效性。

文化德育的特征：一是独特的地域性，岭南传统文化深厚，教育内涵丰富。二是广泛的兼容性，岭南乡土文化、中华优秀传统文化、中外现代先进文化相互融合。三是鲜明的时代性，番禺爱国主义教育基地、近现代番禺发展，体现担当有为、包容开放、务实进取的岭南人时代精神。

文化德育的实施：通过坚定的文化自信、良好的文化氛围、系统的文化课程、丰富的文化活动、校本的科研驱动和强大的组织保障来达成。

第二节　莲文化的德育价值

莲，又称为荷花、芙蓉、芙蕖、菡萏等，为广大中国人民所喜爱，被誉为"花中君子"和美的象征。莲花象征着清正和纯洁，被视为道德品质的象征之一。它在中国文化中扮演了独特的角色，被赋予了各种美好的含义。无论是民间流传的信仰、文人墨客的诗歌，还是修行人的禅悟，都在赞美莲花，并借此表达对美好理想和高尚气节的向往和追求。莲文化以其高洁的品质和深远的内涵而闻名，历史悠久。

一、莲文化的起源与内涵

莲花具有顽强的生命力，不仅如此，它的茎、花、叶、果实都可食用。莲心和荷叶还具有药用价值。作为一种多才多艺的花卉，莲花不仅经常出现在名人的绘画作品中，也频繁地出现在许多诗词中。莲花为何具有如此强大的魅力？在中国文化历史中，它扮演了怎样的角色？

（一）莲的发展，中国历史上的莲文化

1. 春秋至先秦时期，宫廷别苑中的莲文化

古代人对庭院布局非常讲究，山、水、花、石是庭院布局的几个重要因素。莲花作为一种水生观赏植物，早在古代就被引入宫廷别苑。

传说中，西施非常美丽，而她最美丽的画面就是浣纱和采莲。大约2500年前，在越国，西施与郑旦一起被越王送给了吴王夫差，吴王非常喜爱西施。为了能够让她采莲，吴王特地在太湖边的灵岩山离宫修建了一个供她赏荷的"玩花池"。

根据《史记·秦始皇本纪》的记载："（赵高）以黔首葬二世杜南宜春苑中。"在秦汉时期，咸阳的东南边修建了一座名为宜春苑的园林，苑中景色别致，池塘中种植的正是莲花。唐朝时，马怀素游览宜春苑后，不禁写下了这样的诗句："玄篇飞灰出洞房，青郊迎气肇初阳。仙舆暂下宜春苑，御醴行开荐寿觞。映水轻苔犹隐绿，缘堤弱柳未舒黄。唯有裁花饰簪髻，恒随圣藻狎年光。"

2. 两汉至南北朝时期，民间采莲与赏荷风俗

在汉代曾流行着采莲民歌，男男女女在荷田里一边辛勤劳作，一边唱歌。其中有一首流传下来的最早描述采莲的民歌来自汉乐府，歌词唱道："江南可采莲，莲叶何田田，鱼戏莲叶间……"这首歌曲使得采莲与赏荷的习俗不断传播到中原地区，受到广大百姓和文人的喜爱。

另一首广为人知的采莲民歌来自西汉时期的乐府歌辞，《采莲曲》中描述道："歌者着红衣、乘莲船、执莲花，载歌载舞，生活气息浓郁……"

随着时间的推移，到了魏晋南北朝时期，莲藕种植技术已经十分成熟，莲田遍布百姓的田间地头。北魏时期的贾思勰在《齐民要术》中详细记载了关于莲藕的种植方法，显示莲藕已经成为百姓常见的食材。这个时候，采莲作为一种娱乐活动更加盛行，留下了许多关于莲花的民歌和辞赋。梁朝时期的萧氏父子以莲和荷为主题，创作了大量咏荷的诗词，在当时引起了一股风潮。其中《西洲曲》这首歌颂道："采莲南塘秋，莲花过人头。低头弄莲子，莲子清如水。"

3. 唐朝至两宋时期，文人雅士与莲的不解之缘

唐朝社会风气开放，国家繁荣昌盛，这个时候关于莲的文化，并不仅限于民间的采莲民歌和歌谣，还催生了一大批文人雅士赞美、歌颂莲花之美。

唐代的诗人们热衷于描绘莲花的美丽。温庭筠的《莲花》中写道："应为洛神波上袜，至今莲蕊有香尘。"全诗虽未言莲花，但处处流露出对莲花的赞

美之情。李白的《采莲曲》则唱道："若耶溪傍采莲女，笑隔荷花共人语。"描绘了荷花的美丽以及采莲女子的风采。唐代的文人主要以赏荷和歌颂荷花为主题，将荷花的美丽与采莲女子的姿态相融合。

到了两宋时期，社会得到了高度发展，但后期战乱频繁，礼教束缚也加重，采莲活动逐渐减少。这个时期的文人们更多的是以莲花来寓意社会状况，或以莲花自比高洁不染世俗。周敦颐在《爱莲说》中写道："予独爱莲之出淤泥而不染，濯清涟而不妖"，以及"莲，花之君子者也。"这里的淤泥隐喻朝政的浊乱，莲花则比喻自己，他用举世品格之花来表达自身的高洁。

（二）莲的象征，中国传统莲文化的内涵

莲花之所以拥有如此广泛的魅力，是因为它集合了多重美好的品质。首先，莲花在外貌上展现出纯净、高雅的形象，洁白的花瓣、娇美的轮廓很容易让人产生美的享受，被赞美为优雅和高尚的象征。其次，莲花在生长环境中经历了污泥而不染，象征着君子在世俗喧嚣中仍保持高尚品质和独立自主的能力，这种力量激发了人们对美好品德的向往。最后，莲花丰满的种子和叶片也象征着繁荣和富饶，进一步增添了它的魅力。在中国文化历史中，莲花担任了多重角色，它在儒家君子人格、佛家修行与佛性、道家修真养性等方面都拥有丰富的文化内涵。

在儒家思想中，莲花被视为君子的象征，象征着高尚的品格和道德风范。清澈的池水和傲立于泥泞之中的花朵，寓意着君子能够在纷繁世俗中保持清正和不染尘埃之心，以高尚的行为规范身心，影响他人，并塑造良好的社会价值观。

在佛家修行中，莲花被视为佛性的象征。佛教中常用莲花来比喻人们内心的佛性，表示解脱和觉悟的境界。莲花在污秽淤泥中生长，但花朵依然洁白无瑕，这象征着修行者能够从世俗的纷扰中解脱出来，保持正念和纯净的心灵

状态。

在道家修真中，莲花被认为是长生不老的象征。莲花从泥沼中生长，却绽放出美丽的花朵，象征着修行者通过修真养性，能够超脱尘世的束缚，实现身心的自由与长久。

总之，莲文化在中国的文化传统中占据着重要地位，象征着高尚纯洁、追求美好理想和悟道的精神。它通过儒家的道德教化、佛家的修行觉悟以及道家的养性修真，激发人们追求卓越品质、修身齐家治国平天下的远大抱负，引领个体和社会走向共同的道德与精神境界。

（三）莲的寓意，班级莲文化的形成

番禺区"上品教化"的区域教育理念，指导班主任基于"优秀文化的思想道德教育"制定"一班一品"，构建班级文化德育品牌。象贤中学多年来一直秉持"承崇德象贤之脉，育明德至善之才，倡贤德润世之风"的教育信念，致力于挖掘和传承"象贤文化"。这种文化理念包括遵循教育教学规律、人的成长规律、自然规律和社会发展规律，注重通过榜样的力量来引导和影响师生，让他们感悟贤人、效仿贤人、超越贤人，培养具有家国情怀、国际视野和创新能力的新时代贤人。

基于学校的"象贤文化"，我以"培养出彩时代新人"为目标，建构了班级德育生态，站在文化育人的高度上，深挖番禺沙湾古镇优秀传统文化与所在学校的象贤文化。北宋周敦颐在《爱莲说》中盛赞莲花，说莲"出淤泥而不染，濯清涟而不妖"，结合个人的带班特色与我的名字"何爱莲"，"荷"与"莲"相辅相成，故我选择以"莲"作为班级的象征。莲花以其美丽和高贵而被赋予特殊意义，它不受世俗的腐蚀，仍保持纯洁无瑕的品质。莲花"中通外直，不蔓不枝"，体现了它坚定正直的品质；莲花"可远观而不可亵玩焉"，体现了它高尚的节操和不愿被轻慢玩弄的品质。因此，我的班级提炼出"莲文

化"作为核心，多年来在班级中挖掘和凝练莲花的精神，将莲花精神归结为以下三点：

一是"廉"精神。廉洁，品行端正，廉恰与"莲"谐音，希望做人能廉、生活能廉、管理能廉，让每一位教师心灵涵养高洁。

二是"和"精神。和谐，又恰与"荷"谐音，希望班级能人文和谐，包括同伴关系、师生关系、亲子关系和家校关系。

三是"美"精神。美丽，为莲花最显著的品质，能美美与共，各美其美，倡导"四美"，即班级美、学生美、课堂美、课外美。学生就好比一朵朵鲜花，我们要让每一朵鲜花如约绽放。

这三点莲精神，即"廉""和""美"，构成了班级的核心文化，以"莲文化"为主线，旨在提升班级的育人品位和内涵，促进师生个性发展和和谐共处。班级紧密结合这三点莲精神，将其与班级文化建设相融合，无缝对接育人策略，并与班级活动相辅相成。

二、莲文化与德育的认知

德育认知论是关于德育教育中认知过程、思维活动和认知发展的理论观点。它强调认知在道德发展和道德决策中的作用，认为通过认知的过程，个体可以理解和分析道德问题，形成道德判断和决策，并最终转化为合适的道德行为。莲文化与德育的认识论是关于莲文化对于个体德育认知的影响和作用的理论观点。它探讨了莲文化对个体道德认知、价值观培养和道德行为塑造方面的影响。

（一）符号认知

莲作为一种文化符号，具有特殊的象征意义。个体通过接触和学习莲文化，对莲花的符号意义进行认知和理解。通过符号认知，个体可以将莲的品质与道德观念进行联系，形成对于高洁、纯净、坚韧等道德价值的认知。

（二）经验认知

个体通过亲身体验和感受莲文化，如观赏莲花、接触莲叶、体验莲的生长过程等，形成对于莲文化的经验认知。通过这种经验，在情感和感知的层面上，个体可以感知莲文化所传达的道德感受和价值观。

（三）反思与理性认知

莲文化强调莲花的品质和哲学思考，鼓励个体进行反思和理性思考。个体通过对莲文化的反思，思考莲的特点、寓意以及与个体的道德认知之间的关系，深入理解道德的原则和价值。

（四）社会共识认知

莲文化作为一种社会共识，在社会文化中被广泛认同。个体通过接受和融入莲文化，可以形成与社会共识相一致的道德认知。社会共识认知有助于个体理解社会价值体系和社会对于道德行为的期望。

莲文化与德育的认识论强调个体对于莲文化的符号认知、经验认知、反思与理性认知以及社会共识认知。这些认知过程有助于培养个体对于道德事物的认知能力和理解能力，促进道德认知的形成和发展，从而对个体的德育产生积极影响。

三、莲文化与德育的价值

德育价值论是对德育在个体和社会发展中的重要价值和意义的论述。德育旨在培养人的道德品质、价值观和行为准则，使其成为具备良好道德素养和社会责任感的公民。其中,莲文化在中国历史上扮演着重要角色,它与德育价值息息相关。莲作为一种象征着高洁纯净的花卉,具有深远的文化寓意,也蕴含了丰富的德育内涵。

莲文化与德育的价值论体现了莲花作为文化象征的独特价值。莲文化提倡高尚品德、个体成长、和谐社会和审美情趣等方面的价值观,对于个体道德修养和社会道德建设具有深远影响。它通过莲花的品质、启示和美的追求,激励个体养成良好的道德品格,并为社会建设贡献正能量。莲文化与德育的价值主要体现在以下四个方面。

(一)高尚品德与道德修养

莲作为一种象征高洁纯净的花卉,具有崇高的品德寓意。莲文化通过莲花的形象和品质,将高尚的道德品质和道德修养灌输给人们。莲文化激励人们追求道德美,树立正确的道德观念和价值取向,培养自身善良、纯洁、无私的品德。

(二)自我完善与个体成长

莲花在淤泥中生长,却能自洁不染,这寓意着个体在面对困难和诱惑时也能保持纯正和高尚的品性。莲文化鼓励个体自我完善,通过正直、努力和坚持追求道德的提升和成长。它让个体明白,在德育的过程中,需要经历曲折和挑战,只有经历了这些,个体才能获得真正的成长和进步。

(三)和谐社会与社会责任

莲文化强调和谐共处和社会责任。莲花在水中开放,传递了互助、宽容和协调的信息。莲文化通过莲花的形象,教育人们尊重他人、和谐相处,培养个体的社会责任感和关爱他人的精神。莲文化引导个体主动参与社会事务,为社会的和谐发展做出贡献。

（四）美的追求与审美情趣

莲文化强调莲花的美感和审美价值。美的体验对于德育具有重要意义。莲花的美催发个体的审美情趣，以提高个体对于道德美的感知和追求。莲文化通过美的追求，培养个体对于道德行为的欣赏和认同，促使个体积极追求道德行为的实践。

总而言之，莲文化与德育的价值论体现了莲花作为文化符号的独特内涵。莲文化通过莲花的品质、成长过程和启示来引导人们追求高尚的道德境界。这种价值论在德育教育中起着重要的作用，致力于培养有品德、有担当的社会公民。

四、莲文化与德育的浸润

浸润方法论是一种教育教学方法，强调通过全面而深入的浸润式学习体验来促进个体学习和发展。这种方法论主张学习者通过身临其境的体验和参与，全面感知和理解学习内容，在实践中获得知识、技能和价值观的内化。莲文化与德育浸润方法论是将莲文化与浸润式教育方法相结合，以莲文化为核心，通过浸润式学习体验，促进个体的德育成长和品德培养。

莲文化与德育浸润方法论的具体实施可以包括以下几个方面：

（一）深度体验莲文化

学习者通过身临其境的方式，深度体验莲文化的内涵和价值。可以包括观赏莲花、接触莲叶、了解莲的生长过程等体验活动。通过这些体验，学习者能够感知莲文化所传达的纯洁、高尚和忍耐等道德品质。

（二）莲文化情景再现

通过模拟情景或实际情景，让学习者亲身参与到与莲文化相关的活动中，如莲艺创作、莲叶书法等。通过情景再现的学习，学习者能够在创造性实践中理解莲文化的哲学思想和美学意蕴，并将其与自身的道德修养和创造力相结合。

（三）反思与价值内化

学习者在浸润式学习之后，进行反思和价值内化，将莲文化所传递的道德观念和价值理念与个体的日常生活相结合。通过反思和价值内化，学习者能够将莲文化的精髓融入自己的行为习惯和行为准则中，形成正确的道德行为和价值取向。

（四）综合性学习与跨学科融合

莲文化涵盖了哲学、艺术、文化等多个学科领域，学习者在浸润式学习中可以综合运用不同学科知识。通过跨学科融合的学习方式，使学习者能够更全面地理解和应用莲文化的内涵，以培养自身的综合能力和创新思维。

通过莲文化与德育浸润方法论的实施，学习者能够在身临其境的学习环境中深度体验莲文化的价值，通过情景再现和反思，将莲文化的道德品质和价值观念内化为自己的行为准则，促进个体的德育成长和品德培养。

第三节　三品德育的概念与内涵

习近平总书记 2021 年 4 月在清华大学考察时曾提出："要锤炼品德，自觉树立和践行社会主义核心价值观，自觉用中华优秀传统文化、革命文化、社会主义先进文化培根铸魂、启智润心，加强道德修养，明辨是非曲直，增强自我定力，矢志追求更有高度、更有境界、更有品位的人生。"番禺教育主打"文化德育"这一品牌，文化是根与魂，要做有根的教育，做有中华魂的教育；结合象贤中学在过去195年薪火相传、源远流长的"象贤文化"和班级提炼的核心"莲文化"，我用心打造基于莲文化的三品德育品牌。

一、三品德育的概念：以莲立品

习近平总书记提出：人才培养一定是育人和育才相统一的过程，而育人是本。人无德不立，育人的根本在于立德。作为一名新时代的人民教师，不能只做传授书本知识的教书匠，而要成为塑造学生品格、品行、品位的"大先生"。荷花的"荷"、和谐的"和"、合作的"合"，同属于谐音。莲花的"莲"、联合的"联"、连队的"连"，也同属于谐音。从中华传统文化的角度看，常以荷花即莲花作为和平、和谐、合作、合力、团结、联合等的象征。因此，从某种意义上说，赏荷也是对文化的一种弘扬，对生命坚强与高洁的一种赞美。

我以莲的精神品质为指引，以《爱莲说》中"君子之品"为内涵，提出"品格好——出淤泥而不染，濯清涟而不妖；品行正——中通外直，不蔓不枝，香远益清，亭亭净植；品位高——可远观而不可亵玩焉"的莲文化的"三品"德育品牌，以培养学生发展核心素养下"品格好、品行正、品位高"的"三品"全面发展的人文目标，实施以莲立品、以和达行、和美育人的德育体验活动，筑牢立德树人之魂，培养出彩时代新人。在班徽设计中也融入莲花的元素，旨在建设具有"荷香莲韵"特质的精神环境和文化氛围，使班级的建设如莲：充满激情、尽显雅趣、和谐奋进；学生的成长应如莲：从冉冉成长、亭亭玉立、硕果累累到焕然新生。

以莲立品，培养担当民族复兴大任的时代新人，以"一体两翼三育四维五位"为三品德育的发展路径，其中"一体"是以"三品全面发展的人"为一体化主线。"两翼"是坚持文化德育，坚持立德树人。"三育"包括生命教育、心理健康教育、生涯教育，三者相互融合。"四维"基于学生发展核心素养下，一是创新三育融合下体悟式思政班会，有利于学生的成长成才；二是完善三育融合下学生成长手册，有利于聚焦新高考改革背景下走班管理、学生综合素质评价、学生发展指导等热点难点问题；三是开拓三育融合下社会实践活动，有利于学生更好地规划未来的学业、职业方向；四是擦亮三育融合下莲文化特色班级建设，有利于打造莲美雅致的班级。"五位"是探讨学生、自我、家长、社会、区域班主任五个不同对象共同成长的途径和模式，实现师生共同成长。

二、三品德育的内涵：文化润德

三品德育在"文化育人"思想的引领下，坚持探索如何打造莲文化的德育生态，使个人特色德育品牌落地，让莲文化深入到每个学生的心田，构建起富有特色的班级新样态。

（一）培养学生对莲文化的认同与理解

通过多种途径，为学生提供丰富的学习机会和体验机会，激发他们对莲文化的兴趣和好奇心，逐步培养学生对莲文化的认同与理解。

1. 教育讲解

首先，介绍莲花的象征意义和文化内涵，让学生了解莲花的独特之处。如每接手新一届的学生，我都会为他们上一节主题为"莲文化的魅力"的班会课，通过品莲、议莲等活动，向学生介绍莲花的象征意义和文化内涵，还可以讲解莲花在不同文化中的地位和意义，如中国古代文化中莲花的高贵、纯洁、崇高等象征意义，揭开莲文化的神秘面纱，引领学生学习莲花的五大品质：

一是纯洁与高洁。莲花生长在淤泥中，却不被污染，展示了其纯洁与高洁的品质。莲文化强调追求纯净和高尚的心灵状态，勉励学生不受外界物质诱惑的侵蚀，保持内心的纯真和正直。

二是光明与启迪。莲花在水中生长，但它在艰难黑暗的环境中能够勇敢地向上冲出水面，展示出光明与启迪的精神。以莲文化鼓励学生在面对困难和逆境时勇敢向前，追求智慧、开拓心智，并照亮自己和他人的生命。

三是执着与超越。莲花在生长过程中需要克服重重阻碍，但它仍然坚持向上生长，最终绽放出美丽的花朵。莲文化强调学生要具有执着的品质，不畏艰难，勇于超越自身的局限，不断追求进步和成长。

四是真实与宁静。莲花向人们展示出静谧宁静的美感，在风雨之中保持平静和安详。莲文化在倡导学生追求真实自我的同时，也要拥有内心的宁静和平和，不被外界喧嚣和干扰所扰乱。

五是涅槃与转化。从莲花的生长周期来看其象征着涅槃重生，莲文化中的莲花精神鼓励学生在面对苦难和变迁时，保持正念和善良之心，通过内心的修炼和转化，实现自我觉醒和超越。

其次，与学生分享与莲花相关的故事和文学作品，以丰富学生对莲花的认知。选择一些经典的莲花故事，如《白莲记》《莲花》等，或引用一些有关莲花的诗歌、词曲、小说等文学作品，通过分享这些作品，让学生感受莲花的魅力和文化内涵。

最后，在分享后组织学生进行讨论，分享他们对莲花的象征意义和文化内涵的理解。可以通过开展小组讨论或班级讲坛等形式，让学生积极参与并表达自己的见解和感受。

通过以上的教育讲解方法，帮助学生更全面地了解莲花的象征意义和文化内涵，激发他们对莲花的兴趣和探索欲望。通过分享关于莲花的故事和文学作

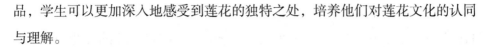

品，学生可以更加深入地感受到莲花的独特之处，培养他们对莲花文化的认同与理解。

2. 实地体验

选择拥有莲花种植景观的公园、花坛等场所，安排适当的时间和行程，确保学生有充分的时间观察和感受，让学生亲身感受莲花的魅力与神秘。首先，在实地参观时，引导学生仔细观察莲花的花朵、花瓣、叶片等细节特征，可以提醒学生注意莲花的花色、花形和花瓣层次，以及叶片的形状和纹理等。其次，了解莲花的生长环境，以小组为单位共同完成实地考察，如莲花所需的生长环境，水质、水深、阳光照射等条件；解释这些环境对莲花生长和开花的重要性，让学生明白莲花之美需要在特定的自然条件下才能展现。

通过实地体验莲花的生长环境，使学生能够亲身感受到莲花的美丽、宁静和神秘，加深他们对莲花独特魅力的理解和欣赏。这样的体验不仅能提升学生的艺术审美素养，还能培养他们对自然环境的敬畏和爱护之心。

3. 艺术创作

鼓励学生进行莲花艺术创作，如绘画、手工制作等，让学生通过自己的创作表达对莲文化的理解和感受。通过班会课，我带领学生以"荷"为核心进行班级命名，通过仪式可视化构造特色班级环境，形成莲文化的外化和物化，搭建三品育人的目标传递和心灵对话，从而凝聚文化精神的力量；小荷班通过学生独创的具有莲文化特色的班歌、班徽等方式进行群体意识的价值取向和审美观念等精神风貌的引领，通过小组形式开展以"荷"为核心，以莲文化为主线构建小组组名、奋斗目标、口号、组徽等，聚焦学生素养，增强班级凝聚力。

班名：小荷班。"小荷才露尖尖角，早有蜻蜓立上头"。寓意各位同学要做一个高洁的人、有才的人，做一个值得大家青睐的人。

小荷班奋斗目标："毅"路同行，"莲"战皆捷。

莲文化建设理念：以莲立品，以和达行，和美育人。

通过艺术创作的方式打造班级莲文化，让学生对莲文化的理解和感受通过自己的创作作品表达出来。这样的创作与合作活动不仅可以培养学生的艺术表达能力，还可以加深他们对莲花文化的理解和认同，加强他们的个人情感与审美能力，增强班级凝聚力与向心力。

（二）培养具备三品美德的人

莲美文化，潜心教书育人。首先，我的班级围绕着莲文化，进行了特色班级文化建设。莲文化包括集体文化和个体文化，集体文化围绕"莲和心田（精神建设）、莲美诗韵（物质建设）、莲心管理（制度建设）、莲动雅行（活动建设）"进行建设。其中莲美诗韵中的"莲美环境"体现了处处见莲影（外墙见莲、布置有莲），时时闻莲声（新闻"莲"播、"莲"品欣赏、"莲"星飞扬），物物有莲意（创办莲之刊、图书角等）；在莲心管理上通过"莲"明公约、"莲"心团队、"莲"手管理、"莲"美职责等方式，让学生自主管理、自律有为，打造三品德育品牌，让学生浸润在莲美育人的环境中。其次，我还通过"莲美正能量""评选莲心团队优胜组""莲美书信""莲美节日""莲美典礼"等不同的形式，与学生共同构建莲美雅趣的班级，旨在培养具备三品全面发展的人文核心，落实立德树人的根本任务。

设计莲文化品格培养的课程或活动，包括培养学生的勇气、宽容、诚实、责任心等品格特质。同时，定期举行班级分享会，让学生通过围绕莲文化核心精神分享故事、经历或感悟，帮助彼此成长，鼓励和表彰学生优秀的品格表现。班级中可以组织志愿者服务活动，让学生亲身实践品德美德并体验奉献他人的喜悦。立足莲文化，培养学生具备"品格好、品行正、品位高"的三品美德，可以采取以下方法：

1. 第一品德育：品格的培养与发展

在三品德育中，"品格好"代表了一系列积极、正面和崇高的品质和特征，如诚实正直、守信守约、慈悲关爱、宽容包容、谦逊尊重、坚持正义、自律有责任感、勇敢坚忍、和善友好等。这种品格好的人具备坚定的道德原则和价值观，以真诚、正直和诚信的行为方式来面对生活中的挑战，在与他人的互动中展现出对他人的温暖、关爱和尊重。培养和发展品格是三品德育中的第一要素，班级可通过以下方法帮助学生培养和发展自己的品格。

（1）树立积极的价值观

将重要的价值观纳入自己的生活准则中，并坚定地践行。这可能包括诚实、正直、慈悲、宽容、坚持原则等。积极的价值观将指导学生的行为和决策，使学生成为一个真正正直和有品格的人。

（2）自我反省和批判

定期反思自己的行为和思维方式。认识到自己的不足之处，并以积极的态度努力改正。这种自我反省和批判将帮助学生更好地了解自己，并培养出更好的品格。

（3）建立目标和追求卓越

设定清晰的目标，并致力于不断追求卓越。为自己设定挑战，持之以恒地努力追求自我完善。追求卓越的过程不仅可以提高自己的能力和技能，还可以锻炼品格中的毅力、坚持和勇气。

（4）培养自律和责任感

养成良好的生活习惯，包括自律和责任感。主动承担因个人行为所造成的后果，并对自己的行为负责。通过自律和责任感，学生可以展现出对自己、他人和社会的尊重，并建立起可靠和值得信赖的品格。

（5）培养良好的人际关系

与他人保持良好的互动和沟通，尊重他人的观点和感受。展示诚信和善意，建立互惠互利的关系。与有正直品格的人为伍，以求能够受到他们的影响，并从他们身上学习优点和长处。

（6）追求自我成长和学习

持续学习和发展自己的能力。积极参加培训，阅读与品格发展和道德伦理相关的书籍，接触不同的文化和观点，以扩展自己的视野、提高自身的理解能力。

通过教育和讨论，向学生传授正确的道德观念，培养他们对人、自然和社会的尊重，并鼓励他们将这些价值观贯彻到日常生活中。通过介绍莲花的象征意义，让学生树立纯洁和崇高的思想，鼓励他们秉持高尚的价值观和追求高尚品格的信念。通过讲授和讨论关于诚实、正直、宽容、坚持等品德的故事和案例，引导学生认识到良好的品格对个人和社会的重要性，鼓励他们在行为中践行这些品德。

培养和发展品格是一个长期而细致的过程，需要不断地努力和反思。通过意识、行动和自我反省，学生可以逐步培养出坚韧正直和有品质的品格，并成为一个积极影响他人的人。

2. 第二品德育：品行的塑造与实践

在三品德育中，"品行正"代表了一个人日常生活中的行为和举止，以及对他人和社会的正面影响。它关乎树立高尚的道德标准和遵守道德规范，以诚实、守信、正直、公正、善良和负责任的态度面对各种情境和挑战。品行正的人具备良好的道德品质，并以善良和积极的行为来影响周围的人和社会。他们遵循准则，尊重他人，关心和帮助他人，参与公益事业，以及不断反思和改进自己的行为。品行正的人塑造了一个道德高尚、和谐进步的社会氛围，为个人的发展和社会的繁荣作出了积极贡献。要塑造和实践良好的品行，可以从以下几个方面入手：

（1）明确道德准则并坚守原则

建立自己的道德准则和价值观，包括诚实、守信、正直、友善等，坚守这

些原则可以成为品行塑造的基石。

（2）培养良好的习惯和自律能力

通过积极的行为习惯，如守时、守纪律、整洁有序等，能够塑造出端正的品行。同时，还可以培养自律、自我管理和控制能力，保持自身行为的规范性和一致性。

（3）尊重他人和关注社会

以尊重和善意对待他人，包括倾听他人的意见、尊重个人权益和多样性，并通过行动关怀他人，参与社会公益活动，为社会作出积极的贡献。

（4）持续反思与改进

不断反思自己的行为，寻找改进的机会，要求自己更好地追求道德标准和行为准则。承认自己的缺点和错误，并积极改正，从而实现品行的不断提升。

莲文化强调品行的正直和纯洁，以君子修身的理念，强调个人修养和自律。通过教育和引导，培养学生形成良好的行为习惯，培养自律、尊重他人、诚实守信等良好的品行，使他们成为社会上受人尊重和信任的人。同时，鼓励学生通过参与志愿者活动、社区服务等方式，帮助他人并关心社会。培养学生关心他人、乐于助人的品行，增加他们对他人需求的敏感性和同理心。

第二品德育强调了品行的塑造与实践，要通过明确的道德准则、培养良好的习惯、尊重他人和关注社会，以及持续反思与改进自身的缺点，逐步塑造和实践出正面、崇高的品行。这将使个人能够在日常生活中展现出道德高尚的行为，产生积极的影响，并为社会的和谐与进步做出贡献。

3. 第三品德育：品位的培养与提升

在三品德育中，"品位高"指的是个人对于美的敏感性和欣赏能力的高度发展。品位的培养涉及对艺术、文化、音乐、时尚等方面的学习和了解，以及对自然、人生和生活的深入感知。它不仅包括对美的品位，还强调个体对于独特、精致和高质量事物的辨识和赏析。通过学习和欣赏，个体能够提高对于细节的关注，提升审美能力，并能够培养出独特的审美眼光和个人风格。培养品位有助于拓宽视野，增强文化修养，提升生活品质，以及激发个人创造力和思维能力。通过不断的学习、实践和反思，个体能够逐步发展出高尚的品位，从而在生活中创造和追求更美好的体验和表达。培养和提升品位有以下几个方面的重要性：

（1）丰富生活体验

品位的提升可以使个人对生活中的美好事物更加敏感，增加对于艺术、文化和自然的享受。通过培养品位，个人可以丰富自己的生活体验，提高生活品质。

（2）增强审美能力

培养品位可以使人们更加敏锐、理性地评价和理解美的事物。通过学习和欣赏艺术作品、文学作品、音乐等，使个人的审美能力得到提升，能够更好地欣赏和理解不同形式的美。

（3）增加文化修养

培养品位有助于增加个人的文化修养。通过学习和了解不同文化的艺术、文学、传统以及历史，能够帮助个人更好地理解和尊重不同的文化，并运用这些知识和理解来丰富自己的思想和视野。

（4）塑造个人形象和个性

品位的培养和提升有助于塑造个人的形象和个性。一个具有高品位的人在穿着、言谈举止、生活品质等方面都会体现出其独特的审美眼光和个性，使自己在社交和职业场合中脱颖而出。

（5）激发创造力和思维能力

通过培养品位，个人能够接触到更多的美和艺术形式，这会激发自身创造力和思维能力的发展。品位的提升能够启发个人的想象力和创意，为个人的成长和发展带来积极影响。

因此，通过艺术创作活动，引导学生欣赏和表达莲花的美。提供绘画、雕塑、文学创作等多样的艺术形式，让学生通过创作表达对莲花美的理解和感受，培养艺术品位。通过文化体验与阅读，引导学生参观艺术展览、文化遗址和博物馆，让他们亲身感受和领略莲花文化的独特魅力。同时鼓励学生阅读与莲花相关的文学作品，如有关莲花的诗词、文学作品等，培养学生对莲文化艺术品位的理解。

第三品德育的重要任务是培养和提升个人的品位，使个人对美的敏感性和欣赏能力得到提升。这将丰富个人的生活体验，增强审美能力，增加文化修养，塑造个人形象和个性，激发创造力和思维能力。通过不断的学习和欣赏，使个人能够不断提升自己的品位，享受更高品质的生活。

通过系统的教育和培养，让学生在莲文化背景下形成品德、行为和审美的全面发展。班主任和家长要共同努力，为学生提供正确引导和榜样，并给予学生充分的机会去实践和发展他们的品行、品格和品位。

第二章

环境导德：三品德育之茎

第一节　班级环境建设的有效策略

班级文化是班主任利用和创设班级的精神氛围、文化制度、文化关系、文化环境等来熏陶和培育学生文化人格。班级环境建设是班级文化的重要组成部分。

"蓬生麻中，不扶自直"，良好的文化环境，可以潜移默化、循序渐进地浸润人、感染人、熏陶人、激发人，让人不觉"自直"。"入芝兰之室，久而不闻其香；入鲍鱼之肆，久而不闻其臭"，不是因为嗅觉的改变，而是人对环境规范的服从与认可。创造一个积极向上的环境氛围，其中的每一个人都会深受感染，勤奋向上。

苏霍姆林斯基曾说过："无论是种植花草树木，还是悬挂图片标语，或是利用墙报，我们都将从审美的高度深入规划，以便挖掘其潜移默化的育人功能，并最终连学校的墙壁也是在说话的。"可见，对教室的精心包装，让教室的每个角落都具有教育内容，是多么富有教育意义。要创建一个积极向上、凝聚力强的品牌班级文化环境，班主任需要及时捕捉教育的新信息，需要付出全身心的爱，需要创新意识，需要与班干部和学生一起策划和营造。

一、明确核心价值观和目标

班级应确定明确的核心价值观和目标，如团结协作、积极向上、创新拓展等。这些价值观和目标将为品牌班级文化环境提供指导和方向。确定班级的核心价值观和目标是一个关键的过程，以下几个具体的做法可以帮助班主任明确班级的核心价值观和目标：

（一）班级讨论和参与

组织集体讨论或召开会议，邀请学生、家长和教师共同参与，讨论班级应该追求的核心价值观和目标。通过集思广益，听取不同的观点和意见，以达成共识并确立班级的核心价值观和目标。

（二）画面式描述

协助班级成员形象地理解班级的核心价值观和目标，可以通过编制一份画面式的描述来完成。这份描述可以以简洁但具体的语言呈现出班级希望实现的理想状态、期望的表现和核心价值观。例如："我们是一个团结协作的班级，每个人都积极向上，追求卓越；我们鼓励创新和拓展，以成为有责任感、有创造力的学习者和社区成员。"这样的描述可以在班级中广泛宣传和共享，以引导学生日常的行为。

（三）制定行为准则

基于所确定的核心价值观和目标，制定明确的行为准则。行为准则应包含具体的行为期望和行为规范，以指导学生在日常生活和学习中的表现。例如，对团结协作的核心价值观，可以制定行为准则，要求学生共同合作、互相扶持和尊重他人的观点。确保行为准则被广泛宣传，并和学生进行讨论和理解。

（四）教师示范和引领

教师应成为班级核心价值观和目标的榜样。教师的行为和态度需要与核心价值观一致，并通过自己的言行来教育和引导学生。教师可以在班会课上分享相关故事和案例，引导学生从中汲取积极的价值观和行为方式。

（五）持续评估和调整

班级的核心价值观和目标并非一成不变的，需要根据班级的实际情况进行评估和调整。要定期评估核心价值观和目标的实施情况，了解学生的反馈和意见，及时作出适应性的调整和改进。这将确保核心价值观和目标与班级成员的期望和需求相符。

明确班级的核心价值观和目标需要学生、教师和家长的共同参与。通过以上做法，班主任可以促进班级成员之间的理解、尊重和合作，并塑造出积极向上的班级文化环境。

二、建立规范与制度

制定班级规范和制度，包括行为规范、学习纪律、交流方式等，以确保班级环境的秩序与和谐。同时，鼓励学生参与制定规范，并与他们一起制定奖惩措施，以增加学生的班级参与感和责任感。建立规范与制度能够确保班级环境布置的和谐氛围，可以采取以下具体做法：

（一）参与式制定规范

邀请学生参与制定班级规范和制度，让他们有机会分享自己对秩序和和谐的理解和期望。可以通过组织小组讨论、开展问卷调查或举行班会等形式，收集学生的意见和建议。通过让学生参与制定规范，能够使学生更愿意遵守并对其充满责任感。

（二）明确行为规范

制定清晰、具体的行为规范，覆盖课堂、校园和社交方面。例如，要求学生守时、尊重他人、积极参与课堂讨论等。确保规范能够明确表达期望和奖惩措施，并广泛宣传以增加学生的认知和理解。

（三）制定奖惩措施

与学生一起制定奖励和惩罚措施，以增加学生对规范的遵守和参与感。可以设立奖励机制，例如每月评选优秀学生或班级表现良好的集体，为其提供奖励或赞誉。同时，建立明确的惩罚机制，当学生违反规范时，要采取适当的纠正措施，例如口头警告、书面批评或相关惩罚等。

（四）规范宣导和培养

定期进行班会或集体活动，重点宣导班级规范和制度。通过课堂讨论、主题演讲或专题教育，增加学生对规范的认知和理解。教师和家长也要起到榜样的作用，可以向学生展现遵守规范的行为，引导学生学会遵守和尊重规则。

（五）持续监督和评估

建立监督机制，确保规范的执行和监督责任。教师可以在日常教学中观察学生的行为，并及时给予回馈和纠正。定期评估规范的有效性，通过学生反馈、家长意见和班委调查等方式，了解规范的实施情况，对需要调整或改进的地方进行及时修订。

通过以上的做法，可以建立一套有效的班级规范与制度，加强学生对规范的认同和遵守，营造出和谐的班级环境。这将有助于提高学生的学习效果和整体发展，还可以促进良好的师生互动和同学之间的友好关系。

三、培养积极沟通与互动

创建积极的沟通与互动氛围，鼓励学生彼此尊重、帮助和支持。促进学生之间的良好关系，通过组织小组活动、合作项目和互助行为等来培养团队精神和友善合作的氛围。

（一）设立合作项目与活动

组织学生参与小组项目、课堂合作或集体活动，通过合作与互助的方式促进学生之间的积极互动。例如，让学生在小组中合作完成任务、开展班级社区服务项目或组织团队活动。这样的活动能够达到鼓励学生之间进行合作、交流和互相支持的效果。

（二）培养团队精神

通过团队合作的任务和活动，培养学生的团队意识和合作能力。鼓励学生之间共同制定目标、分工合作、协商解决问题，并共同享受成功的喜悦。通过团队合作，学生将更容易建立起互助和友善的关系，还可以培养他们良好的沟通能力与合作习惯。

（三）鼓励积极表达和倾听

引导学生积极表达自己的意见和想法，并倾听他人的观点。鼓励学生在对话和辩论中充分发表意见，同时注重尊重和包容不同意见。通过课堂讨论、小组对话和反馈机制等方式，培养学生良好的沟通技巧和倾听能力。

（四）提供合理的反馈机制

建立一个开放和积极的反馈机制，鼓励学生给予彼此建设性的反馈和支持。学生可以通过定期互评、同伴评价或班级评价来表达对他人的认可、鼓励和建议。这样的机制将促进学生之间的互动和成长，并增加班级内部的互信和合作。

（五）培养冲突解决技巧

引导学生如何有效地解决冲突和处理分歧。当学生之间产生分歧时，教师可以为其提供解决冲突的策略和技巧，鼓励学生以平等、尊重和合作的方式解决问题。引导学生学会换位思考、妥协和寻求共赢的解决方法，以创建和谐的班级环境。

以上方法有助于为学生创造一个积极的沟通环境与良好的互动氛围，培养学生之间的友善、合作和理解，从而提升班级的凝聚力和和谐的环境氛围。

四、设立正面激励机制

通过赞扬、奖励和鼓励等方法来激发学生的积极性和成就感。可以设立班级荣誉称号、奖项和激励机制，激励学生在学习、品德、社会实践等方面的积极表现，将优秀的榜样在班级墙中进行展示，从而在学生间营造竞争向上的班级文化氛围。营造积极向上的班级文化环境需要有效的正面激励措施，以下分七个方面进行介绍。

（一）赞扬和认可

及时赞扬学生在各个方面的积极表现，包括学习、品德、团队合作等。通过公开表扬或个别肯定的方式对学生进行鼓励，让学生感受到被重视和认可，这样可以增强他们的自信心和成就感。

（二）设立班级荣誉称号和奖项

设立一些班级内部的荣誉称号和奖项，例如最佳团队合作奖、班级五星、优秀班干等。通过评选和颁发这些奖项，激励学生在各个方面努力表现出色，并为他们树立榜样。

（三）形成激励机制

建立一套完善的激励机制，例如设置学习目标并给予相关奖励，制定达标规则和激励方案等。在设置过程中要确保激励机制公平、透明，并与学生共同制定激励规则，让他们对此有参与感和认同感。

（四）展示优秀榜样

在班级墙或公共场所展示优秀学生的事迹和成就。通过这种方式可以激发其他学生的积极性，并为他们树立目标和榜样，鼓励他们超越自我。

（五）个别指导和辅导

为学生提供个别辅导和指导，帮助他们发现自己的优点和潜力，并与他们共同制订个人成长计划。个别指导能够有效激励学生，帮助他们在不同方面取得进步。

（六）创造竞争氛围

适度的竞争能够激发学生的积极性并提高其学习动力。可以组织一些竞赛或小组活动，鼓励学生相互竞争、合作、共同进步。重要的是要将竞争环境建立在友好、公平和互助的基础上。

（七）加强家校合作

与家长合作，共同激励学生的积极发展。与家长分享学生的进步和表现，鼓励家长在家庭中要给予学生积极的支持和关注。家校合作可以增强学生的学习动力和自我管理能力。

通过以上措施，班主任可以营造出积极向上的班级文化环境氛围，激励学生积极参与、努力进取，并塑造出一个团结向上的班级。

五、培育班级身份认同

帮助学生建立对班级的归属感和自豪感，增强班级的凝聚力和身份认同。重要的是要为学生创造一个积极、支持和激励的环境，让每个学生都能感受到自己在班级中的价值和重要性。

（一）建立班级特色和文化

通过设计班徽、制定班训、确立班级口号等方式，为班级创造独特的标识和文化。这些特色和文化元素可以反映班级的价值观、目标和特点，让学生们感到自豪和认同。

（二）创造积极的班级氛围

营造友好、支持和鼓励的班级氛围。鼓励同学们分享成功的经历和成果，利用一些角落展示学生的手抄报、美术作品、优秀习作和班级成长照片等，这样可以展示他们的优秀作品和成就，让学生体验到成功的喜悦，感受到自己在班级中的重要性和价值。利用图书角可激发学生的阅读兴趣、提高阅读能力、扩大知识视野；建设班级小花圃或摆放绿色植物，营造一种绿化美，可以让师生感到宁静，消除疲劳。

（三）创建班级展示和分享平台

为学生提供展示和分享自己能力和成就的机会，如班级网页、展览活动、学术比赛等。通过这样的平台，学生们可以展示自己的才华和努力，还能够增强班级的集体荣誉感和凝聚力，为打造班级的品牌形象提供了一个很有效的渠道。

（四）培养班级合作精神

鼓励学生之间的团队合作和友好竞争，可以多组织一些合作项目和活动，让学生们共同努力并取得成果。通过集体活动和团队合作，能够促进学生之间的互相支持和帮助，增强班级的凝聚力和归属感。

（五）建立正向师生关系

教师要与学生建立良好的师生关系，关心学生的成长和发展，帮助他们解决问题和克服困难。展示对学生的关怀和关注，定期与学生进行个别谈话，提供学业、成长与发展的指导，通过了解学生的需求和关切，更好地调整班级文化环境和教育方式。积极的师生互动可以促进学生对班级的认同感和归属感。

六、持续改进和评估

定期评估班级文化环境的效果和学生的反馈。通过收集学生和家长的意见和建议，不断进行改进和调整，以提高班级文化环境的质量和效果。评估班级文化环境的效果和学生反馈对于持续改进和提高班级的发展至关重要。可以通过以下步骤进行班级文化环境建设的评估：

（一）设定评估指标

确定评估班级文化环境的关键指标和标准。这些指标包括学生的参与度、学习氛围、师生互动、合作精神、团队凝聚力等方面的量化和定性指标。

（二）收集数据

可以采取多种方法收集数据，如学生问卷调查、家长反馈、班级活动观察记录等。问卷调查可包含开放式和封闭式问题，以获取学生和家长对班级文化环境的看法、意见和建议。

（三）分析和解读数据

对收集到的数据进行分析和解读，及时发现存在的问题并提出改进建议。将数据与设定的评估指标进行对比和分析，了解班级文化环境的现状和发展趋势。

（四）制订改进计划

根据数据分析的结果，制订相应的改进计划。确定需要改进的方面和具体行动，包括加强师生互动、丰富班级文化活动、增加学习资源等。

（五）实施改进计划

根据制订的改进计划，逐步实施相应的改进行动。这可能需要与教师、学生和家长进行合作，以确保改进计划的顺利推进。

（六）监测和评估进展

定期对改进计划的进展进行监测和评估。收集反馈意见，观察改进行动的效果，评估改进计划是否达到预期目标。

（七）持续改进与调整

根据监测和评估的结果，不断优化和调整改进计划。根据实际情况做出必要的调整和改进，确保班级文化环境建设的持续改进。

通过以上的评估步骤和方案，可以系统地评估班级文化环境的效果和学生的反馈，从而不断改进和提升班级文化的质量和效果。定期的评估和调整是班级文化建设过程中的重要环节，有助于创建一个更加积极、凝聚力更强的品牌班级环境。

品牌班级环境建设分为显性环境建设和隐性环境建设，需要长期坚持和有序推进，班主任应扮演重要的角色，以激发学生的潜力，引导他们成为积极向上、具有良好品德的人才。而最终，一个良好的品牌班级环境将激发学生的内在动力，使他们能够接受教育的熏陶、自我发展，并在学习和体验中取得成功。

第二节　"莲"美诗韵之显性环境建设

打造富有莲文化的显性环境，需要明确目标、设定主题和理念、进行环境设计与装饰和创造教学资源等，并鼓励教师和学生参与共建。这样可以营造出富有莲文化内涵的环境，激发学生对品德修养的关注，增强他们的认同感和自豪感。根据莲文化主题和理念，我们可以对其进行环境设计与装饰，围绕着"处处见莲影、时时闻莲声、物物有莲意"的核心思想，打造融入莲花元素的环境。例如，在教室内墙、外墙、班级长期展板与短期展板等地方，以及对联和前后横幅等物件中，我们可以运用莲花的图案和符号进行装饰与设计，色彩上可采用与主题相关的纯洁、高尚的色彩。同时，我们还可以设计并摆放莲花图案、引用与莲花相关的诗词或含莲花寓意的标语等，以激发学生关注品德修养和内涵培养的意识。通过巧妙地融入莲文化元素，我们能够营造出独特的环境氛围，让学生在这样的环境中感受到纯洁、高尚和美好的氛围，从而进一步推动他们的品德教育和全面成长。

一、确定莲文化主题和理念

确定"莲"美诗韵的主题和核心理念，如纯洁、高尚、修身等，并以此为指导开展环境建设。

纯洁：莲花是出淤泥而不染的象征，它具有纯洁无瑕的品质。因此，"莲"美诗韵可以强调纯洁之美，鼓励学生培养清澈纯净的心灵，追求道德和行为的纯洁。

高尚：莲花在水中生长，但不受污染，象征高尚品质的追求。"莲"美诗韵可以强调高尚之美，鼓励学生追求高尚的情操、高尚的品格和高尚的行为，培养自身卓越和崇高的追求。

修身：莲花生长在污泥中，但花瓣却洁白无瑕，体现出修身养性的重要性。"莲"美诗韵可以强调修身之美，鼓励学生注重个人修养和道德修炼，培养良好的价值观和行为习惯。

成长与开放：莲花从污泥中生长出来，象征着奋勇向上、积极向善的精神。"莲"美诗韵可以强调成长与开放之美，鼓励学生勇于创新、开拓进取，在品德修养和自身发展中不断成长与进步。

这些主题和核心理念将成为"莲"美诗韵环境建设的指导方针。我们设立了小荷班，并以"毅"路同行，"莲"战皆捷为班级奋斗目标。同时，我们构建了莲文化的核心精神，即"廉"精神、"和"精神和"美"精神。通过创造相应的环境并开展相关活动，帮助学生理解并体验莲花所代表的美和品德，进一步培养他们的价值观、情操和行为习惯。在小荷班的环境布置中，我们注重体现"廉"精神的廉洁风格，使学生养成廉洁自律的习惯；同时，通过组织和鼓励学生参加集体活动，培养学生的"和"精神，使他们乐于合作、关心他人；此外，我们通过艺术和美学的元素，营造出"美"精神的氛围，激发学生对美的敏感和追求。在这样的环境建设和相关活动的开展下，我们将帮助学生加深对莲文化的理解，培养他们的品德修养，以及帮助他们塑造积极向上的人格特质和行为习惯。

二、布置莲文化环境和装饰

根据莲文化的主题和理念，我们可以通过环境设计与装饰，围绕"处处见莲影、时时闻莲声、物物有莲意"三大模块，布置莲文化环境。首先，在外墙上可以设计以莲花为元素的装饰，使其成为整个建筑外观的一部分，让人从外部就能感受到莲花的存在。其次，在教室内墙、班级长期展板与短期展板等地方，以及对联和前后横幅等物件中，我们可以融入一些莲花的元素进行装饰与设计。使用与主题相关的色彩和图案，以营造出纯洁、高尚的氛围。可以设计和摆放与莲花相关的图案、引用诗词或蕴含莲花寓意的标语等，提醒学生关注品德修养和内涵培养。通过这样的环境设计，我们能够营造出一个充满莲花美和品德教育意义的环境，从而激发学生对美的敏感和感知能力，引导他们注重品德修养和内涵培养。这样的环境将为学生提供一个积极向上的学习和成长氛围，并引领他们向着纯洁、高尚的目标发展。

（一）处处见莲影

每一面墙壁、每一扇窗户、每一根柱子、每一张桌子都会说话，学生将沉浸在莲文化所滋养的育人环境中。我们将把融入莲文化的对联、横幅等装饰物摆放在教室最显眼的位置，以增强班级的凝聚力和归属感，同时还可以赋予同学们前进的动力和能量。每一面墙壁都将通过与莲花相关的图案、诗词或蕴含莲花寓意的标语等，以视觉语言向学生传递美与品德的价值观。每一扇窗户都将散发出"莲"的光芒，让阳光透过玻璃，照射在学生的心灵，并激发他们对美的感知。每一根柱子都会倾听学生的心声，通过与莲花相关的装饰元素，向学生传递着纯洁和高尚的思想。每一张桌子也会成为学习的伙伴，激发学生对莲文化的思考和理解。通过这样贯彻落实莲文化的环境设计，我们将为学生创造一个充满美感和品德教育意义的校园环境，让他们在学习和成长中感受到莲花的美丽与力量，同时还可以增强班级凝聚力，让每一个学生都能获得属于他们的成长动力。

小荷班的目标："毅"路同行，"莲"战皆捷。

小荷班的标语：高尚如莲，品德如花；力行修身，如莲开放。

小荷班的对联：清心自律是莲香，修身立德似莲开。

小荷班的班歌：《莲花绽放》。

歌词：

> 莲花绽放在纯净的池塘
> 我们的班级如莲花般光芒
> 品德高尚心灵美
> 莲的芬芳与我们同在
> 合：莲花绽放，美丽纯洁
> 和谐勇敢，我们是一体
> 学如春莲，修身养性
> 齐心向前，成长之路绽放光彩

青春绽放在莲花盛开的时节

我们的梦想如莲花般高远

努力奋斗，追寻自己的光辉

用真诚与友爱，彼此陪伴到永远

合：莲花绽放，美丽纯洁

和谐勇敢，我们是一体

学如春莲，修身养性

齐心向前，成长之路绽放光彩

莲花的青翠是我们的象征

不畏挫折，坚持向前

以莲花之美，绽放人生的意义

为梦想共同努力，让世界为我们惊艳

合：莲花绽放，美丽纯洁

和谐勇敢，我们是一体

学如春莲，修身养性

齐心向前，成长之路绽放光彩

  这些标语、对联和班歌都以莲花为中心元素，寓意纯洁、养性、高尚，并强调班级团结协作、追求梦想和共同成长的精神。它们旨在激励人们追求高尚品格和修身养性，并展现纯净无瑕的美好品质。这些标语、对联和班歌将被布展在教室最显眼的位置，时刻提醒和激励学生要保持纯洁的心灵和高尚的品德。它们代表着班级团结协作的精神，鼓励同学们相互支持、共同追求梦想，并共同成长。通过这样的精神引导和激励，学生将被激发出积极向上的能量和动力，从而塑造自己并创造美好的未来。

（二）时时闻莲声

班级围绕新闻"莲"播、"莲"品欣赏、"莲"星飞扬等主题进行班级文化墙的设计，以充分展示和传递莲文化的价值观。这样的设计旨在激发学生的审美情趣和创造力，同时还可以加强班级的凝聚力和团队精神。通过文化墙的展示，我们希望营造一个积极向上、充满艺术氛围和学习动力的班级环境。

1. 新闻"莲"播

在新闻"莲"播的主题下，我们可以设计墙上的展板，展示与莲花精神有关的时政新闻、名言警句和故事等，以及莲花背后所蕴含的品德和美学价值。这将有助于学生了解莲文化、掌握新闻、传播知识，并激发他们对社会热点和价值观的思考。

通过这样精心设计的展示，我们将能够向班级学生传递莲文化的内涵和价值观，加深他们对莲花的认识和了解。同时，这样的内容展示也将培养学生的审美情趣和思辨能力，促进莲花精神在班级中的传承和发扬。

2. "莲"品欣赏

教师与学生共同协作设计一面以莲花为主题的文化墙，旨在激发学生对莲花精神的关注和追求，同时培养班级成员间的合作意识和归属感，以及学生对美的追求和表达的热情。通过参与设计和装饰文化墙的过程，学生将有机会锻炼自己的表达和展示能力，同时还能够培养学生的自信心和自主学习的意识。

在设计文化墙时，可以引入莲花的艺术品、摄影作品，以及相关的诗词和美学评论。这样的设计将鼓励学生欣赏莲花的美，并通过各种形式去表达自己的感受和创造力。学生们可以展示自己绘画的莲花作品、写下与莲花有关的诗句或个人感悟等。通过这样的合作和展示活动，学生们将有机会互相学习和分享，从中培养出对美的敏感和热爱。

（1）莲文化的照片墙

我们将班级活动的精彩照片组合成一个巨大的"莲"字，并将其制作成照片墙。在这个照片墙中，每位同学都会出现在其中，每个人脸上都洋溢着自信的笑容。这样的照片墙无疑是我们班级中展示莲文化和环境布置的重要一环。当学生学习疲惫、信心不足、感到焦虑或恐慌时，站在照片墙前，看着自己和其他同学以及班主任的笑脸以"莲"字的形式展现，必将更快地调整自己的状态，并全力以赴。

这面照片墙将是班级成员们的骄傲，同时也是对学生激励和鼓舞的一个象征。每位同学在其中都有自己的位置，这展示了我们班级每个人的重要性和独特贡献。照片墙不仅仅是一种装饰，更是一面镜子，反映出我们共同的努力和成长。

在制作照片墙的过程中，我们将共同回顾并选择班级的重要活动照片，例如运动会、文艺晚会、志愿者活动等。通过这些照片，我们可以回忆起班集体的美好时刻，并感受到每个人的成长和进步。

站在这面照片墙前，我们将被激励和激发出积极向上的力量。我们将看到自己和班级成员们在困难面前的坚持和努力，这将使我们更加有信心地面对挑战和困难。同时，看到自己在照片墙中的出镜，我们也会感到自豪和自信，这将进一步激励我们去追求更高的目标和梦想。

通过合作设计和制作这样的照片墙，我们将展示和传递莲文化的价值观和精神，同时展现班级成员的齐心协力与团结合作。这面照片墙将成为我们的动力源泉，提醒我们保持积极的态度，努力学习和奋斗，共同书写出美好的未来。

（2）莲文化的小白板

虽然小白板面积小，但却蕴含着巨大的力量。每个月，我们选择不同品质的莲花作为主题，如青毛节、舞妃莲、千瓣莲、冬荷八号、中孚、新云锦、宝珠观音、牧童、玉蝶等，由一个学习小组来制定主题，并和其他同学共同设计和制作小白板的内容，以提供给小荷班学子们一个发挥思维能力和培养艺术素养的平台。每月制作小白板的小组通过这个媒介，可以为全班同学注入能量，同时也使他们的高中生活更加精彩，赢得全体师生的掌声。

通过小白板的设计和制作，我们以莲花为灵感，传达不同品质的莲花所代表的美德和价值观念。每个月的主题将帮助学生们深入了解和体验莲花的特点，并通过绘画、文字、图标等形式将学习成果展示出来。这样的活动将激发学生们的创造力和想象力，提升他们的艺术修养和表达能力。

小白板作为一个媒介，将学生们的努力和创意展示给全班同学，为他们带来能量和启发。同学们可以在小白板上看到自己和其他同学的努力成果，感受到彼此的共同奋斗和成长。他们将从中得到鼓舞和激励，从而进一步激发自己的学习热情和动力。

在莲花的启发下，我们将继续努力，让这些小白板成为我们班级的象征和见证，为我们的学习之旅增添更多的动力和乐趣。

（3）莲文化班级文化墙

班级文化的立体化是非常重要的，而重要活动则是班级文化和价值观的重要展示。同时，输出具有特色的莲文化也是完善班级文化的一种好的方式。例如，在成人礼活动期间，全班师生共同商议并制定以莲文化为特色的成人礼图标，这样能很好地展现班级整体的朝气和对未来共同美好愿景的追求。制作完成后将成人礼图标贴在教室靠近走廊的外墙面上，以供大家欣赏。

另外，我们邀请优秀的师兄师姐们为同学们分享他们的经验，并将这些经验和笑脸制成一个"直达大学墙"。这样做的目的是希望学生们能够传承"莲"之精神，同时在墙面上展示优秀学长学姐们的自信和从容，给同学们带来更大的支持和动力。

这样的班级文化墙将成为班级的标志性符号，代表着我们班级的凝聚力和团结合作的精神。它通过图标和经验分享的方式，激发学生们的参与感和归属感，并传递班级对于"莲"文化的承诺和信念。

通过"莲文化"班级文化墙的打造，我们希望能够建立一个积极向上、团结互助的班级氛围，以此激发学生的学习热情和创造力。这样的文化墙不仅仅是一个装饰，更是展示班级特色和鼓励学生追求卓越的平台。让我们共同努力，打造一个充满激情和正能量的班级文化墙。

3. "莲"星飞扬

通过班级学生目标展示、家长寄语展示和师生对话展示等形式，旨在激励学生明确自己的目标并努力学习，同时增强学生的自我规划意识和自我管理能力。此外，加强家校合作能有效促进学生全面发展和培养积极心态。师生互动也有助于建立良好的师生关系，为学生提供更好的学习支持和帮助。通过这些措施，我们的班级文化将会充满活力和激情，学生们在积极向上的学习氛围中全面发展并展现个性的光芒，并成为每个学生成长的助推器和奋斗的引擎！

（1）莲文化学生目标墙

在高中不同时期，设计不同的个人、小组和班级奋斗目标卡，让学生填写，并张贴在班级"莲"星飞扬展板上。如高一入学时对高中生活的期待卡、高三不同备考节点的个人目标卡、小组奋斗卡和班级奋斗卡等，这样做可以帮助学生明确目标、提升团队合作能力、明确班级奋斗精神。

①清晰目标规划：清晰目标规划对于学生的高中阶段非常重要。通过填写个人目标卡，学生可以有意识地设定目标，并制订相应的计划和措施。这不仅有助于学生明确目标，还能激发他们的学习动力和责任感。目标卡的填写过程可以成为学生思考和规划的机会，帮助他们认识到自己的优势和成长空间，明确自己的学习重点和努力方向。

高一入学时的期待卡可以包括以下内容：设定学术目标，如期望在哪些科目取得什么样的成绩；制定兴趣爱好目标，例如参加学校的社团活动或者培养特长技能；规划社交目标，比如建立良好的班级人际关系和拓展社交圈子等。
而高三备考节点的个人目标卡可以更加具体和细化，包括制定每个科目的目标
成绩、规划备考时间表、确定复习计划和策略等。这样的目标卡可以帮助学生
更加清晰地意识到自己的目标，并为实现这些目标采取必要的行动。

高一入学时的期待卡：

小荷班高一入学时的期待卡									
目标	具体行动步骤					进展和反馈			
学术目标	如：理想大学								
学习成绩目标	如：英语，提高阅读和写作技巧 背诵单词并应用于写作 参加英语角和演讲比赛								
科目	语文	数学	英语	物理	化学	生物	政治	历史	地理	总分
高一中段考目标分数									
兴趣爱好目标	如：音乐，学习吉他并参加乐队 每天练习30分钟 参加学校音乐节和演出								
社交目标	如：结交5个新朋友 参加学生会和社团活动 主动和同学建立联系								
时间管理目标	如：每日额外学习时间2小时 制订周复习计划 手机使用管理								
个人健康目标	如：每天放学后跑步20分钟								
其他期望	如：参加省市科技创新大赛 参加市数学解题大赛								
高一的学习规划									

高三个人奋斗目标卡:

我要赢,赢在＿＿＿＿＿＿＿＿＿＿＿＿!

"××模考"我的奋斗目标

我心中的大学							
××模考成绩	总分				年级名次		
我的薄弱科目1				薄弱科目1 师父			
薄弱科目1的增分 策略							
我的薄弱科目2				薄弱科目2 师父			
薄弱科目2的增分 策略							
我的座右铭:							
"××模考"目标	语文	数学	英语	物理(历史)	选科一	选科二	总分 总名
我坚信梦想从不遥远,奋斗永远未迟!! 立志人:							

高考冲刺增分计划表:

高考增分的策略归纳为:突出重点,全力以赴,集中优势兵力。其意思是说,各科复习都要确定重点,不可全面出击;既然确定了重点,就要全力以赴;集中优势兵力,就是要把自己最好的学习状态和时间用于这些内容的复习。

明确自己高考的增分目标			
学科	二测分数	高考目标分数	我的优势科目:
语文			
数学			＿＿＿＿＿＿＿＿
英语			

续表

明确自己高考的增分目标			
物理 / 历史			我的增分科目：
选科一（　　）			
选科二（　　）			_____
目标增分科目的增分点			
学科	增分知识点	具体增分策略	

第一步，了解自己的问题所在：根据已经复习的内容、大考试卷和课本知识内容判断你没有掌握的部分的知识属于哪个章节，然后统计各个部分的得分率。

第二步，确定各科复习目标：确定各科的考试目标，然后确定重点提分科目，确定增分科目的具体增分领域和增分策略。

第三步，精准定位复习范围：把这个增分领域中没有掌握的部分找出来，然后再针对性地进行复习，这样考试成绩才会提高。

第四步，深度复习提高分数：

第一，回到课本，仔细阅读相关章节，重新做课后的习题。

第二，扩展阅读面，读几本参考书，只看相应章节（其他章节不要看），然后选择部分练习题，不懂的地方及时请教老师和同学。不要一个人躲在角落里冥思苦想，这样会耽误宝贵的复习时间。

②提升团队合作：为了提升团队合作能力，班级可以引入一些有益的活动

和工具，如设计师徒结对卡和小组奋斗卡，以鼓励学生在团队中积极协作，并为整个团队设定共同的目标。通过这些工具，学生可以分享个人目标，并与小组成员合作讨论，探讨如何相互支持和协作，以实现集体目标。这一系列活动和工具将有助于培养学生的团队合作能力、沟通与协调能力，同时也能够加强班级的凝聚力。

在设计师徒结对卡的过程中，学生之间可以形成师徒关系，由有经验的学生担任导师，帮助新入学的学生适应新环境并达到他们的学习目标。这种结对关系可以为学生提供一个积极的学习环境和支持网络，使学生在困难时能够相互学习、相互支持并相互鼓励。

小组奋斗卡或挑战书是一个团队合作的工具，小组成员可以在这张卡上设定共同的目标，并列出各自的任务和责任。他们可以一起制订计划，协调行动，并在卡上记录进展和反馈。通过这样的卡片，小组成员可以清晰地了解每个人的贡献和进展，从而提高团队协作效率。

这些活动和工具的引入将为学生提供更多主动参与团队合作的机会，激发他们的团队意识和协作能力。同时，通过可视化目标和记录进展，学生可以更好地跟踪和评估自己和团队的表现，从而不断提升团队合作的技能和质量。

师徒结对证书：

小荷班师徒结对证书

师父：＿＿＿＿＿＿＿＿　　　　徒弟：＿＿＿＿＿＿＿＿

　　从今以后徒弟将虚心请教师父，接受师父的教导和监督。师父要耐心教导徒弟，有效监督。彼此努力，共创二人佳绩！

　　徒弟保证，今后一定做到＿＿＿＿＿＿＿＿＿＿＿＿＿＿＿＿＿＿＿＿＿＿＿＿＿

＿＿

我的竞争 & 合作对象卡：

×× 模考我的竞争 & 合作对象卡	
姓名	

竞争对手

我要向我身边的对手 – 朋友：＿＿＿＿＿＿同学宣战！

我要在＿＿＿＿＿＿＿＿＿＿＿＿＿＿＿＿＿＿＿＿＿＿＿＿＿＿＿

（可选具体项目，如某学科、总分、排名、学习自控力、规划性、执行力）上追赶你！

具体落实（即怎么做）：＿＿＿＿＿＿＿＿＿＿＿＿＿＿＿＿＿＿

＿＿＿＿＿＿＿＿＿＿＿＿＿＿＿＿＿＿＿＿＿＿＿＿＿＿＿＿＿＿

＿＿＿＿＿＿＿＿＿＿＿＿＿＿＿＿＿＿＿＿＿＿＿＿＿＿＿＿＿＿

＿＿＿＿＿＿＿＿＿＿＿＿＿＿＿＿＿＿＿＿＿＿＿＿＿＿＿＿＿＿

＿＿＿＿＿＿＿＿＿＿＿＿＿＿＿＿＿＿＿＿＿＿＿＿＿＿＿＿＿＿

合作伙伴

×× 模考目标分数	语文	数学	英语	物理 / 历史	选科 1	选科 2	总分	总名
薄弱科目	科目一				科目二			
向师父结对学习	师父一				师父二			

与自己的对话：

高三学习小组挑战书：

××模考挑战书

_____组挑战书

我们组向_____组下挑战书。

挑战该组_____。

组员挑战内容

姓名	目标大学	语文	数学	英语	物理/历史	选科1	选科2	总分	总名

反思中段考前的不足：_____

_____

后阶段如何做：_____

_____

本组挑战誓言：_____

_____

③倡导班级奋斗精神：班级奋斗卡是一个很好的工具，它可以帮助学生明确共同的目标，并展示班级内部的价值观。设定共同目标的方式有很多，如提高班级平均成绩或参加比赛取得优异成绩，这可以激发学生的斗志和动力，让他们在学习和活动中付出更多努力。通过展示班级奋斗卡，学生可以形成共同

的目标意识和行动动力，明确自己的责任和作用。这有助于培养学生的自觉性和责任感，促进他们的个人成长和发展。除了班级奋斗卡，还可以采取其他方式来倡导班级奋斗精神。例如，组织班级活动、竞赛或项目等，鼓励学生积极参与并展示他们的才华和能力。定期组织班级会议或讨论，让学生分享自己的学习心得和经验，互相学习，共同成长。同时，教师也要起到榜样和引导的作用，要给予学生支持和鼓励，帮助他们克服困难，实现自己的目标。

班级奋斗卡：

小荷班奋斗卡			
目标	具体行动计划	时间期限	负责人
提高平均成绩	每周制订学习计划，包括预习、复习和做题，做笔记和整理知识点，强化记忆和理解	目标：提高平均成绩至80分，每学期评估进展	班长、学习委员等学生干部
积极参与社会实践活动	参加社会志愿者活动，为社区或弱势群体提供帮助，参加学校组织的实践活动，拓宽知识和经验，利用假期时间参与相关实践项目，提升实践能力	根据活动安排确定时间	班级副班长、社团负责人等学生干部
培养团队合作精神	参与班级活动策划和组织，共同完成任务，分工合作，互相支持和帮助，鼓励班级成员积极参与，共同营造良好的班级氛围	全年度持续进行，每学期进行班级氛围评估	班委会成员、班级团支书等学生干部
发展个人兴趣爱好	加入学校的兴趣社团或学生会，拓宽兴趣领域，自主学习和实践，提升专业技能，参加相关比赛或展览，展示个人才华和成果	根据社团或比赛的报名时间，根据个人学习计划进行安排	学生自主负责，可寻求教师或辅导员指导

（2）莲文化家长寄语板

孩子处在高中阶段，我们深知家长们对孩子有许多话要说。母亲节恰逢家长会，小荷班会准备了一张特别的"家长寄语板"，以莲文化标志为背景，让家长们亲自设计一个寄语板，来表达他们对孩子的美好祝愿和期许。在活动结束后，我们将把家长寄语板张贴在教室显眼的墙面上。这样，在孩子们成长的高中道路上，他们每天都能看到家长亲自写下的、寄予他们的真挚祝福。相信这样的温暖将给他们带来极大的鼓舞和力量。

为了使家长寄语板更加个性化，我们鼓励家长们在莲文化标志的背景上添加自己的创意和想法。家长们可以用签字笔写下对孩子的美好祝愿、鼓励和期许。这些寄语可以是勉励的话语，也可以是对孩子未来的期待。无论是简短而精练的寄语，还是一段动情的文字，都将成为孩子们成长道路上的宝贵财富。

这个特别的家长寄语板活动，为孩子们带来了温暖和力量，能让他们在高中的旅程中感受到家庭的关爱和支持。相信这样的家长寄语板会成为班级中的一道亮丽风景，激励孩子们更加努力地追求自己的梦想。

（3）莲文化师生时空隧道

莲文化师生时空隧道是一个神奇的师生对话角，能够让每一位教师成为同学们成长道路上的人生导师。教师们在学习和生活中一直陪伴和见证着同学们的成长，他们是同学们非常熟悉的身边人。教师们通过积极的引导和潜移默化的影响，给予同学们正向的引领。在同学们的眼中，教师们几乎是完美的，有些同学甚至认为教师们在成长的经历中从未遇到过困难和困惑，很难与自己目前的情况产生共情。为了解决这样的问题，我们以荷花的成长周期为契机，在教室的一个角落创设了一个神奇的师生对话角。例如，在高三成人礼时期恰逢荷花的绽放期，而高三学生此时也正好迎来了 18 岁的生日。班主任可以收集每位教师 18 岁时的照片，并附上一句当时鼓励自己的座右铭，然后将这些照片和座右铭张贴在墙面上。这样一来，就创造了一个时空维度上的隧道，让18 岁的教师与 18 岁的同学们进行对话。

这个师生对话角不仅可以在平时的教育中起到积极的作用，也是一种神奇又暖心的朋辈教育。同学们可以通过观察教师们 18 岁时的样子和座右铭，更好地理解教师们的成长经历。他们会发现，教师们也曾面对困难和困惑，也需要鼓励和勇气。这样的对话不仅能够拉近师生之间的距离，还能够激发同学们的勇气和动力，让他们相信自己可以克服困难，努力追求自己的梦想。

通过莲文化时空隧道，我们希望创造一个特殊的空间，让师生之间的对话变得更加亲切和真实。这样的师生互动能够为同学们带来更多的启发和正能量，这将成为同学们成长路上宝贵的财富。

（三）物物有莲意

1. 莲文化教学资源

利用莲花的形象和寓意进行教学资源的创造，如制作莲花的图片、展板、教具、课件模板等，引导学生通过学习与赏析莲花，培养对美的欣赏能力，提高个人品德修养。

（1）制作莲花图片和展板

设计精美的莲花图片和展板，展示莲花的不同品种、颜色和形态，以及莲花在文化中的象征意义。这可以激发学生对莲花的兴趣，同时还能扩展他们的美学视野。

（2）制作莲花教具

设计莲花拼图、手工折纸或模型等教具，让学生动手参与，亲自制作出精美的莲花作品。这可以培养学生的动手能力和创造力，同时加深他们对莲花的理解和欣赏。

（3）设计莲花主题课件模板

为不同学科的课件设计以莲花为主题的模板，如语文、英语、班会等。这样的模板可以为教师提供视觉上的美感，同时帮助学生更好地理解和记忆课程内容。

（4）探索莲花文化

引导学生通过研究莲花文化，了解莲花在不同国家和文化中的象征意义和故事。可以组织学生进行小组研究，并展示他们的成果，加深学生对莲花文化的认识和理解。

通过以上的教学资源创意，学生可以学习与欣赏莲花，培养对美的欣赏能力和品德修养。同时，也可以激发学生的创造力和表达能力，为他们提供多元化的学习体验。

2．"莲润心田"图书角

在教室的角落设置一个以莲花为主题的"莲润心田"图书角，在这里可以摆放一些有关莲花文化、诗词、绘画等的书籍，让他们在阅读的同时感受到莲花之美和文化内涵。以下是小荷班的一些做法：

（1）选择相关书籍

选择与莲花相关的书籍，包括莲花文化、莲花艺术、莲花诗词等方面的书籍。可以包括图书、诗集、绘画集等，以满足不同学生的阅读兴趣和水平。

（2）莲花主题装饰

在"莲润心田"图书角的装饰上加入莲花的元素，比如莲花形状的书架、莲花壁纸或墙壁贴纸等。这样的装饰可以营造出温馨宁静的阅读环境，让学生感受到莲花的美和文化魅力。

（3）舒适的阅读区域

在图书角内设置舒适的阅读区域，摆放柔软的坐垫、舒适的椅子或沙发，让学生可以舒适地阅读。可以在角落的地面上铺上柔软的地毯或莲花图案的地垫，为阅读增添一份温暖和舒适感。

（4）定期推荐书籍

定期在图书角内设置一个推荐书籍的区域，展示一些精选的与莲花相关的好书，吸引学生的注意力。可以在书籍旁边放置一些推荐语或简短介绍，以激发学生的阅读兴趣。

（5）创造阅读氛围

在图书角附近设置一些莲花的艺术品、摆件或画作，营造出浓厚的莲花氛围。可以播放轻柔的音乐，如自然声音或古典音乐，为学生提供一个静谧舒心的阅读环境。

通过创建"莲润心田"图书角，学生可以在一个专门的区域里享受阅读与莲花相关的书籍，并能够从中感受到莲花之美和文化的魅力。这不仅可以培养学生的阅读兴趣和提高阅读能力，还能够增强他们对莲文化的理解和欣赏能力，同时营造出一个宁静而温馨的阅读场所。

3. 莲文化特色小花圃

建设具有莲文化特色的小花圃将为学生提供一个参与自然、了解莲文化的机会，还可以培养他们的团队合作、责任感和热爱自然的意识。以下是建设小荷班小花圃的具体步骤和注意事项：

（1）分组完成实践报告

将学生分成若干小组，每个小组完成一份实践报告，报告内容包括种植莲花的品种选择、所需土壤和容器的了解、养护要点以及观察与记录的实践方法等。这样可以帮助学生在实践中掌握相关知识和技能。

（2）购买种子或幼苗及必要材料

根据小组的选择，购买相应的莲花种子或幼苗，并准备好所需的土壤和容器。可以组织学生一起前往花卉市场或园艺店购买，并让他们学习选择健康的植物和适合的土壤。

（3）建设小花圃

在班级指定的区域内建设小花圃，建设时要确保有足够的阳光和适宜的排水条件。根据莲花不同的品种，为每个小组分配相应的区域，并设置好土壤和容器。

（4）种植和养护

学生按照实践报告中的指导，参与种植和养护莲花的过程。他们可以一起浇水、施肥、清理杂草等，定期观察和记录莲花的生长情况，并根据需要调整养护措施。

（5）增添其他植物和装饰元素

除了莲花之外，还可以在小花圃周围增添其他植物或装饰元素，如小石子、小树木等，以营造更美观和宜人的环境。

（6）定期维护和观察

定期检查和维护小花圃，确保莲花的健康生长，并观察莲花的开花和变化过程。可以安排学生轮流负责小花圃的日常照料，这样可以培养他们的责任感和团队合作精神。

通过这样的小花圃建设活动，学生将有机会亲身参与自然的种植、养护和观察过程，加深对莲文化的了解和欣赏，享受小花圃带来的美丽和宁静。

班级文化不仅仅是外在的班名、班徽、班歌、班训等形式，更重要的是同学们内心对共建文化的认同和共鸣。它是班级精神的体现，是一种自信的力量，是一团燃烧的青春热血，汇聚成不竭的动力源泉，为同学们在高中阶段努力前行提供支持。班级文化的内核在于同学们的共同信念和价值观，它是一种集体认同和团结的力量。这种文化在不同届别中传承，并不断叠加和发展，创造出神奇的不同时空维度的对话。这种对话可以是通过学长的经验分享、学习委员组织的活动、班级会议的讨论等形式展开。它可以激发同学们内心的力量和潜能，帮助他们突破瓶颈期的困境和挑战。

班级文化的力量是无限的，它不仅可以帮助同学们实现个人的突破和成长，也能够促进班级的凝聚力和团队合作精神。通过班级文化的建设和传承，同学们可以共同创造出一个积极向上、团结友爱的班级氛围，为每个人的学习和成长提供有力的支持。

第三节 "莲"美诗韵之隐性环境建设

打造富有莲文化的隐性环境，可以通过播放相关的音乐、建立展示和体验平台并整合班级文化活动，学生们在这样的环境中能够不断感受到莲文化的美丽和魅力，能够进一步培养他们的审美素养、人文关怀和对高尚道德品质的向往。同时，这也为班级创造了一个独特而有意义的学习与成长环境。

一、播放莲文化背景音乐

在课间或班级组织的活动中播放与莲文化相关的音乐，如古风音乐或具有禅意的音乐。这样可在班级中营造出轻松、宁静的氛围，增强学生对莲文化的隐性感受。

（一）古琴音乐

古琴是中国古代的传统乐器，古琴音乐通常具有悠扬、清幽的特点，能够带给人们一种宁静、安详的感受，与莲花纯洁、光明的品质相呼应。

（二）古代文人音乐

古代文人常常以莲花为题材创作音乐诗曲，以表达对莲花的赞美和景仰。这些音乐作品通常会流露出一种雅致、淡泊的情感。

选择与班级文化相关的音乐，可以根据班级活动的性质、目的和参与者的年龄层次来进行适应性选择。同时，可以考虑邀请音乐教师提供相关建议，以确保所选音乐能够恰如其分地传达莲文化的主题与意境。

二、建立莲文化展示平台

为了给学生提供一个展示莲花文化的综合平台，我们计划在班级中举办一场以莲花为主题的艺术设计和绘画大赛，并组织相关展览和互动体验活动。通过这些活动，学生们将有机会深入了解莲花文化的内涵，进一步增强对莲花的美和品德的认同。

首先，我们将邀请学生们参与莲花主题的艺术设计和绘画大赛。学生可以通过绘画、素描、摄影等方式表达他们对莲花的理解和感受。这将鼓励学生们发挥自己的创造力和想象力，同时也能够促进他们对莲花的深入研究和探索。

随后，我们将组织一个莲花展览，用于展示学生们的作品，并提供互动体验。展览将呈现学生们不同形式的艺术作品，包括绘画、雕塑、手工制作等，以展示莲花的美丽和独特之处。通过艺术创作和文化交流来实现帮助学生们拓宽视野、培养他们的审美情趣和品德修养的目标。

三、整合莲文化班级活动

为了提升学生对莲文化的认识和理解，并激发他们对品德修养的关注和追求，我们开展了莲文化主题的演讲、折纸工作坊、诗歌朗诵比赛、莲花茶品鉴会、时间胶囊和亲子活动等丰富多样的班级莲文化活动。通过丰富多样的活动，可以提升学生对莲花文化的认识和理解，更好地激发学生对品德修养的关注和追求。

（一）莲文化演讲活动

组织学生们进行演讲比赛，让他们研究和分享莲花的历史、象征意义、传统文化和珍贵品种等方面的知识。通过演讲，学生们可以提升自身的研究和表达能力，并增进对莲文化的认识。如班级举办的主题为《探索莲文化，传承班级的纯洁与成长》的演讲。

《探索莲文化，传承班级的纯洁与成长》活动方案

【演讲目标】

介绍和解读莲文化的象征意义和价值观，引导班级成员了解莲花的艺术与哲学内涵，探讨如何将莲文化融入班级生活，促进班级氛围的纯洁与成长。

【演讲内容及流程】

1. 引言

使用引人入胜的开场语，激发听众对莲文化的兴趣，并对演讲目标进行简要介绍。

2. 莲花的象征意义

（1）解释莲花在不同文化中的象征意义，如纯洁、美丽、成长、超越等。

（2）引用与莲花相关的诗词或文学作品，让听众更加深入地理解莲花的内涵。

3. 莲文化的艺术与哲学

（1）探讨莲花在绘画、雕塑、诗词等艺术形式中的表达方式和美学特点。

（2）分享莲花哲学对个人修养和人生境界的引导作用。

4. 班级中传承莲文化的意义

（1）引导班级成员思考莲文化如何与班级价值观和共同目标相契合。

（2）鼓励班级成员反思如何将莲文化的纯洁与成长价值融入班级生活和行为准则中。

5. 总结与鼓励

（1）总结演讲内容，强调班级成员传承莲文化的重要性和价值。

（2）鼓励班级成员在日常生活中积极践行莲文化的理念，追求班级的纯洁与成长。

6. 结束语

使用振奋人心的结束语，让听众在演讲结束时对莲文化充满思考和激情。

（二）莲文化时间胶囊

这种以书信形式引导学生思考的教育活动是非常有意义和创新的方法。通过写信与未来的自己对话，学生们将有机会反思过去的成长经历、展望未来的目标和梦想，以及探索自己在这个过程中的成长和发展。

在高一，学生写一封信给三年后的自己。这封信可以包括他们对未来的期望、目标和计划，表达他们希望在三年后达到的成就、面临的挑战以及对自己的期许。这样的活动可以帮助学生们更好地思考自己的目标和意义，并找到实现这些目标的途径和动力。

高三开学典礼时，学生写一封信给一年后的自己。在这封信中，他们可以回顾自己的高中生活和成长过程，分享自己的困难、收获和成就。此外，学生们可以提醒自己在接下来的一年里要坚持努力和保持积极的心态，以实现他们的目标。

在成人礼当天，学生写一封信给未来的自己，这标志着他们即将踏入成年阶段。在这封信中，他们可以表达对未来的期望、对成人生活的准备和对自己的承诺。这样的活动可以帮助学生们思考自己的人生价值和人生目标，并激励他们努力实现自己的梦想。

存放这些信件到一个标有"时间胶囊"的信箱里，并在班级明显的地方展示出来，具有很好的象征意义。学生们可以看到自己的信件和他们对未来的承诺，这将激励他们不断努力，为实现自己的目标而奋斗。同时，引导学生写书信并与未来的自己进行对话，这种创新的生涯教育形式可以激发学生们的内在动力，帮助他们探索自己的梦想和目标，并坚定自己朝着这些目标努力前行的信念。同时，这也培养了学生们的反思能力、计划能力和自我激励能力，促进他们的全面发展和成长。

（三）莲文化亲子拓展活动墙

班级定期开展亲子拓展活动，如美食亲子制作、亲子登山等，参加这些活动能够促进家庭成员之间的互动与交流，增进亲子关系，还可以收集亲子参与拓展活动的照片，将其展示在班级文化墙上。

1. 莲花美食亲子制作

如假期布置莲花美食制作：借助莲花的形象和特点，组织亲子们一起制作莲花美食，如莲花糕、莲藕汤等。在制作的过程中，家长可以与孩子分享莲花的营养价值和健康功效。

2. 亲子攀登莲花山

班级组织家长和同学们周末一起进行登莲花山活动。户外亲子拓展活动可以帮助学生们和家长们一起远离繁忙的学习和工作环境，放松身心，同时为其提供一个共同参与的机会，可以增进彼此之间的情感和亲子关系。

登山活动本身就是一种身心挑战，登山过程中的困难可以让学生们体验到来自外部环境的压力，这与学习中的压力相呼应。通过参与活动，学生们将有机会体验到自己如何通过稳定情绪、深呼吸和调整速度等方法来应对困难和压力，这对他们发展自己的情绪调节和适应能力非常有益。

此外，家长的参与也给予学生们一种重要的支持和榜样。家长们与孩子们一起攀登山峰展示了家庭的团结和共同努力，这将给学生们信心和动力，激发他们奋发向上的愿望。活动中选取家长和孩子们的合影用来建设"亲子登高望远墙"，是一种很好的记录和展示家庭美好状态的方式。这样的墙面可以让学生们在学校中见证到家长与孩子们的快乐和积极状态，这将成为一个重要的心理助推剂，鼓励学生们积极面对挑战、努力奋斗。

通过这样的户外亲子活动，班级可以营造出一种积极向上的氛围，也为学生们提供了一个彼此支持和鼓励的平台。这样的活动不仅促进了家庭与学校的联系，而且还帮助学生们培养了团队意识、情绪管理和应对挑战的能力。它对学生的心理健康和整体发展具有积极的影响。

3. 爸爸妈妈的18岁

班级开展主题为"理解、感恩、互相成长"的亲子活动，这个亲子活动的主题非常有意义，可以帮助学生们更好地了解他们的父母并促进亲子沟通。通过提供两个问题，学生们被鼓励去采访他们的爸爸妈妈，了解他们在18岁时的想法以及这些想法对其今后的人生产生的影响。这个任务不仅能让学生们了解父母的年轻时代，还能够让他们从不同的视角去看待成人礼和成长过程中的关键节点。通过听取父母的经历和故事，学生们将有机会获得更全面、更深入的了解，从而对自己即将面临的转折点有更深刻的认识和理解。

在班会上分享采访结果，可以让学生们互相倾听和学习，进一步增强班级的凝聚力和互动性。学生们可以从彼此的分享中获得启发和触动，通过分享和探讨，他们可以从多个角度思考成人礼、人生规划和成长的重要性。

此外，这个亲子活动还强调了隐性对话的重要性。通过与父母的交流和分享，学生们将有机会与家长进行意义深远的对话。通过这种深入的交流，学生们可以对自己的成人礼有更深刻的认识，从而更坚定地朝着高三前进的方向努力。这样的班级氛围建设将为学生们提供心理支持和激励，促使他们更加积极地面对高三的挑战和目标。

理解、感恩、互相成长

——那年，爸爸妈妈 18 岁

采访者：_____

采访对象：爸爸☐　　妈妈☐

采访日期：_____

采访内容：_____

1. 18 岁时，爸爸 / 妈妈正朝什么目标努力？并为之付出了什么行动？

_____

_____

2. 18 岁时，爸爸 / 妈妈最难忘的一件事是什么？当时有何感悟？

_____

_____

3. 对现在 18 岁的你，爸爸 / 妈妈最想跟你说：

_____

_____

4. 现在 18 岁的你，最想跟爸爸 / 妈妈说：

_____

_____

5. 目前，我能为爸爸 / 妈妈做的一件事情是：

_____

_____

　　班主任要以班级文化和学生发展需求为核心，以促进学生成长为目标，与高中不同成长节点相结合，精准地抓住德育的契机，并将关键的时间节点与班级氛围的建设密切结合。通过班级显性环境的建设，从点到线到面，将一天的活动融入其中，使德育能够达到更多维度、更深层次和更持久的时空生态。

同时，在班级氛围的建设中，与班级文化相关的小活动相结合，深入学生内心，强化三品德育的内核。通过这些积极的活动和文化塑造，最终营造出一种隐性的班级氛围，打造出积极向上、互助合作的班级氛围和文化，为学生的内心注入强大的力量和前进的不竭动力，以满足学生的成长需求，并为他们的未来打下坚实的基础。

第三章

管理赋德：三品德育之叶

第一节　班级管理制度建设的有效策略

无规矩不成方圆。育人离不开有效的管理，然而，管理并非目的，而是为了教育和引导学生养成良好的行为习惯和道德品质。在班级建设和育人工作中，制定各种规章制度是班主任非常重视的管理手段。通过完善而有特色的班级管理制度，有助于形成良好的班风学风，促进学生树立正确的价值观，使其养成良好的行为和学习习惯，同时也有利于树立品牌班级的形象。

因此，作为班主任，需要根据班级实际情况和学校的各项规章制度要求，与学生一起制定体现时代特色的班级学生管理制度。这种制度的制定应因班级而异，因人而异，要符合实际情况和学生的需求。此外，还需要完善各种奖惩制度、考核制度和激励制度等。同时，为了确保这些制度的有效执行和坚持，班主任需要不断努力，使学生养成遵守规则的良好习惯。

一、参与团队合作

参与团队合作是班主任在建设班级管理制度过程中的重要方面。为了增强学生的主动性和参与度，班主任可以与学生一起组织班会或进行小组讨论，并征求学生的意见和建议。通过团队合作的方式，可以建立一种合作共赢的氛围，激发学生的积极性和创造力。在班会或小组讨论中，班主任可以引导学生思考和讨论班级管理需要解决的问题和挑战，以及制定管理制度的具体内容和措施。通过学生的参与和贡献，班级管理制度可以更贴近学生的实际需求和情况，提高其可操作性和可接受性。以下一些做法，可以促进团队合作和学生的参与，更好地建设班级管理制度：

（一）组织班会或小组讨论

定期组织班会或小组讨论，让学生就班级管理的问题进行讨论和交流。可以通过提出问题、小组合作、集体讨论等方式，鼓励学生分享自己的观点、提出建议和解决问题的方案。

（二）征求学生的意见和建议

班主任可以在班会或其他场合征求学生的意见和建议，让学生参与到决策过程中。可以提出一些具体问题，例如如何改进班级学习氛围、规范行为等，鼓励学生提出自己的看法和建议。

（三）成立管理小组或委员会

可以根据学生的兴趣和特长，成立管理小组或委员会，主要负责制定和执行部分管理制度。例如，可以设立学习委员、纪律委员、卫生委员等，让学生在管理中发挥自己的作用，增强学生的责任感和主动性。

（四）分工合作

将班级管理任务分解成不同的部分，让学生根据自己的兴趣和能力选择适合自己参与的任务。可以设置小组或个人任务，例如制定守时规则、班级卫生管理、活动策划等，让学生通过分工合作来完成任务。

（五）建立反馈机制

为学生提供反馈渠道，鼓励他们对管理制度提出反馈和改进建议。可以设置意见箱、班级网站或在线平台等渠道，方便学生随时提出意见和建议，并及时做出回应。

（六）奖励和表彰

积极激励学生参与班级管理制度的建设和执行，可以设立相应的奖励和表彰制度。例如，表彰优秀的管理团队成员、评选出色的管理委员、定期表扬在管理方面做出贡献的学生等。

通过以上六种做法，可以促进团队合作和学生的参与，让他们在班级管理制度的建设中发挥积极作用。这样不仅可以提高班级文化建设的效果，还能培养学生的领导力、团队合作能力和责任感，从而增强班级凝聚力和向心力。

二、制定班级品牌管理制度

根据学校的教育方针和班级实际情况，确定需要制定的管理规章制度。例如，守时、守纪、守校规、守生活规则等方面，以规定学生的行为准则和要求。确保制定的制度具有可操作性和可执行性。

（一）研究学校教育方针和班级情况

了解学校的教育方针和班级的特点、优势以及需要加强的方面。同时，考虑班级的目标和愿景，确定制度的核心目标和内容。

（二）分析品牌形象要素

明确班级的核心价值观、特色优势、文化要素和形象塑造等，如团结互助、创新精神、社会责任，以及与品牌形象相关的行为准则和要求。这些要素将成为制定规章制度的基础。

（三）制定行为准则和要求

基于品牌形象要素，要制定明确的行为准则和要求。例如，守时准则：要求学生在每次上课和活动中准时到达，不能迟到、早退或缺席；守纪准则：禁止抄袭、欺凌或作弊行为；守校规准则：要求学生遵守学校的校规，并积极参与校内活动；守生活规则：净化班级环境，保持公共场所的整洁，鼓励学生养成良好的个人卫生习惯等。

通过以上的做法，可以制定出具有可操作性和可执行性的班级品牌管理规章制度。这样的制度可以帮助建立正面的班级文化，提升班级形象，培养学生良好的行为习惯和正确的价值观念。

三、制定班级品牌奖惩制度

建立一套完善的班级品牌奖惩制度是促进班级文化建设的重要一环，在日常学生生活中要激励学生的积极表现，规范不良行为。奖励可以包括表扬信、班级荣誉、奖状等，惩罚可以包括警告、扣分、批评教育等。要保证奖惩措施公正、严格执行，让学生认识到错误行为带来的后果和应承担的责任。

（一）奖励措施

对高中生进行适当的班级奖励措施可以鼓励和认可他们在班级管理方面的积极参与和表现。以下是一些班级奖励措施：

表扬信：针对学生在学习、表现或参与班级活动方面取得突出成绩或有积极进步的情况，发放表扬信，让学生感受到肯定和鼓励。

班级荣誉：设立班级荣誉称号，比如"班级正能量五星""最佳团队合作奖""最美宿舍奖"等，为每个荣誉称号都设定明确的评选标准，例如参与度、创造力、领导潜质等，确保评选的公正性和客观性，定期评选优秀学生并公开表彰，以激励学生保持积极向上的态度。

奖状或奖品：设计具有本班品牌特色的奖状或奖品，鼓励学生积极参与班级活动和社会实践，同时特别的奖品能增强孩子的上进心、期待性和积极性，激发学生的学习兴趣和创造能力。

表彰与宣传：在班会课或家长会上设计符合本班品牌特色的颁奖仪式，让学生对站在主席台上领奖充满期待，在班级公共区域设立展示牌，记录并公示获得荣誉称号、证书或奖励的学生名单，使他们得到更广泛的认可和尊重。

除了以上奖励措施，还可以考虑进行表扬集体或个人、举办班级庆功活动、为学生提供一些特殊权益或荣誉等方式。重要的是，奖励措施应该公正、透明，并鼓励学生以积极的方式参与班级管理，树立良好的榜样和领导能力。

（二）惩罚措施

对于高中生，班级惩罚措施应该考虑到他们的成长阶段和相应的教育需求。以下是一些班级惩罚措施：

提醒或口头警告：对于轻微的违纪行为，教师可以进行口头提醒或警告，提醒学生注意自己的行为并给予相关建议。

书面警告：对于较严重或重复的违纪行为，教师可以给予书面警告，明确指出学生的错误和必须改正的方面，并让学生在书面警告上签字确认。

社会或班级服务：作为一种教育惩罚形式，学生可以被要求参加一定的社会或班级服务，如参与义工活动、参加社区服务项目、清洁教室等，以提升他们的社会责任感和行为规范。

自我反思或道歉信：对于某些违纪行为，学生可能需要进行自我反思并撰写道歉信，并向相关人员或受影响的人表示诚意和歉意。

需要注意的是，班级惩罚措施应该公正、适度，并在教育原则下执行。教师应该与学生进行沟通和解释惩罚的原因和目的，给予他们改正错误的机会并进行指导。重要的是，惩罚措施应该旨在引导学生认识错误、反思行为，并培养他们的责任感和道德意识。

（三）培养责任意识

在奖惩过程中，重要的是要让学生认识到不良行为所带来的后果和应承担的责任，引导他们成为有责任感的班级成员。

在惩罚的同时，也要给予学生改正错误和进步的机会，通过批评教育帮助他们反思和成长。

总之，制定班级品牌奖惩制度需要综合考虑班级特点和学生需求，对学生要保持公正平衡，在激励积极表现的同时，也要及时规范不良行为，以促进班级的良好氛围和发展。

四、定期评估与调整

定期评估班级文化管理制度的效果，并根据评估结果进行调整和改进。定期邀请学生、家长和教师提出反馈意见，可以通过问卷调查、个别访谈、集体讨论等方式收集他们对班级文化管理制度的看法和建议。根据评估结果，制订具体的改进计划。这些计划可以包括对制度的调整、新增或删减激励措施、改进沟通方式等。根据班级的发展和学生的需求，灵活调整管理措施，使制度能够更好地适应班级的情况。通过定期评估与调整，班级文化管理制度可以在实践中不断完善和优化，为学生提供更好的发展环境和激励机制。

制定具有可操作性和可执行性的班级品牌管理规章制度，有利于建立正面的班级文化，提升班级形象，培养学生良好的行为习惯和正确的价值观念。

第二节 "莲"心管理之"莲"明公约

"莲"心管理是莲文化制度建设的核心，其理念是以莲为象征，培养学生品德、情感、行为等方面的综合素养。"莲"明公约的制定是"莲"心管理的前提，公约制定过程可以促使班级成员共同讨论、协商，并达成共识，从而建立起班级内部的共同价值观，统一行为准则和道德规范，建立共同价值观。"莲"明公约倡导积极行为，明确规定班级成员应具备的积极行为和态度，鼓励学生主动参与、积极奉献和关心他人。通过公约的规定，可以唤醒学生对积极行为的自觉性，共同追求"品格好、品行正、品位高"的三品全面发展的人文目标。

一、构建"莲"明公约的策略

（一）暴露问题，商讨班约

建班初期，要创建一个积极、开放和尊重的讨论环境，确保每位班级成员都能自由表达自己的意见，共同参与公约的制定过程。班会课上让学生以小组形式讨论班级近段时间出现的问题及解决方法，组长积极调动小组全体成员进行集体讨论，鼓励他们表达对公约的看法、期望和建议。小组派代表在黑板上写出讨论的结果。

（二）归纳总结，共同制定

班干部负责整理和归纳收集到的意见和建议，将其分为不同的主题或类别，找出共性和重要性较高的观点，将其作为公约内容制定的依据。通过班会课、学生会议等形式组织小组组长或班级代表共同制定公约的内容，并征求大家的意见和建议，与其他同学达成共识。

（三）编写公约，宣读签署

将共同制定的公约内容进行编写和整理，确保表达清晰、明确，并能被广大班级成员理解和接受。公约应涵盖行为准则、价值观、责任和承诺等方面，具体明确各项规定和要求。在班会上宣布公约的内容，解释其意义和目的，并鼓励班级成员共同参与、签署公约。奋战于第一线的医护人员主动请战，他们在请战书上印满红红的手印，铮铮的誓言，我备受启发。在班会上，我们宣布该公约的内容，全班同学共同参与学习后签署自己的名字，并在公约上印上自己的红手印，以示坚定的决心和承诺。

（四）实行一月，评估调整

"莲"明公约不仅仅是一个制度，更重要的是要落实到日常行为中。班级教师应引导学生理解公约的内容，鼓励他们将其融入到学习和生活中，并通过适当的监督和评估确保公约的顺利实施。实行一个月后进行评估和调整，以适应班级成员在成长和发展过程中的变化和需求。班级可以定期组织回顾和小组讨论，评估公约的实施情况，并根据需要进行调整和改进。

二、小荷班的"莲"明公约

在班级师生的共同努力下，按照以上班级公约的制定策略，小荷班的"莲"明公约采用了学生会的管理模式，并将班级划分为不同的部门。每个部门由部门负责人及委员组成，负责执行该部门的任务，由班级自治委员会进行监督，以促进公约的有效实施。班主任和部门负责人在这个过程中要发挥引导和指导的作用，为同学们提供支持和资源，确保公约的顺利实施和学习小组的有效运作。

小荷班"莲"明公约

◇ 班级目标："毅"路同行，"莲"战皆捷。

◇ 班级标语：高尚如莲，品德如花；力行修身，如莲开放。

为了创造一个良好的学习、生活环境，为了全体同学能够度过快乐、充实、积极向上的高中生活，结合班级的实际情况，制定班级"莲"明公约。

一、纪律部

1. 考勤要求：按时作息，不迟到、不早退。

每日考勤时间为：

早 7：10	午 2：10	晚 6：50

❖ 迟到者签领罚单，并选择抄写语、英必备内容。早退者双倍处罚。

❖ 一周全勤的同学可以获赠一颗星星。

2. 自习、晚修纪律：入班即静，入座即学。

教室内不得大声说话影响他人，包含午休、晚修前后等时间。

晚修期间或自习课（特殊情况除外）应自觉安静，认真学习，不得出现睡觉、趴台、讨论、交谈、擅自调位、随意走动、上厕所、打水、吃东西、打牌下棋、看八卦杂志和小说等与学习无关的行为。仪容仪表方面要做到勤剪指甲，穿校服，不穿拖鞋。男生不留长发，女生不化妆。

❖ 晚修或自习课违反纪律者签领罚单，并选择抄写语、英必备内容。违反超过 3 次者，联系家长并要求学生为班级服务。仪容仪表不合格者回宿舍整改。

❖ 一周都能按以上要求做好的同学可以获赠两颗星星。

3. 养成良好的卫生习惯，座位周围无垃圾，袋装垃圾不过夜。按时按要求高质量完成生活部长安排的日常清洁任务和劳动课大清洁任务。

❖ 违反者签领罚单并主动承担班级清洁任务 1 天。

❖ 一周按时完成劳动任务的可以获得一颗星星。

4. 校园内禁止使用智能手机，上课、晚修、自习课期间禁止使用老人机。（罚单豁免证无效）

❖ 违规使用手机者按照学校手机管理制度执行，并签领罚单。

5. 男女生交往健康适度，禁止男女生交往过密，不得出现不符合中学生身份的行为。（罚单豁免证无效）

6. 鼓励为班级做贡献，鼓励好人好事。鼓励主动承担班级事务，积极参与年级或学校组织的各项文体活动。

❖ 有以上行为的同学奖励罚单豁免证一张。

二、学习部

1. 鼓励主动学习，积极向老师或同学请教。

2. 认真、按时完成作业。每天的作业上交时间为晚修后。来不及在晚修后上交的同学，可在第二天早读结束前补交。

3. 周测、月考、期中、期末考试应诚信、独立完成，不作弊。（罚单豁免证无效）

❖ 向老师问问题可凭老师签名获一颗星星，每集齐五颗星星可换取罚单豁免证一张。

❖ 一周内没有缺交作业的同学可以获得一颗星星。

三、宿管生活部

1. 遵守学校宿舍规定，按时作息，搞好清洁。

2. 宿舍内禁止抽烟、喝酒、打牌等严重违反宿舍纪律的行为。（罚单豁免证无效）

❖ 每周得分最高的宿舍，每人可获得一颗星星。出现严重违反宿舍纪律行为者签领罚单，并按照学校宿舍管理制度进行处罚。

四、奖惩部

1. 奖励部负责人：

（1）负责督促以上三个部门德育考核统计情况，并核实奖励情况，统一开具罚单豁免证。

（2）每月集齐五颗星星的同学，有资格参加班级抽奖活动。

（3）每月学习小组全部人员都集齐五星的，学习小组获得"最佳示范小组"称号，并减免一次劳动任务。

（4）一个学生每月均能集齐五颗星星，学期末可被授予"示范标兵星"称号，并获得班级DIY的礼品。

2. 惩罚部负责人：负责对有以上违纪情况的同学开具罚单，并落实处罚情况。

其他未尽事宜，由班委会议讨论后决定处理。

> 我同意上述班级公约并承诺按规定执行，签名：

三、小荷班的违纪通知单与回执

根据我们班级同学讨论并制定的"莲"明公约，我们意识到犯错是学习和成长的一部分，同时我们也相信每个同学都有成为更好的人的能力和潜力。在颁发通知单时，部门负责人要向犯错学生说："为了给你的犯错行为一个适当的仪式感，我们特别为你颁发这份违纪通知单与回执，感谢你对我们班级'莲'明公约的认可与支持。"

这份违纪通知单不是对违纪学生的指责，而是帮助他认识自己的错误行为，并引导他向更积极、更正面的方向发展。我们相信每个学生都可以在面对自己的错误时勇于改正和反思，成为更加优秀的人。违纪通知单与回执需要交还给部门负责人保管，我们坚信每个学生都有能力从错误中吸取教训，并在今后的学习和生活中展现积极向上的态度与行为。

小荷班违纪通知单

姓名		日期	
违纪情况	[填写具体违纪行为]		
处理决定			
	部门负责人签名		

小荷班违纪通知单（回执）

姓名		日期	
违纪情况	[填写具体违纪行为]		
处理决定			
	本人签名		

回执说明：请你认真阅读这份违纪通知单并在下面的回执部分签名确认。这份回执将作为你对于违纪行为的认可和承诺，同时也代表你愿意积极面对错误，并努力改进自己。

四、小荷班的豁免证书

班级不能仅有惩罚，也要有奖励。根据我们班级同学讨论并制定的"莲"明公约，我们重视班级中每位同学的努力和优秀表现。作为鼓励和奖励，我们特别为表现好的学生颁发豁免证书。这份豁免证书旨在表彰学生的优秀表现，同时鼓励学生保持积极向上的态度并激励其他同学做出更好的努力。我们相信学生的努力和奉献对班级的发展和团结会具有积极的影响。在颁发豁免证书时，部门负责人需要跟学生说："恭喜你获得了这份豁免证书！希望你能继续保持优秀的表现，并成为班级中的榜样。感谢你对我们班级'莲'明公约的支持与贡献！"

豁免证书需要写上有效期，一般有效期为一个月。学生可以在有效期内向相关教师或班级负责人展示这份证书以获得相应的豁免待遇。

小荷班豁免证书

恭喜你：＿＿＿＿＿＿＿＿＿＿＿

　　因为你在＿＿＿＿＿＿＿＿＿＿＿表现突出，收获一张豁免证书，希望你再接再厉！

五、小荷班违纪心路历程说明书

三品德育的理念之一是用"严"与"爱"管理班级，以达到让每个学生心服口服的效果。其中，利用小荷班违纪心路历程说明书的方法，可以对违纪学生进行跟踪记录，并形成相应的文档资料。这一过程不仅对违纪学生起到了很好的约束作用，也为他们提供了一个反思与学习承担责任的机会。

小荷班违纪心路历程说明书是一种以书面形式记录学生违纪行为和所引发的问题的工具。当学生违纪时，他们将配合填写这份说明书，详细描述违纪的原因、经过、后果以及对自身行为的反思。这份记录可以包括学生对违纪行为的感悟、对自身造成影响的认识以及对改变行为并重建信任的承诺。

这样的违纪心路历程说明书不仅可以记录学生的违纪过程，也能够帮助他们更深入地了解自己的错误，理解自己的责任。通过思考和反思，学生可以认识到犯错并不仅仅是被惩罚，而是有一个机会去成长、改正和承担责任。这种方式培养了学生的自我认知和自我约束，让他们更加明白自己的行为对整个班级和个人成长的影响。

同时，这份违纪心路历程说明书作为一份文档资料，也有助于跟踪学生的改变和进步。班级负责人和教师们可以详细了解每个学生的情况，为他们提供必要的支持和指导。这种个别跟踪和关注也充分展示了班级对学生的关怀和关注，让学生在知错就改的同时感受到师生的关爱与支持。

因此，通过使用小荷班违纪心路历程说明书，班级可以以"严"与"爱"的方式管理违纪学生，帮助他们从错误中成长。这种方法对学生来说不仅具有约束作用，也强调了反思和责任承担的重要性，为学生提供了一个自我认知和改正错误的机会，促进了他们整体素质的提升。同时，这也有助于班级建立更加积极、健康的学习环境，让每个学生都能获得全面的发展和成功。

小荷班违纪心路历程说明书

姓名	违纪时间	违纪类型	应受惩罚
1. 事情经过？（描述）			

姓名	违纪时间	违纪类型	应受惩罚
2. 我为什么要这样做？			
3. 这样做的不良后果或危害（对班、学校、自己）有哪些？			
4. 我打算采取什么措施来补救？（至少2个）			
5. 如果再犯，我将接受以下处罚。（至少2个）			
曾子曰："吾日三省吾身。"孔子曰："见贤思齐焉，见不贤而内自省也！"			

第三节　"莲"心管理之"莲"美职责

在"莲"心管理中，"莲"美职责指的是班级中每个成员的责任和义务。每个学生和教师都应该积极履行自己的职责，以形成良好的班级秩序，有助于建立和维持一个积极向上、和谐稳定的班级氛围，从而提高学生的学习积极性和发展潜力。

一、建立小荷班的班干队伍

建立一支德才兼备的品牌班干队伍，能让班主任的班级工作如鱼得水。班干部作为联系班主任与学生的桥梁，班干部整体性的好坏往往能够决定一个班级的精神面貌与风气。

在班级建设过程中引入竞争机制，班干部上任采取上岗制度，通过自荐、推荐、民主评议产生，让学生民主推选出他们心目中的榜样，创设机会尽量使多数学生以各种角色活跃于班集体管理的位置上，给大家创造更多的锻炼空间。在多元多项的竞争中，给每位学生带来机遇与挑战，以作为他们积极进取的动力与源泉，当选的干部应具有较强的号召力和自我管理能力，以组织全班同学共同努力和进步。

用"爱"打造高效的班级管理队伍。班级内可实行部门制管理，设立纪律部、学习部、生活部、秘书部和宣传部等，每个部门负责人与委员都有相应的责任与任务，每个部门可设置多种职务。选拔并培养好班干是至关重要的一步，不一定要选成绩好的同学作为班干，但一定要选班级中的"风云"人物、有影响力的人作为班干，利用他们的"优点"发挥其潜能。班主任如果能尊重人格、欣赏亮点、激励进步、信任言行，学生就会如沐春风。

一个班的班风如何，很大程度上是取决于小干部的配合管理，以发挥整体协作的团体精神。为了使班干队伍成为一支得力的队伍，作为班主任的我们需要做到以下几点：

一是指导小干部以身作则，帮助小干部在同学中树立威信，打造他们的品牌形象。

二是致力为他们提供锻炼的舞台，使他们的才能得到充分的发挥。

三是培养部门团结协作的精神，通过部门这个小集体建立正确的行动方向，从而带动整个班集体开展批评与自我批评，形成集体的组织性、纪律性和整体性，亦即以面带面。

其中，小荷班班干队伍的建设模式经历了两个历程：第一版是没有分部门建设的；第二版是按照部门构建，职责更加明确清晰，管理更到位。

纪律部：纪律部在维护班级纪律和秩序方面做出了出色的工作。成员具备良好的纪律意识，积极参与纪律巡查和整改工作。纪律部的负责人能够有效组织和管理部门工作，确保纪律执行的严肃性和公正性。

学习部：学习部在促进学生学习成效和提高学习氛围方面表现出色。成员积极组织学习活动、分享学习资源，并为其他同学提供学习指导和辅导。学习部的负责人能够策划出有针对性的学习计划和活动，以激发学生的学习动力。

生活部：生活部在改善班级生活环境和维护学生生活质量方面做出了积极贡献。成员关注学生的生活需求，负责组织有趣的社交活动和日常管理工作。生活部的负责人能够有效协调生活部工作，并与其他部门密切合作，共同营造和谐的班级生活氛围。

秘书部：秘书部在管理班级文件、记录会议内容和组织班级活动方面表现突出。成员具备较强的组织能力和沟通能力，能够高效地处理文件和会务事宜。秘书部的负责人能够组织会议、分配任务，并及时完成工作。还负责完善班级文明公约，制定好班级违纪的处罚措施，并落实监督；同时制定好班级的扬善（表扬）奖励。

宣传部：宣传部在传播班级信息、宣传活动和树立班级形象等方面发挥了重要作用。成员设计并传播有效的宣传材料，积极宣传班级成果和活动。宣传部的负责人能够策划有吸引力的宣传活动，并与其他部门进行合作，强化宣传效果。负责与秘书部的"光明左使"合作发布班级好人好事。

小荷班五大部门在各自的职责范围内都展现了较高的工作能力和责任心。他们分工明确、协作紧密，为整个班级营造了良好的学习环境和生活氛围。负责人都发挥着良好的领导能力，能够有效组织和管理部门工作。

小荷班班干部队伍 1.0 版本

时间	值日班干	责任
周一		
周二		
周三		·值日班干负责全天的班级管理： 　重点负责每天自修课的纪律，并如实做好记录 　要求自修课值日班干坐在讲台上 ·在班务日记中做好值日感想，第二天向老师反映情况
周四		
周五		
周六、日		
小荷班班干部		
班长		·负责班级全面日常工作，对班风学风负责，让班级在任何时候都能运转良好
团支书		·负责年级团部工作、检查班内仪容仪表及眼保健操的督促
学习委员		·负责全班学习、课表公示、考场安排、选修课等有关事宜
劳动委员		·负责安排每天班级卫生值日并在级部检查前进行卫生检查
生活委员		·全面负责每日考勤（包括迟到、早退、缺勤），班费管理，统计宿舍扣分情况，调查原因，每天向班主任汇报
体育委员		·负责各项体育活动（包括运动会），组织活动时人数清点及队伍整顿
文娱委员		·负责班级文艺节目和校内各项艺术节等相关事宜及编排
宣传委员		·负责班级对外宣传相关工作，向外展示班级风采
电教委员		·负责班内各种电子设备的管理，为老师使用电子平台等提供技术支持，课余时间监督同学科学使用电脑

小荷班科代表					
科目	科代表	科目	科代表	科目	科代表
语文		物理		政治	
数学		化学		历史	

续表

时间	值日班干	责任			
英语		生物		地理	

·负责及时向老师了解当天作业，收发作业，汇总小组长统计的未交作业名单，负责同学与科任老师的沟通

小荷班班干部队伍 2.0 版本

部门1	部长	组员	分工安排
纪律部			周一班级值日管理
			周二班级值日管理
			周三班级值日管理
			周四班级值日管理
			周五班级值日管理
			周六班级值日管理
			周日班级值日管理
	1. 值日班干负责全天的班级管理：要求自修课值日班干坐在讲台上。重点负责每天（早上、下午、晚修前）考勤；早读；自修课、晚修前半个小时、晚修期间、晚修后的半个小时的纪律，并如实做好记录（登记在班级管理日记上）。2. 部长每周召开一次组员会议，总结每周情况及商订好班级管理建议。3. 在班级管理日记上做好值日总结（每日一省），第二天早读前5分钟向班级宣读每日一省（好的、有待改进的地方）；并每天课间操期间向班主任反映情况。		
部门2	部长	组员	分工安排
学习部			语文科代
			数学科代
			英语科代

学习部			物理科代
			化学科代
			生物科代
			政治 / 历史 / 地理科代
	1. 科代表是班级的核心灵魂，该学科成绩的好与坏，跟科代的工作态度成正比例关系。 负责及时向老师了解当天作业，收发作业，汇总小组长统计的未交作业名单，负责同学与科任老师的沟通。语文、英语科代表必须监管好早读状态：精、神、气！ 2. 部长负责班级学风建设，定期召开科代表会议，每周写一份班级学习小总结，向班主任汇报，特别是某些学科学习、上课、作业等情况不佳时，要及时向班主任汇报。 3. 课表每天公示，考场安排（年级开会等），选修课等有关事宜。		

部门 3	部长	组员	分工安排
秘书部			团支书［负责年级团部工作、检查仪容仪表（穿校服情况等）及眼保健操的督促］
			电教委员（负责班内各种电子设备的管理，每节课上课前为老师使用电子平台等提供技术支持，课余监督同学科学使用电脑）
			摄影委员（负责班会课、校运会、班级等所有活动的拍摄及编辑工作）
			"光明右使"（惩恶）
			"光明左使"（扬善）
	1. 部长全面负责班级工作，班主任不在时，代行班主任职权，班级遇到的所有突发情况，都要及时向部长汇报。 2. 根据班级活动和班级发展，可以定期做出一个高品质的视频，以记录同学们的成长（可以是宣传积极的，也可以是有待改进的地方）。 3. 完善班级文明公约，制定好班级违纪的处罚措施，并落实监督；同时制定好班级的扬善（表扬）奖励。		

部门4	部长	组员	分工安排
宣传部			文娱委员（负责班级文艺节目和校内各项艺术节等相关事宜及编排）
			宣传委员（负责班级布置、对外宣传相关工作，向外展示班级风采）
			体育委员［负责各项体育活动（包括运动会），课间操、班级活动时催促同学尽快集队，人数清点及队伍整顿］
	1. 部长定期对班级文化建设中的各项活动的设计、准备、组织工作及班级布置；为班级活动等出谋划策。 2. 负责班级墙报、与秘书部的"光明左使"合作发布班级好人好事。		
部门5	部长	组员	分工安排
生活部			劳动委员［负责安排每天班级卫生值日，写在黑板上；并在级部检查前5分钟（每天三检查：早读前、下午第一节课前、晚修前）进行卫生检查，对班容班貌负责］
			生活委员（班费管理，统计宿舍扣分情况，定期召开宿舍舍长会议；宿舍扣分等情况是文明班评比的核心，调查原因，每天向班主任汇报）
			督导委员（负责手机管理，周日晚修前一进教室必须上交手机，教室、学习区域、宿舍区域不允许使用智能手机，并负责各宿舍整体的学习状态、纪律情况）
	1. 部长负责好班级卫生整理管理及手机、宿舍纪律等，每周对宿舍情况写一个小总结，并向班主任汇报；对某个纪律较差的宿舍，部长有责任召开该宿舍人员会议，并向班主任反映情况。 2. 其他委员要负责好班级整体卫生，如果值日生忘记值日或忘记倒垃圾，及时进行提醒，以免班级被扣分，并保持教室"零垃圾"环境，制定座位附近有垃圾的处罚措施等。		

二、设计小荷班的管理表格

设计小荷班管理表格是为了帮助提高教学组织和管理效率，促进信息共享和沟通，以及提供备查和评估的便利性。通过使用管理表格，如纪律部登记表、宿舍管理登记表、学科跟踪登记表等，可以更好地管理和推进小荷班的工作，为学生的学习和成长提供支持和指导。

（一）提高管理效率

通过设计管理表格，可以系统化地记录和管理学生的各种信息和数据。表格内容包括学生的出勤情况、作业完成情况、班级纪律情况、宿舍纪律情况等。小荷班设计了纪律部管理表、宿舍纪律登记表和学科跟踪登记表。这样一来，班主任可以更高效地查看和分析学生的数据，及时了解每个学生的情况，并进行相应的管理和指导。表格的结构化和可视化使得数据的整理和管理更加便捷和高效。

（二）提供决策依据

管理表格提供了丰富的数据和指标，可以为班主任和科任老师提供决策依据。通过分析表格中的数据，可以发现学生的学习问题和潜在困难，方便为学生制定有针对性的教学和管理策略。班主任可以根据表格中的数据趋势进行决策，方便及时调整班级管理技巧、任务安排等，以促进学生的学习和发展。

（三）促进家校沟通

管理表格可以作为班主任与家长之间的重要工具，促进家校沟通。通过记录学生的出勤情况、作业完成情况和成绩等信息，班主任可以及时与家长分享学生的学习进展和表现。家长也可以通过表格了解孩子的学习状况，并及时与班主任沟通和交流，以便共同关注和支持学生的成长。

（四）便于监测评估

管理表格可以为教学提供一个监测和评估学生学习进程的工具。通过记录学生的出勤、作业和考试成绩等数据，班主任可以跟踪学生的学习情况，并对其进行及时评估。这有助于发现学生的学习差距和问题，并及时采取措施进行干预和支持，以提高学生成绩和学习能力。

小荷班纪律登记表

第_____周 星期_____ 日期：___年___月___日	值班班干： _____	应到_____人	实到_____人
请假_____人	迟到_____人	旷课_____人	
请假名单 / 原因			
迟到名单 / 原因			
纪律详细情况（早读、自习、晚修等情况）			
每日一省			

小荷班宿舍管理登记表

第_____周　宿舍_____　舍长_____

时间	得分	值日生	扣分原因	补救措施
星期一				
星期二				
星期三				
星期四				
星期五				

续表

时间	得分	值日生	扣分原因	补救措施
星期六				
星期日				
宿舍小结（包括卫生、纪律、学习氛围等）				
如何改善不良之处				

小荷班学科跟踪登记表

第_____周　星期_____　日期：_____年_____月_____日		应交___人	实交___人
缺交名单			
班级课堂状态			
积极问问题名单			

三、评价小荷班的管理部门

小荷班每月对纪律部、学习部、生活部、秘书部和宣传部等五大部门的工作情况进行评价，这一评价制度的目的在于激发班级管理队伍的工作热情，并表彰在各个部门中展现出优秀品质和行为的成员。评价的重点在于考察这些部门在相关纪律登记表、学科跟踪登记表、宿舍管理登记表等方面的工作记录情况。

评价过程通常会采用自评、部门间互评、学生代表评价和教师评价等各方面综合的评价方式。自评是各个部门对自身工作情况的评估，部门间互评则是各个部门之间相互评价对方的工作表现。此外，学生代表会提供对各个部门工作的反馈和评价，而教师评价则是从专业角度对部门工作给予专业性的评价。

综合了上述各种评价，小荷班评选出最佳管理部门奖、班级管理之星奖等奖项，以表彰在班级中表现出色的部门和成员。这些评价不仅可以激励管理队伍的积极性，也能够树立良好的班级管理典范，鼓励合作精神、互相尊重和积极参与等优秀品质的展现。

通过定期的评价和奖励机制，小荷班为管理部门提供了积极的激励和肯定，促使其在班级管理工作中保持高水平的工作质量。同时，这种评价制度也为其他成员提供了学习的机会和动力，使整个班级管理团队形成良性竞争和共同进步的氛围，推动班级管理工作不断发展和完善。

小荷班 × 月部门工作考核表

考核项目	纪律部	学习部	生活部	秘书部	宣传部
考核登记表质量					
合作精神					
互相尊重					
积极参与					
自评					
部门间互评					
学生代表评价					
教师评价					

评级标准：

优秀：表现出色，达到或超出预期，做到责任心强，积极参与，展现出良好的合作精神和互相尊重。

良好：表现良好，基本达到预期，对考核登记表质量、合作精神、互相尊重和积极参与有一定的贡献。

一般：表现一般，未能完全达到预期，对考核登记表质量、合作精神、互相尊重和积极参与只有较少的贡献。

需改进：表现不佳，未能满足预期要求，对考核登记表质量、合作精神、互相尊重和积极参与几乎没有贡献。

请相关部门负责人根据评级标准对各部门成员的表现进行评价，并在对应的方框中打钩或填写相应的评级。评价完毕后，整理和总结各部门考核表的评分情况，以便讨论进一步的改进措施和提供反馈。

第四节　"莲"心管理之"莲"心团队

学习小组团队制管理在班级中扮演着重要的角色。它为学生们提供了一个积极的学习环境和发展平台，其中培养了合作精神、团队意识、协作能力和领导力等关键技能。通过团队合作和相互支持，学生们学会倾听、分享知识，并互相协助解决问题，从而提高了学习效果和社会交往能力。在小组中，学生们通过互相激励和竞争，增强了学习动机，并承担起完成任务和承担责任的角色，培养了他们的责任感。学习小组团队制管理不仅促进了学习成果，还为学生们提供了一个积极的学习环境和成长平台，为他们培养了终身受益的能力和素养。

一、团队建设的意义

（一）促进学生合作与互助

学习小组团队制管理可以促进学生之间的合作与互助，为他们提供一个共同合作的平台。通过团队合作，学生可以互相学习、互相支持，共同完成学习任务，提高学习效果。

（二）培养团队意识与协作能力

学习小组团队制管理可以培养学生的团队意识与协作能力。学生将成为一个团队的一部分，并学会与他人合作、协调和分工合作，共同努力从而实现目标。这对于他们今后的职业生涯和社会交往都非常重要。

（三）促进有效的学习互动

学习小组团队制管理可以促进学生之间的有效学习互动。通过小组内的讨论、合作和交流，学生之间能够分享知识、互相解答问题、共同探讨学习内容，加深对知识的理解和应用能力。

（四）提高学习动机和责任感

学习小组团队制管理可以激发学生的学习动机和责任感。参与团队活动可以让学生感觉到自己对团队的重要性，并给予他们一定的责任和角色。这种参与感和责任感将促使学生更加努力地学习并在团队活动中贡献自己的一份力量。

（五）培养领导能力

学习小组团队制管理可以培养学生的领导能力。在小组中，学生有机会承担一定的领导或协调角色，学会组织团队、引导讨论和解决问题，从而提高自己的领导才能。

（六）增强社会交往能力

学习小组团队制管理可以增强学生的社会交往能力。学生可以与不同背景和能力的同学合作，学会倾听他人的意见、尊重多样性和有效沟通，提高与他人相处的技巧。

二、构建"莲"心团队

小荷班高度重视班级学习小组的建设，每周班会课上都会进行小组团队建设活动。为加强团队合作和和谐氛围，要求学习小组以"荷"为主题命名，整个班级学习小组统称为"莲"心团队。2019届小荷班共设立了7个学习小组，每组6人，分别为荷塘组、荷韵组、荷影组、荷风组、荷语组、荷香组、荷雨组。这些名字与"荷"的形象相关联，传达了学生们团结合作、协作学习和追求知识与成长的意义。

莲花象征着和谐与团结，是一种优雅而纯洁的植物。将莲花作为班级学习小组的象征，旨在激发学生的团队精神和合作意识，培养他们的互助和包容能力。因此，小荷班在开学第二周的班会课上开展了主题为"'莲'心团队建设活动方案竞中取胜——小荷班团队打造"的团队建设活动，通过多样化的团队合作任务和游戏，促进学生之间的互动与合作，培养他们的团队意识和领导能力，营造一个积极向上的小组学习氛围。

"莲"心团队建设活动方案竞中取胜
——小荷班团队打造

【活动背景】

何谓优秀的班集体？一群为了共同目标而一起拼搏奋斗的人，在强有力的领导核心带领下，彼此相互依靠，一致行动，以实现共同认定的目标。

【活动意义】

积极发挥小组学习的功能，每个小组成员各有长板短板，在活动中要发挥小组每个人的优势，建立小组目标、个人目标、师徒结对等，互相讨论监督，积极解决问题。

【活动步骤】

1. 选出组长：要求每个学习小组在 5 分钟内选出一名组长，组长可以行使其权力，享有指挥权和奖惩权；但也要履行其责任，要让团队氛围愉快、有收获、有目标、有纪律。

2. 队名选择：要求每个学习小组围绕"荷"（包括其谐音字）这个主题来为自己的小组取一个有创意且有意义的名字。小组全体人员用心思考和讨论，从中设计一个最符合本组特点、最具代表性的队名。

3. 团队宣言：要求每个小组在选定队名后，制作一个团队宣言或口号，用来表达团队的目标、宗旨和精神。每个小组成员必须贡献自己的想法，最终形成一个凝聚力强的宣言。

4. 团队规则制定：每个小组需要讨论和制定一套团队规则，包括成员之间的相互尊重、合作和沟通方式、任务分工和责任等。这样可以确保团队的运行顺利，并建立起一种积极的工作氛围。

5. 成绩奖励：根据团队的表现和成绩，设立一套奖励机制，以鼓励和激励团队成员的积极参与和努力。可以设立奖章、奖状或其他形式的奖励来表彰团队的优异表现。

6. 合作活动：确定小组及全体人员的奋斗目标，明确接下来各自的任务，选好 6 个学科的科代表和小组间的师徒结对，确定小组团队学习时间与策略、学科帮扶开展的时间等，旨在培养团队协作精神、解决问题的能力和相互信任的态度。

7. 小组展示：小组全体人员一起到讲台展现小组士气与战斗力，每个小组有 1 分钟展示的时间，各小组展示结束后，最后评选出最佳士气小组。

【活动意图】

通过以上步骤的实施，"莲"心团队建设将激发学生的团队合作精神、集体意识和领导能力，使学生能够更好地适应团队合作的环境，并为未来的学习和职业生涯奠定良好的基础。

三、评价"莲"心团队

除了团队建设，我们还对荷塘组、荷韵组、荷影组、荷风组、荷语组、荷香组、荷雨组 7 个学习小组实行每月团队制德育考核和系列竞争活动。团队制德育考核是为了鼓励学生在小组中展现出优秀的品质和行为，例如合作精神、互相尊重、活动参与、小组规划落实等。考核制度基于纪律部、学习部、生活部、秘书部和宣传部五大部门在相关纪律登记表、学科跟踪登记表、宿舍管理登记表等指标进行量化考核，使用定量和定性的评价方式，如评分、自评、同伴评价或教师评价等，来综合评估团队成员的表现。此外，为了激励和鼓励团队成员的积极参与和努力，可以设立奖励机制，例如优秀小组、优秀成员的表彰、奖状、奖品等，以及团队成绩的公示和分享。

重要的是，考核制度需要透明和公正，以确保每个团队成员有公平的机会展示和发展自己的能力，并为团队的整体发展提供推动力。同时，也要给予学生在考核结果中的反馈和建议，帮助他们改进和成长。这将促使学生之间相互协作，共同追求团队的成功和成长。

此外，我们将在各项活动中以团队制形式进行分享。无论是学习成果的展示、课堂讨论还是其他班级活动，学生们将以小组为单位来分享和展示他们的工作成果。这不仅能够增强学生们的自信心、提高表达能力，也能够加强团队之间的合作和互动，让每个学生都能感受到团队的力量和价值。

小荷班"莲"心团队评价考核表

维度	荷塘组	荷韵组	荷影组	荷风组	荷语组	荷香组	荷雨组
纪律登记							
学科跟踪登记							
宿舍管理登记							
合作精神							
互相尊重							
活动参与							
小组规划落实							
自评							
班级委员会评							
班主任评价							

在每个维度下填入对应小组的评分，评分可以使用数字或者其他符号来表示绩效水平。其中合作精神、互相尊重、活动参与、小组规划落实这四个维度实行加分制。

通过小组团队建设和团队制德育考核的实施，小荷班将培养学生的团队合作精神和领导能力，帮助他们更好地适应未来的社会与职场要求。同时，以团队制形式进行分享也将丰富学生们的学习经验，提升他们的综合素质和能力。我们相信，通过这样的班级学习小组的建设，小荷班将成为一个充满活力和凝聚力的学习集体，让每个学生都能收获成功和成长。

第五节 "莲"心管理之品牌人物塑造

在"莲"心管理中，品牌人物的塑造是三品德育的重要体现，其中包括塑造品牌学生、品牌家长和品牌班主任。他们在学校和班级中扮演着关键的角色，对于塑造良好的班级氛围和培养优秀学生起到重要的榜样作用，可以形成一个良好的育人生态系统，提升学生的整体素质和品德修养，培养学生成为"品格好、品行正、品位高"的三品全面发展的人。

一、塑造品牌学生

奔驰、丰田、松下、健力宝、康佳等国内外商标，几乎无人不知、无人不晓，这些品牌使人联想到其高品质的产品、良好的企业形象，深受国人的欢迎，从而为其带来巨大的经济效益。品牌企业需要有品牌的产品，品牌班级就需要有品牌的学生。

作为班主任，要培养品牌的学生，就要顺应时代教育的要求，充分关注学生的个性发展，增强学生的品牌意识，让他们努力发展自我，完善自我，超越自我，敢于表现自我，让他们的各种潜能最大限度地发挥出来，自然而然，他们的知名度就会渐渐提高。品牌学生是"莲"心管理的核心，他们代表着班级的优秀品质和行为。

（一）塑造品牌学生的要素

塑造品牌学生的过程中需要关注以下几个要素：

一是学习优秀。品牌学生应具备积极的学习态度和良好的学业成绩，他们勤奋努力、扎实掌握知识，并能够在学业上有所突破和创新。

二是合作卓越。品牌学生应具备良好的合作精神和团队意识，在小组和集体活动中能够积极参与，促进团队的协作与共赢。

三是社会责任感。品牌学生应具备良好的社会责任感和公民意识，关心他人、关心社会，并在各种社会实践活动中积极参与，为社会贡献自己的力量。

考虑以上三个要素，小荷班定期评选班级"十星"优秀学生和感动象贤特别奖等，在班级管理中设立了一些特别奖项来表彰和激励那些在品德和行为方面做出卓越表现的学生。

（二）小荷班"十星"优秀学生奖

"十星"优秀学生评选活动是小荷班三品德育的活动之一，旨在发掘小荷班的璀璨之星，为其他同学树立榜样，展示身边同学的良好形象，带动大家共同进步，营造和谐奋进、积极向上的班级文化氛围，使班级充满青春正能量。他们是志存高远的雄鹰，他们是众多学子的标兵，他们用知识填充自己、用疑问激发创新，他们乐于付出、懂得关爱别人，他们时刻以身作则、独当一面，他们是小荷班的骄傲，他们这些光彩夺目的班级璀璨之星，必将铸就星光灿烂的班级。"十星"评选旨在奖励在品德、学习、合作等方面表现出色的品牌学生。每个学期末，经过全班同学的共同推荐和投票，最终由教师综合评价评选出 10 名最具品德典范的学生，被称为班级的"十星"。

小荷班"十星"优秀学生评选

进步之星：热爱学习，有较强的上进心，成绩或品德有明显进步，各方面都有较大提高。

自律之星：热爱班集体，荣誉感较强，能自觉严格遵守各项规章制度，严于律己，宽以待人，已将自律成为一种习惯。

坚持之星：热爱学习，持之以恒，心怀梦想，勇于追梦，不轻言放弃，不达目的不罢休。

书写之星：字迹工整、规范，无论是平时的作业还是考试的试卷都能做到书写认真，卷面整洁、干净。

求问之星：热爱学习，勤于思考，善于发现问题，勇于向同学和老师请教，具有"打破砂锅问到底"的精神。

管理之星：有较强的组织和管理能力，能起到模范带头作用，能出色地完成本职工作，各方面成绩较为突出。

希望之星：学习认真勤奋，成绩保持进步，敢于不断超越自我，追求更高层次的目标。

荣耀之星：学习认真刻苦，为人积极向上，品学兼优，综合能力突出，是班级的领军人物。

互助之星：团结同学，互帮互助，在生活上能主动关心他人，在学习上能与其他同学互相帮助，共同进步。

规划之星：学习上有明确的目标，有切实可行的计划；能对自己的职业、人生等进行初步规划。

（三）小荷班感动象贤特别奖

感动象贤特别奖是一项非常有意义的表彰活动，旨在鼓励和表彰那些在品德、情感和行为方面做出感人表现的品牌学生。这个奖项将品德教育的核心价值和学生个人发展相结合，涵盖了厚德、修身、明理和达智四个方面。根据这四个方面的不同特征，设立了忠孝礼仁信、雅谦毅俭勤、善真和恕正、睿敏博精行四个奖项。

感动象贤特别奖在评选过程中非常注重民主和公正。每个学年末，学生可以通过书面申请向班主任自行推荐，并在班级墙壁上展示学生自主推荐的个人事迹。这样可以鼓励学生主动参与，展示他们在品德、情感和行为方面的成长与付出。

随后，全班同学都将参与投票环节，从自行推荐的候选人中选出最具代表性和影响力的学生。班主任则根据学生的推荐和投票情况，评估学生的综合表现，最终每个奖项各评选出一名学生。

感动象贤特别奖的设立可以激发学生的积极性和责任感，鼓励他们在日常生活和学习中展现出自身优秀的品质和行为。这样的奖项不仅能够给予学生公正的表彰，还能够营造积极向上的班级文化和氛围。被评选为感动象贤特别奖的学生将享受到特别的荣誉和鼓励，同时也会成为其他同学的学习榜样，激励更多的学生追求卓越的自己。

通过这样的表彰活动，学校可以进一步推动品德教育和学生全面发展的目标，培养出更多拥有道德、情感和行为优秀品质的品牌学生。这不仅对学生个人的成长有益，也将对整个学校的育人环境和氛围产生积极影响。

"感动象贤特别奖"推荐表

（　　）学年第（　　）学期

班级	高一（　　）班		姓名			
推荐类别 （请勾选一项）	厚德		修身		明理	达智
	忠孝礼仁信 □□□□□		雅谦毅俭勤 □□□□□		善真和恕正 □□□□□	睿敏博精行 □□□□□
特别奖名称 （自拟）						
学生个人推荐语 （说明：1. 由学生本人填写。 2. 事迹材料要具体。3. 事迹要有代表性和引领价值。4. 字数200字以上。）						
班主任意见						

续表

照片1（生活照）：	照片2（与申报事迹相关的过程性照片）：

二、塑造品牌家长

家庭教育对学生的成长和发展起着至关重要的作用。家长是孩子最早、最主要的教育者，他们的态度、价值观和教育方式直接影响着孩子的性格形成、学习态度以及社会适应能力。班主任作为学校和家庭之间的桥梁，有责任与家长密切合作，共同关注和重视家庭教育的重要性，与家长建立良好的沟通渠道，了解家庭的情况和孩子的需求，为其提供支持和指导。

在新时代，班主任要意识到家庭教育在学生身心发展中的重要作用。他们应该积极与家长合作，为家庭教育提供指导和支持。形式可以包括组织家长会议、开展家访活动、提供家庭教育资源和分享教育经验等。通过与家长携手合作，班主任可以在学校和家庭之间建立起积极的合作关系，共同关注学生的成长和发展。

良好的家庭教育支持将有助于学生的全面发展，提高他们的学习成绩、社交技能和生活技能。更重要的是，这种合作可以培养出具有良好家庭教育背景的品牌家长，他们将为子女提供更好的教育环境和培养机会。因此，班主任应当积极与家长合作，共同致力于促进新一代学生的共育成长。这将为学生的未来发展奠定坚实的基础，并在社会上培养出更多有责任感和良好品质的家庭教育典范。

此外，教师还可以利用家长学校的平台，举办主题讲座，宣传家庭教育知识。让那些在家庭教育方面有特色的家长登上讲坛，分享他们教育成功的经验。通过互动的形式，帮助家长提高家庭教育水平，塑造新型的家长形象，小荷班每个学期评选出"五大品牌家长"，使优秀的家长可以培养出品牌孩子。

品牌家长是学校和班级的重要合作伙伴，他们在培养学生品格和道德方面能起到重要作用。在塑造品牌家长形象时，需要关注以下方面：

一是积极参与。品牌家长应积极参与学校和班级的各种活动，并与教师和学校保持良好的沟通，共同关注孩子的学习和发展。

二是鼓励支持。品牌家长应积极支持孩子的学习和成长，鼓励孩子树立正确的价值观，并给予他们必要的关爱和指导。

三是合作共建。品牌家长与学校、教师和其他家长要建立密切的合作关系，共同营造和维护良好的学校和班级氛围。

通过以上措施，班主任能够与家长建立更紧密的合作关系，共同营造良好的教育氛围。这样的合作关系将有效促进学生的全面发展，培养他们的品德、才能和领导能力，为他们的未来铺就成功之路。

小荷班"五大品牌家长"

1. 卓越家长奖：表彰在学校工作中表现突出的家长，包括积极参与学校活动、关注教育政策、提供有益建议等方面的杰出贡献。

2. 共建教育奖：表彰与学校紧密合作，积极参与教育项目、志愿服务等方面的家长。这些家长与学校一起合作，共同致力于为学生提供良好的教育环境和学习机会。

3. 教育引领奖：表彰在子女教育中起到积极引领作用的家长，他们关心子女的学业和成长，积极参与学习活动，为子女树立良好的榜样。

4. 家庭教育支持奖：表彰在家庭教育方面给予良好支持的家长。这些家长注重培养孩子的品德、习惯和兴趣，与学校紧密合作，促进孩子的全面发展。

5. 创新教育奖：表彰在教育方法和实践中具有创新思维的家长。他们通过创造性的教育方式和活动，能够激发孩子的学习兴趣和创造力。

三、塑造品牌班主任

要塑造品牌班主任形象，班主任需要关注自身的形象塑造及能力提升，以打造独特的品牌，并在学校中确立自己应有的地位，赢得学校、家长和学生的信任和重视。只有在有所作为的基础上，才能获得应有的地位。

成为品牌班主任需要培养多角色意识，能够在不同的时间和场合中面对不同的观众。班主任需要兼顾学生的严师和良友角色，既要给予学生严格的教导，又要成为他们的朋友；既要像慈母一样关爱学生，又要成为有才能的学生的心理支持者；既是教书匠，又是德育导师。通过在实践中担任 16 班的班主任，我提炼了"莲"文化，形成了三品德育班主任品牌。

品牌班主任需要同时扮演严师和良友的角色。作为严师，他们应该对学生要求严格，并给予适当的教导和引导，帮助学生提高学术成绩。同时，他们也应该与学生建立良好的关系，成为学生可以信任和依赖的朋友，关注学生的成长和发展。

品牌班主任还需要像慈母一样关爱学生，并成为有才能的学生的心理支持者。他们应该关注学生的情感需求，为学生提供安全、稳定和温暖的教育环境。对于有才能的学生，品牌班主任应该给予其特殊的支持和鼓励，帮助他们发挥潜力，实现自己的目标。

此外，品牌班主任还要同时担任教书匠和德育导师的角色。作为教书匠，他们应该具备扎实的学科知识和教学技巧，能够为学生提供优质的教学和学习资源。作为德育导师，他们应该注重培养学生的品德和道德素养，引导学生形成正确的价值观和行为规范。

通过实践中的经验，我总结出的莲文化和三品德育班主任品牌是很好的指导原则。莲象征着纯洁、高尚和成长，体现了品牌班主任对卓越和完美的追求。在培养品牌班主任的过程中，注重发展个人品德、塑造良好的教育形象、建立积极的班级文化都是非常重要的。

当班主任成为品牌班主任，他们的影响力将超越自己所带的班级，成为学校和社区的教育标杆。通过不断努力和提升自己，品牌班主任能够为学生和家长树立良好的榜样，推动整个教育领域的发展和进步。通过关注以上方面，班主任能够建立起良好的品牌形象，与学生家长、学校和科任教师建立起良好的合作关系。这样的合作关系将推动学生全面发展，培养他们的品德、才能和领导能力，为他们的未来铺就成功之路。

第四章

课程养德：三品德育之花

第一节　班本课程育人的有效策略

班本课程为学生提供了集体共同成长的平台，通过实践和互动，培养学生的团队合作、社会责任感和自我管理能力。这些都与德育中的三品，即品格、品行和品位密切相关。班本课程通过班会活动和互动，培养学生正确的品格和道德观念；通过实践活动，塑造学生良好的品行和行为习惯；通过文化体验和生涯体验，培养学生的价值追求和人生品位。因此，班本课程在德育教育中具有重要的作用，为学生的全面发展和道德素养的培养提供了有力的支持。

一、班本课程对三品德育的作用

班本课程对于三品德育的重要性是不可忽视的。班本课程是以班级为单位开展的一种特定类型的课程，旨在培养学生的团队合作意识、社会责任感和自我管理能力。对于三品德育，即品格、品行、品位培养来说，班本课程为学生提供了集体共同成长的平台，能够培养学生的团队合作、社会责任感和自我管理能力。

品格培养：班本课程为学生提供了共同成长的平台，通过集体活动和互动，鼓励学生培养正确的品格和道德观念。在班级环境中，学生可以学会尊重他人、合作与分享、守纪律等品德素养。班内激励机制和道德规范的构建将有助于培养学生的诚信、责任感和公正性。

品行培养：班本课程通过组织各种活动和课堂实践，培养学生良好的品行和行为习惯。例如，通过开展志愿者服务活动、社区互动、班级规章制度的制定和遵守等，学生将学会关心他人、乐于助人、尊重规则等积极的品行。班级内部的互动与反馈机制可以帮助学生不断完善自身的品行表现。

品位培养：班本课程可以通过组织文化体验、参观考察、生涯体验等活动，培养学生的艺术欣赏能力、审美品位和文化素养。学生在班本课程的实践中，会接触和理解各种美学经验，从而形塑自己的审美观和品位。同时，班级内部的文化交流和展示活动可以促进学生的个人表达和共同创造，提升他们的艺术修养和审美素养。

班本课程非常注重班级的集体荣誉感和凝聚力，通过组织各种丰富多样的班级活动、班会交流等，以促进学生之间的团结和协作，营造积极向上的班集体氛围。这些班级活动可以包括文化比赛、体育竞赛、志愿者服务、社区互动等，通过共同参与和协作，学生们能够建立良好的团队合作意识和协调能力，同时也增强了班级成员之间的互信和友谊。这种集体荣誉感和凝聚力能够激发学生的自豪感和责任感，使他们更加积极地参与班级事务，并为班级的整体发展贡献自己的力量。

同时，班本课程也扮演着培养学生自我管理和自我觉察能力的重要角色。通过班内的自我反思和自我评价机制，学生被引导去认识自己的优点和不足，并在教师的指导下制定个人目标，寻求自我提升。这种自我管理和自我觉察的培养，使学生能够更好地认识自己的价值观和行为准则，从而进一步提高自身的道德品质和综合素养。

总之，班本课程非常注重班级集体荣誉感和凝聚力的培养，通过各种活动和交流促进学生之间的团结与协作。同时，班本课程也致力于培养学生的自我管理和自我觉察能力，使学生能够更好地认识自己，提高自身品质和素养。这些方面的全面发展将为学生未来的个人成长和社会发展打下坚实的基础。

二、班本课程与三品德育的关系

班本课程是指以班级为单位，以学生为中心，由班主任主导开展的一种课程实践活动。它通过设计和组织各种形式的学习活动，旨在全面促进学生的综合素质发展，包括学术能力、品德修养、创新思维、实践能力等方面。班本课程与三品德育的关系主要体现在以下几个方面：

（一）品德导向

三品德育强调培养学生的品德，包括道德品德、学术品德和行为品德。班本课程可以作为品德教育的切入点，通过设计和组织相应的活动，引导学生在实践中形成正确的价值观和行为规范，培养其良好的品德素养。

（二）教育整合

班本课程通常是综合性的，是将学科知识与德育教育有机地结合起来。在课程设计中，可以融入符合品德教育目标的内容，提供有关道德、伦理、社会责任等方面的学习机会，帮助学生在学科学习中培养良好的品德。

（三）学生发展

班本课程注重以学生为主体，关注学生的全面发展。在这个过程中，三品德育提供了一个指导框架，帮助班主任关注学生的学术能力培养、品德修养和行为规范，以促进学生的全面发展。

（四）班级文化建设

在班本课程的开展中，班主任可以通过组织各种班级活动和互动，营造积极向上、和谐友善的班级文化氛围。三品德育中的良好行为品德和学术品德可以成为班级文化的重要组成部分，能够提高学生的集体荣誉感和凝聚力。

因此，班本课程与三品德育有着密切的关系。班主任通过班本课程的设计和实施，将品德教育融入到学生的日常学习和生活中，以促进学生的全面发展和健康成长。同时，班本课程也可以为三品德育提供实践平台，使品德教育不只停留在理论层面，更能落地生根，对学生产生实际影响。

第二节　"莲"花向阳之生涯教育班本课程

学生发展指导在高中阶段十分关键，它旨在促进学生全面发展，并为他们的未来规划提供支持和指导。随着新高考改革的实施，学生面临更大的选择性和决策压力，因此有效的生涯发展指导显得尤为重要。在这个背景下，班主任在常规工作中担当着重要角色。以"规划人生，幸福一生"为指导思想，班主任可以引导学生去探寻适合自己高中生涯发展的"路线图"。这一路线图可以分为三个阶段：高一初探生涯，学会适应；高二探寻生涯，不断超越；高三解惑生涯，成就自我。通过体悟式生涯班会的实践研究，并形成了生涯教育班本课程，班主任可以为学生提供科学全面的指导，鼓励他们将未来的发展愿望转化为当前的学习动力。

在指导学生的过程中，班主任需要特别关注学生的发展缺陷。高中生通常具有强烈的自我发展意识，但缺乏对自我和规划的认识能力。因此，班主任的工作包括帮助学生认识自己、发现自己的兴趣和能力，并通过相关的活动和资源帮助他们探索适合自己的发展路径。

班本课程作为班主任常规工作的一部分，可以成为学生生涯发展指导的重要手段之一。通过班会、讲座、讨论和个别辅导等形式，班主任可以为学生提供个体的指导，帮助他们制订学业和职业发展计划，并逐步实现自主发展的目标。

总之，学生发展指导是为了促进学生全面发展和培养自主发展能力而提供的一系列指导服务。在高中阶段，结合班主任的常规工作和班本课程的实践研究，以规划人生为导向，引导学生探寻适合自己的生涯发展路径，可以帮助他们在个性形成和自主发展方面取得良好的成果，为美好的将来奠定基础。

一、高中生涯教育与体悟式班会概况

（一）高中生生涯发展及体悟式主题班会的理论依据

《国家中长期教育改革和发展规划纲要（2010—2020年）》中明确指出，必须"全面提高普通高中生的综合素质"，需要"建立学生发展指导制度，加强对学生的理想、心理、学业等方面指导"。广东省高考新方案的实施，也引导着高中生尽早进行自我生涯的规划和管理。高中实施生涯教育，不仅是学生个体生涯发展的需要，也是当下教育所面临的一个重大而又紧迫的现实问题，具有十分重要的实践意义。

体悟式主题班会是指班主任为促进学生全面而有个性的发展向学生提供的一系列指导课程，但指导具有特殊性，它面向不同的时期、具体的问题，提供个性化的指导与建议，指向是学生个体的个性化、自主发展。

国内普通高中生涯发展规划与指导开展存在许多问题，如开展形式较为单一，缺乏新意；总体的开展频率不高；生涯教育内容集中在选科选考；开展生涯教育的人员较为单一；学生对于生涯发展规划与指导的开展满意度不高等。

因此，本节以学生发展为核心，通过高中生生涯发展指导下体悟式系列化主题班会的实践研究，旨在对学生生涯发展给予科学全面的指导，助力高中生在不同人生阶段有不同人生追求，帮助他们规划美好人生，成就美好将来。

（二）体悟式主题班会的概念界定

1946年美国学者埃德加·戴尔发现的学习金字塔理论告诉我们：不同的学习方法达到的学习效果不同。研究表明在两周之后，学生对知识的保持率在5%～90%不等（用耳朵听讲授，知识保持5%，用眼去阅读，保持10%，讨论50%，亲身体验、操作实践75%，授予他人90%）。由此可见，学生主动参与活动，通过体验、感悟所达到的教育效果是其他学习方式不可媲美的。

体悟式主题班会，以活动贯穿体验和感悟的过程，它遵循全体性、主体性、启发性、教育性等原则，让学生从不同角度体验德育的内容。主动参与和自身体验，其主要目的不仅仅是体验，而是在于自省，然后反诸于行动，它更注重在体验中感悟升华班会形式，它构建了"创设情境—探究分享—角色体验—感悟升华—方法促行"的创新教育模式。通过多样化的活动型体悟式主题班会，引发学生全程参与、亲身感悟、交流辨析、价值澄清、选择内化，指导学生科学全面发展，助力高中生在不同时期、不同人生阶段，有不同人生追求，引导其将未来的发展愿望转化成当下的学习动力。

二、高中体悟式生涯班会的模式构建

着眼于新高考改革的需求和发展以及学生当前与未来发展需要的高度，根据高中生"有强烈的自我发展意识，但缺乏认识自我、规划自我的能力"这一发展缺陷，引导班主任、学生寻找自主发展的路径。结合班主任常规工作，我们确立生涯教育三阶梯模式，有针对性地探寻高中生"高一初探生涯，学会适应；高二探寻生涯，不断超越；高三解惑生涯，成就自我"这一发展"路线图"，围绕学生发展的品德、心理、学业、生涯、生活五个维度，对高中生涯发展指导下体悟式主题班会进行实践研究，并形成系列化，旨在培养全面健康发展的人，开拓生涯教育实践途径，未雨绸缪应对新高考改革。

经过不断地努力和实践，我们逐渐探索出适合高中生涯发展指导下体悟式主题班会课的设计模式。将体悟式主题班会课以"体验感悟"为主的活动模式迁移到班会课模式上，结合两种教育模式的优势，构建起"生涯聚焦—生涯探索—生涯体悟—生涯升华—生涯导行"的新模式，帮助学生实现生涯认识、生涯发现、生涯感悟、生涯决策和内化延伸。下面以"高二探寻生涯，不断超越"学生发展指导下体悟式主题班会系列中"我能脚踏实地迎会考"为例，简述学生生涯发展指导下体悟式主题班会的设计模式。

（一）生涯聚焦

聚焦学生的年龄特点、学情和需求，可以采用小品、游戏、课本剧、辩论会、故事、阅读材料等形式，设置问题或悬念，创设教育情境，聚焦生涯主题。

在"我能脚踏实地迎会考"主题班会中，通过班级小品有创意地展示与分享自己DIY的目标，明确目标方向，展示学生们的长远目标（理想大学），以及短期目标（学业水平考试），突出主题——梦在心中。通过此活动，让学生在高二的关键时刻能认识自我，树立梦想。

（二）生涯探索

其过程是通过表演、讨论、视频、竞赛、观赏、游戏、真人图书馆等形式，让学生从不同角度进行生涯探索，体验德育的内容，获取知识，接受教育。在课程中设置体验模块，让生涯教育的实践性融汇于课堂，使学生进一步达到认识自我、规划自我的新高度。

在"我能脚踏实地迎会考"主题班会中，通过观看小视频《超越自我，我能行》，让学生们分享感悟：学会调整自己，对自己有信心——我能行，让学生学会在挫折中越挫越勇，超越自我，不断前进。

（三）生涯体悟

学生参与完生涯探索后，教师根据学生的发展"路线图"，聚焦生涯主题，引导学生进行分享：活动中的感受是什么？有什么收获？有什么经验？有什么启发？设置疑问的过程中将问题进一步细化，引导学生在小组或全班进行分享，并要求学生在分享中既能大胆讲出自己的感受，又要对不健康的思想和观念进行甄别、讨论，通过分享，提高学生认识自我、规划自我的能力。

"我能脚踏实地迎会考"主题班会中，活动一：心算测试；感悟：带着明确的目标做事，效果会更好！活动二：传递水瓶，看你有多快；感悟：竞争与合作并存，才能共赢！活动三：瞎子背瘸子；感悟：取长补短，相互帮助，互相监督提醒，才能共赢！活动四：移数字；感悟：理科学习要善于变化角度才能解决问题！本环节通过四个活动，层层递进，层层深入，帮助学生从精神上超越自我，更重要的是从每个活动中体会高二的学习方法与技巧，以更好的状态投入到学习与生活中。

（四）生涯升华

学生在探索、讨论、分享、体悟的过程中，通过教师的引导，结合自身的实际进行反思，学会纠正偏差，寻找差距、矫正误解，弥补缺失，提升认识，规划自我。

"我能脚踏实地迎会考"主题班会中，欣赏班里的学习生活，感受学霸是怎样炼成的，学神是怎样专注的，让学生真正做到脚踏实地，向前冲。

（五）生涯导行

学生针对班会课的主题和体验活动情景，产生新的认识，找到合适的方法，制订行动计划，并落实到学习、生活中，促进自我成长，最终达到自我成就的目标。

"我能脚踏实地迎会考"主题班会中，填写"脚踏实地，超越自己"行动卡，向同学分享自己的体会。激励学生明确目标，制订具体有效的行动计划。让学生把本节课心灵上的触动转化成行动上的促动。让学生定下阶段性目标，并不断超越。

高中生涯发展理论指导下体悟式班会的活动过程主要围绕"生涯聚焦—生涯探索—生涯体悟—生涯升华—生涯导行"五个环节展开，这个过程遵循品德形成的"内生外化"规律，强调"内生"过程，有利于学生的自我选择、自我规划、自我建构、自我教育、自我成长和自我成就。

三、高中体悟式生涯班会的研究成果

何爱莲工作室共设计了60节"我能"体悟式生涯班会课，其中高一年级有19节课，高二年级有18节课，高三年级有23节课。每一个设计均由活动背景、活动目标、活动对象、活动形式、活动准备、活动过程基本框架和具体流程七个部分组成。其中，活动背景分析了主题设计的缘由，活动目标分别从认知与技能、过程与方法、情感态度与价值观三个维度对班会课所达到的目标进行描述，活动过程由活动环节、教师活动、学生活动和设计意图组成，具体流程则是主题班会活动过程中的详细过程。

高中生涯发展指导下体悟式主题班会的研究框架与内容如下：

高一年级初探生涯，学会适应

月份	系列主题	课内活动（体悟式班会）	类型
9月 衔接适应期	走进高中，适应变化	1. 我能"融入新集体"生活发展	生活发展
		2. 我能"适应新学业"	学业发展
10月 行为规范期	养成习惯，规范行为	3. 我能"学会守时"	生活发展
		4. 我能"学会学习"	学业发展
11月 心理调适期	学会反思，认识自我	5. 我能"学会反思"	学业发展
		6. 我能"面对挫折"	心理发展
		7. 我能"认识自我，重新出发"	生活发展
12月 学法调整期	走进大学，规划未来	8. 我能"分享大学梦"	生涯发展
		9. 我能"学法知路径"	学业发展
1月 分科茫然期	了解专业，确定方向	10. 我能"重新定好"	学业发展
2月 假期调整期	巡礼职业，追逐梦想	11. 我能"追求我梦想"	生涯发展
3月 调整明确期	初探生涯，明确方向	12. 我能"处世乐助人"	品德发展
		13. 我能"学出我风格"	学业发展
4月 学生熟悉期	珍藏情愫，聚焦学习	14. 我能"交往有尺度，高一慎言情"	心理发展
		15. 我能"温故而知新"	学业发展
5月 感悟激发期	感悟生命，珍爱人生	16. 我能"感恩父母，珍爱生命"	心理发展
		17. 我能"肯定自我，绚丽人生"	学业发展
6—7月 成长砥砺期	了解高考，砥砺前行	18. 我能"锚定目标，超越自我"	生涯发展
		19. 我能"脚踏实地，冲刺期末"	学业发展

高二年级探寻生涯，不断超越

月份	系列主题	课内活动 （体悟式班会）	类型
9月 适应融入期	走进高二，迈向成熟	1. 我能"学习重习惯"	心理发展
		2. 我能"管好手机账"	学业发展
10月 目标建立期	明确目标，激发斗志	3. 我能"合理定目标"	学业发展
		4. 我能"行动践目标"	学业发展
11月 感悟激发期	认识职业，放飞梦想	5. 我能"描绘职业蓝图，塑造完美人生"	生涯发展
		6. 我能"仰望星空，脚踏实地"	学业发展
12月 学习压力期	寻求帮助，少走弯路	7. 我能"借力师友，勤学勤问"	学业发展
		8. 我能"再接再厉迎期末"	学业发展
1月 （寒假）	走进职业，美丽人生	9. 我能"假期早规划"	生活发展
2月 心理调适期	探寻生涯，明确方向	10. 我能"管好时间账"	学业发展
		11. 我能"跨越障碍，超越自我"	心理发展
3月 目标调整期	调整目标，超越自我	12. 我能"科学调目标"	学业发展
		13. 我能"做最好的自己"	生活发展
4月 感悟激发期	珍重生命，拼搏人生	14. 我能"扬起生命风帆"	心理发展
		15. 我能"用心去沟通"	生活发展
5月 行为规范期	善润人际，共享和谐	16. 我能"换位多思考"	品德发展
		17. 我能"深思懂爱情"	心理发展
6—7月 高三预备期	调整心态，走进高三	18. 我能"直面高三，勇往直前"	心理发展

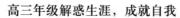

高三年级解惑生涯，成就自我

月份	系列主题	课内活动 （体悟式班会）	类型
8 月 学习兴奋期	树立目标，激发斗志	1. 我能"追求我梦想"	生涯发展
		2. 我能"合理做规划"	学业发展
9 月 学习持续期	树立诚信，把握学法	3. 我能"应考重诚信"	品德发展
		4. 我能"调整学法，提高效率"	学业发展
10 月 麻木倦怠期	解惑生涯，增强信心	5. 我能"理智看爱情"	心理发展
		6. 我能"有效勤提问"	学业发展
		7. 我能"轻松减压迎模考"	心理发展
11 月 厚积薄发期	勿忘初心，超越自我	8. 我能"合理做归因"	学业发展
		9. 我能"自信挖潜能"	心理发展
12 月 浮躁反复期	释放压力，迎接挑战	10. 我能"面对高考，负重前行"	心理发展
		11. 我能"竞争与合作"	学业发展
1 月 （寒假）	规划学习，弯道反超	12. 我能"逆境求奋起"	心理发展
		13. 我能"不懈追求，勇敢挑战"	学业发展
2 月 收心调整期	追逐目标，圆梦人生	14. 我能"步步有目标"	学业发展
		15. 我能"人生争高度"	生涯发展
		16. 我能"超越梦想，一起飞" （百日誓师）	心理发展
3 月 紧张焦虑期	稳定情绪，突破自我	17. 考前，我能"从容迎模考"	学业发展
		18. 考后，我能"顺应与坚持"	学业发展
4 月 失落纠结期	迎新挑战，勇攀高峰	19. 我能"锲而不舍，亮剑高考"	心理发展
		20. 我能"走出高原期"	心理发展

月份	系列主题	课内活动 （体悟式班会）	类型
5月 紧张兴奋期	提速增分，有效自学	21. 我能"挂挡提转速"	学业发展
		22. 我能"校准生物钟，备考更轻松"	生活发展
6月 心理调适期	调适自我，冲刺高考	23. 我能"笑赢高考"	心理发展

四、高中体悟式生涯班会的案例展示

规划自我，逐梦韶光——我能行动践目标

【活动背景】

在高一的学习和生活中，学生很容易走进迷茫区和懈怠区，一是他们觉得离高考还很远，学习不用那么刻苦，到高三再拼也来得及；二是学生没有明确的学习奋斗目标；三是没有做好自己的人生规划。开展本次主题活动目的在于引导学生要有梦想，为了达到梦想，要学会做好自我规划，让学生明白高中学习是一步一个脚印，天天积累才能进步。因此，教师需引导学生利用目标倒叙法不断设定短期目标、长期目标，继而用自己实际行动去超越去实现，最终在高考中实现梦想。

【活动目标】

1. 认知目标：

学会正确认识自我，敢于制定短期目标（高一）和中长远目标，科学合理地制定措施与实施步骤。

2. 能力目标：

领悟自我认识、自我定位的重要性，并敢于面对自己存在的不足，寻找正确的方法突破与超越自我。

3. 情感目标：

通过故事渗透，能对自己有清晰的了解与定位，为制定短期目标、长期目标做准备；通过小组游戏活动，锻炼学生的自我能力、团队合作能力，做到目标定位、目标实现、目标突破。

【活动形式】

故事分享、小游戏、小组讨论、交流分享、课后延伸。

【活动准备】

1. 准备 3 瓶矿泉水；

2. 设计并油印好十年倒叙法人生规划表《不忘初心，规划自我，韶光逐梦——我的人生金字塔》及短期目标《我的高一目标规划》；

3. 设计好 PPT 及制成合唱歌曲。

【活动过程】

（一）生涯聚焦：正视自我，树立自信

设计目的：通过观看视频，引导学生认识到圆梦路上也许不是一帆风顺，我们要学会正视自我，树立自信。

1. 观看视频《我能行》。

2. 问题设置，学生分享：

（1）主人公最终能实现梦想，最主要是靠自身的什么原因实现的？

（2）另一个女孩子所有条件都比主人公占优势，为什么最后没能实现梦想？

（3）你觉得自己目前是这两种类型人中的哪种？

3. 教师总结：每个人都要正视自我，对自己要有信心——我能行。同时，

115

明确目标，在梦想道路上不可能一帆风顺，但要坚持，并为之奋斗，定能超越自我，实现梦想。

（二）生涯探索：规划自我，树立梦想

设计目的：通过微故事，大分享，让学生学会用倒叙规划法进行自我规划，有梦想不够，有规划也不够，勇于踏出第一步至关重要。

1. 微故事，大分享：《周迅：十年后的自己》。

2. 引入微故事，设置疑问，激发学生兴趣：

2006 年，周迅以在影片《如果爱》中的精彩表现，夺得金马奖影后。得奖后，她说："一听说自己得奖了，我真的特别高兴。就想起小时候的那些梦，那些想都不敢想的梦，这回实现了，算是我给自己的特别的生日礼物吧。"

那么她小时候的梦是什么？她为了实现她的梦，做了什么样的安排与准备？

3. 观看微故事视频《周迅：十年后的自己》。

4. 问题设置，学生分享：

（1）每个人都可以扪心自问一下，有做好自我规划吗？

（2）真正有所成就的人，有随随便便就捡得果实的吗？

5. 教师分享：老师曾对周迅说过："周迅，你是一棵好苗子，但是你对人生缺少规划，散漫而且混乱。我希望你能在空闲的时候，想想十年以后的自己，到底要过什么样的生活，到底要实现什么样的目标。如果你确定了目标，那么希望你从现在就开始做。"

6. 问题追问，引入规划：

现在的我满足目前的状态吗？如果你的答案是否定的，那么请抓紧时间，效仿周迅利用目标倒叙法，规划下自己想要的未来吧。

7. 自我规划，班级分享。

学生填写《不忘初心，规划自我，韶光逐梦——我的人生金字塔》（附件 1），选取部分同学在班内进行分享。

周迅勉励我们:

有梦想不够,

有规划也不够,

勇于踏出第一步至关重要。

(三)生涯体悟:脚踏实地,实现梦想

设计目的:通过三个小活动,层层递进,层层深入,让学生从中感悟,再长的路,一步步也能走完;再短的路,不迈开双脚也无法到达。

活动一:传递水瓶,看你有多快

1. 活动规则:

(1)全班分成三大组,每组分配一瓶水;

(2)游戏过程中水瓶要从发起者的手里发出,最后按顺序回到发起者的手里,要求在传递过程中每个人都必须接触水瓶,所需时间最少的小组获胜;

(3)水瓶掉在地上一次则额外增加 10 秒并从头开始;

(4)获胜小组加 10 分,第二名加 6 分,第三名加 3 分。

2. 活动变式:有无更好的办法让时间变得更短些?还能不能更快?目前最快的组不怕被人追上来吗?你们还能不能再快一些?给 1 分钟小组进行讨论。1 分钟后再进行一次比赛。获胜小组加 20 分;第二名加 12 分;第三名加 6 分。

3. 问题设置,学生分享:活动变式后每组所花的时间大大缩短,在此过程中,你觉得本次活动能获胜的最重要原因是什么?请每个组各分享 1～2 个关键词。

4. 教师小结:在同一个团队中,既要团结合作,也要良性竞争!竞争与合作并存,才能共赢!(同班同学之间尤其如此!)

活动二：移数字

1. 活动规则：

（1）请移动下面等式中的一个数字（只能是数字，不能将数字对调，也不能移动符号），使等式成立。

（2）只能自己想，不能讨论。

（3）请见过或做过这道题目的同学不要抢答，把动脑思考的机会留给没有见过这道题目的同学。$101-102=1$

2. 问题设置，学生分享：能快速并正确地解出这道数学题的关键是什么？

3. 教师小结：不要让自己形成固定思维！做事光有恒心还不够，还要有一个灵活善变的头脑！善于变化角度才能解决问题！（理科的学习尤其如此！）

活动三：一站到底

1. 活动规则：

（1）全班起立，站在走道旁边；

（2）双手向上伸直，坚持两分钟。

2. 教师提问：同学们，坚持两分钟的过程，辛苦吗？累吗？好吧，我们有勇气去挑战更大的难度吗？

3. 挑战难度：

（1）全班起立，双手向上伸直，举起手中一本书；

（2）单脚站立，不许晃动，一旦晃动即挑战失败；

（3）坚持3分钟。

4. 问题设置，学生分享：

剩下还有1分钟的时候，采访学生：累不？

剩下还有30秒的时候，采访学生：要坚持吗？

（1）同学们累吗？能坚持完这3分钟的关键是什么？

（2）有无思考过这3分钟代表我们目前的什么？

5. 教师小结：向目标前进的过程中，成在坚持！贵在坚持！难在坚持！

（四）生涯升华：行胜于言，重生上路

设计目的：活动后学生需静下心，反思自我，如何做才能更好地圆梦。

1. 根据问题，分组讨论，并将讨论的答案写在卡纸上面：

请大家将本节主题活动感受各用一句简短的话小结一下，从而总结出我们要怎么去追梦；将感想写在卡纸上，然后将写好的卡纸贴在黑板上，小组代表进行分享。（可选择1到2个小组）

2. 教师小结：

从今天的主题活动中我们体会到：正视自我，树立自信！光有梦想不够，光有规划也不够，勇于踏出第一步至关重要。竞争与合作并存，才能共赢！善于变化角度，遇到不懂的问题要打破砂锅问到底！在目标前进过程中，成在坚持！贵在坚持！难在坚持！

（五）生涯导行：着眼当下，圆梦行动

1. 班级合唱：《海阔天空》，设计目的：励志、振奋。

2. 制作提醒：把《海阔天空》的歌词与音乐制作在PPT中，在歌词中间停顿的地方插入两三张含励志词与图片的PPT，学生唱歌停歇过程，主持人高声朗诵出励志词，将班会推向高潮。

3. 活动延续：填写完善《不忘初心，规划自我，韶光逐梦——我的人生金字塔》和短期规划（方法导行、延续跟踪）（见附件1）。

附件1

不忘初心，规划自我，韶光逐梦

——我的人生金字塔

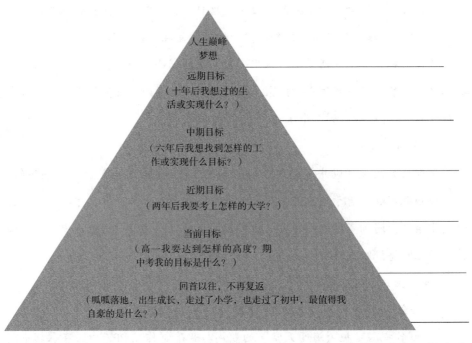

请分析自己在人生各阶段的目标是什么？写在人生金字塔相应层级的右边横线上。

我的高一下学期期中考目标

我的选科方向											
学科	语文	数学	英语	物理	化学	生物	政治	历史	地理	总分	总排名
我的目标分数											

续表

我的薄弱科目（提高科目）	科目一		科目二		科目三			
利用什么时间如何改进								
我的誓言（座右铭）								

第三节 "莲"花向阳之生命教育班本课程

　　"莲"花向阳之生命教育班本课程旨在关注学生的全面发展和心理健康，以应对学生在高中阶段所面临的挑战和压力。通过该课程，学生将培养自我认知与情绪管理能力，建立积极的人际关系，学习压力管理和应对策略，并探索职业规划与未来发展。这个综合而有深度的课程通过融合科学和艺术元素，培养学生的创造力和批判性思维能力，为他们提供了实现个人价值、与社会互动的基础。通过关注学生的心理健康和全面发展，我们致力于帮助他们成长为积极、自信、有能力应对挑战的社会公民，为社会的丰盛和美好做出贡献。

一、生命教育的意义

　　"教育是生命存在的载体，没有人能够脱离生活而存在，教育也因此成为

121

生命的存在形式。"青少年是国家和民族的未来与希望，正确的生命观和人生观对于促进青少年自身良好发展以及保障中国未来持续健康发展具有重要意义。因此，在高中阶段对学生进行生命教育具有重要的现实意义。

首先，高中生命教育可以帮助学生了解生命知识，唤醒他们对生命的意识，引导他们敬畏和珍爱生命，进而提高他们的生存技能，丰富他们的生命情感，促使他们健康幸福地成长和生活。

其次，需要不断提高教师的生命教育素养，使他们具备进行高中生命教育的能力、信心和自觉性。教师在高中阶段发挥着重要作用，他们的专业素养和教育理念对于学生的成长有着深远影响。通过提升教师的生命教育素养，能够确保他们积极主动地进行生命教育，为学生提供良好的教育环境。

最后，生命教育在高中层面还可以为班主任提供一种管理视角，促使学校或班级以课程的形式更加系统而有效地开展生命教育。班主任在学生生活和学习中起到重要的指导和管理作用，他们可以通过组织相关课程、活动和讨论等形式，将生命教育融入学生的日常生活中，为学生提供更加系统和全面的教育。

综上所述，高中阶段进行生命教育对于青少年的成长和国家的未来具有重要意义。它不仅能够帮助学生获得生命知识和技能，引导他们形成正确的生命观，还可以提升教师的素养，并提供管理视角，以实现全面而有意义的生命教育。

二、高中生命教育的内容

生命教育旨在帮助学生了解生命知识，提高生存技能，丰富生命情感，致力于学生身心健康、和谐发展，我们围绕生命与自我、生命与他人、生命与社会、生命与自然四个维度进行高中生命教育思政班会的设计，为学生身心健康发展提供指导与帮助。

（一）生命与自我

这个维度的教育内容旨在帮助学生了解自我，培养自我认知和自我管理能力。学生将学习如何探索自己的个性、价值观、兴趣爱好，以及如何设定目标并制订个人发展计划。他们将学习情绪管理技巧，如情绪调节和应对压力的策略。此外，学生还将培养积极的心态和自信，并发展自我反思和评价的能力。

（二）生命与他人

在这个维度中，学生将学习如何建立健康、积极的人际关系。他们将发展与外界的沟通技巧，包括有效表达和倾听。学生将了解互助、支持和尊重他人的重要性，并学习解决冲突和建立良好人际关系的策略。这将有助于他们在团队合作、领导力和合作解决问题方面的发展。

（三）生命与社会

生命与社会维度的教育内容旨在帮助学生了解社会责任和公民意识。学生将学习尊重多样性、包容不同文化和价值观的重要性。他们将了解社会问题，并探索解决这些问题的方法和角色。此外，学生还将学习社会参与、公民权利和义务，并培养自身推动社会变革的意识。

（四）生命与自然

这个维度的教育内容侧重于培养学生对自然界的欣赏和保护意识。学生将学习生态环境保护、可持续发展和生态伦理等方面的知识。他们将了解自然资源的重要性，探索与自然和谐相处的方式，并学习如何保护和可持续利用地球资源。通过与自然界的互动，学生将培养对自然界和生命的尊重和关爱。

通过围绕生命与自我、生命与他人、生命与社会、生命与自然四个维度进行内容设计，高中生命教育旨在帮助学生全面发展、提高身心健康，并为让他们成为有责任感和积极贡献社会的公民打下基础。

三、生命教育思政班会的模式

在生命教育思政班会上，我们采用了五个板块的设计，它们分别是"生命启迪—生命探索—生命对话—生命解读—生命链接"。通过这一循序渐进的模式，我们有针对性地实施生命教育，使学生能够获得积极的体验和自主探索的机会，促进合作交流并学会表达与分享，同时进行知识解读、总结提升以及知识拓展和继续学习。

（一）生命启迪

生命启迪是我们生命教育思政班会设计的第一个板块，旨在搭建一个轻松愉快、动态开放的学习环境，以激发学生对生命探索的兴趣和潜能，并培养他们的问题意识。在这个板块中，我们通过情境导入和提出问题的方式引导学生进入学习状态。情境可以采用文字材料、图片、音频、视频等形式，也可以是现实生活中的事物、场景或时政热点等，以激发学生对生命的思考和兴趣，引发对生命的启示和感悟。

我们精心选择喜闻乐见的素材，以引起学生的兴趣，然后将其与本专题要学习的内容相结合。通过这种方式，学生可以从情境中发现问题，并提出自己的疑问和思考。我们鼓励学生积极思考这些问题，并共同探索答案。这样的设计能够培养学生的思维能力和创新意识，同时能够营造出一个良好的氛围，使学生在积极主动的思考和探索中获得成长。

（二）生命探索

生命探索是高中生命教育思政班会的重要内容，鼓励学生积极体验和自主探索，通过实践和体验活动，让学生更深入地了解生命的奥秘和多样性。我们的目标不仅仅是将生命知识传授给学生，更注重以学生主动探索的方式，让他们通过实践、体验和感悟来深入理解生命。我们追求的是一个动态生成的过程，让学生在其中获得生动活泼的生命教育，而不是简单机械的知识堆积。

第二个板块是在第一个板块的基础上设计的。在学生提出问题后，我们会针对这些问题设计一系列活动，例如感官性的游戏、文字性的填写、图画性的描绘、实践性的演练以及时政问题的头脑风暴等。通过这些多样化的活动，教师将引导学生自主探索，让他们在不断的体验中获得生命的启发和感悟。

（三）生命对话

生命对话是高中生命教育思政班会设计的第三个板块，旨在培养学生与他人的合作交流能力，促使他们表达和分享自己在自主探索和独立思考过程中所获得的见解、体会和成果。这个板块倡导合作交流和团队合作，学生之间可以就生命主题展开对话和讨论，还可以分享彼此的经验和观点，通过将个人的智慧与他人的智慧进行碰撞，依靠集体的力量来进一步拓展学生对生命的认知。

在这个板块中，学生将有机会在小组或全班的讨论环节中分享自己的经验和想法。他们可以描述自己的探索过程、面临的困惑、取得的突破，以及对生命的新认识。通过这样的交流，学生可以相互启发、借鉴和补充，从而形成更全面和深入的生命观点。

此外，这个板块还鼓励学生多与身边的人进行交流，包括家人、同学、老师等。他们可以与他人分享自己的学习成果，探讨问题，并倾听他人的观点和经验。这样的互动和对话有助于拓宽学生的视野，并为其提供不同的思考角度，从而进一步丰富和完善他们对生命的理解。

（四）生命解读

生命解读是生命教育思政班会设计的第四个板块。尽管思政班会注重学生的自主探索和发现，但生命知识的传授也是至关重要的一环。教师通过传授陈述性和程序性的生命知识，使学生不仅了解"是什么"，而且明白"怎么做"，从而加深他们对生命本质的理解。

在思政班会的第四个板块中，要重点普及与该专题相关的生命知识，旨在帮助学生在进行自主探索和合作交流后，对相关问题有一个准确的认识。教师可以通过教学讲解、案例分析、互动讨论等方式，将生命知识传递给学生，帮助他们建立起正确的生命观念和认知。这样的知识传授不仅能够使学生对生命的各个方面有更深入的了解，还激发了他们进一步总结和提升的动力。

（五）生命链接

生命链接是为了让生命教育思政班会对学生产生持续的影响而不断追求的重要组成部分。学习生命教育是一个连续性的过程，不能仅仅依靠一节课或一份作业来完成。因此，在每个主题的最后一个板块，我们都为学生提供了相关的知识链接，以拓宽他们的视野，并为他们提供持续学习的平台。

需要说明的是，以上五个板块并不是按照单一、直线的方式展开的，各个板块之间可能会有重复和交叉的内容。这样的设计可以灵活运用于实际运行中，以满足学生的学习需求和认知发展的不同层次。

通过生命链接，引导学生延伸学习和继续探索，提供拓展活动和资源，鼓励学生主动参与学习和深化对生命教育的理解；帮助学生将所学的生命知识与实际生活和其他学科的知识相连接，形成综合性的学习体验；引导学生主动探索和进一步学习，帮助他们深化对生命教育内容的理解，并将其与其他领域的知识结合起来，培养学生跨学科的思维能力和综合素养。

因此，生命链接的设计是为了确保生命教育思政班会对学生产生持久的影响，并为他们提供一个延续性学习的平台，促进他们在生命教育中获得全面的发展。

四、生命教育思政班会的案例

珍爱生命，绽放光彩

【活动背景】

高中是一个既充满生机、活力，又充满挫折、困惑的时期。很多学生在面对挫折时，心理承受能力差，经常会发生抑郁等类似的严重事件。所以急需开展生命教育的相关课程，引导学生树立正确的价值观和面对挫折的勇气以及对于生命的尊重，解决他们的疑虑，让他们珍爱生命，积极向上地生活学习。本节班会课主要引导学生思考生命的意义，并着眼于未来，鼓励学生追求生命的价值，寻求让自己生命灿烂绽放的途径，培养积极的人生态度，绽放自己生命的光彩！

本次活动从猜、看、说、感、思、写、唱七个维度，调动身体多种感官，环环相扣，层层递进，旨在帮助学生理解到生命的珍贵，积极面对生活中的烦恼和挫折，并探讨合理的解决方式。只有身心健康，同学们才能健康成长，才能在轻松开心的班级氛围中学习生活。

【活动目标】

主题班会是有效引导教育学生的主阵地之一，本次班会旨在实现以下三个层次的目标：

1. 知识与技能：通过各种形式的活动和视频，让学生了解生命的由来，感恩亲人的付出，感悟生命的来之不易。

2. 过程与方法：培养学生管理情绪的能力，找到合理消除负面情绪的方法。通过活动，让学生感受到生命的可贵，体验生命存在的价值。

3. 情感态度与价值观：通过视频和活动，让学生理解确立自己的生命意义和人生目标的重要性，帮助学生培养积极的人生态度。

【活动准备】

1. 收集关于生命主题的资料，内容为有关生命的话题，学生参与收集。

2. 网上寻找有关生命的视频。

3. 准备若干充好气的气球。

4. 准备"逐梦挑战卡"。

【活动过程】

（一）生命启迪：猜谜提问，感受生命的可贵

师：大家觉得自己成功来到这个世界上成为人的概率有多大呢?

生1：0.00001%。

生2：100%。

生3：50%，一半一半吧……

师：在有些同学看来，这是个随机偶然事件，但有些同学觉得这似乎是一个必然事件。那真相到底如何? 我们来看看下面这个视频。

播放视频：《你来到世上的概率有多低》。

视频简介：该视频从社会学和生物学的角度解读了一个受精卵最终发育成功的过程中可能会受到哪些因素的影响，从而推断出"我们成为人"的概率是非常低的。

师：如果真如视频中所说，那我们成为人真的是一件值得庆幸的事啊!

设计意图：用"我们成为人的概率有多大"这一问题导入，调动学生对课堂的兴趣，使他们对生命的珍贵形成初步感悟。同时，也为后续活动的开展作

铺垫。

（二）生命探索：体验活动，探索生命的意义

1. 活动体验，生命愿望

用"1"代表生命，用"0"代表自己的愿望（或对自己最重要的事），有多少个愿望，就画多少个"0"，把自己的愿望关键词写在"0"中。教师先做示范（黑板演示），全体同学在A4纸上写上最重要的若干个愿望，写完后在小组内分享交流。

2. 提出问题，思考分享

（1）如果要从这些愿望中划去两个，你会选择划去哪两个？

（2）在剩下的愿望中，继续划掉一个，再划掉一个……最后剩下一个，你会留下哪一个？

3. 乘胜追问，小组分享

（1）小组交流划去的顺序和理由，为什么最后留下这一个？分享自己作出留与舍时的心理感受。请小组推荐一个同学进行分享。

（2）拥有愿望或者梦想，会让我们的生命更加美好，更有意义。但是，如果发生了这样的事呢？（老师在黑板上擦掉"1"），你发现了什么？说说你的感受。

4. 教师小结

生命不在了，一切愿景都将成为泡影，假如生命代表拥有、阳光、希望、美好，那么死亡则意味着结束、分离、失去……

（三）生命对话：对话挫折，诉说生命的困惑

1. 说出常遇到的烦恼或挫折及解决方式

大家有没有遇到过什么烦恼和挫折呢？烦恼和挫折会让人产生不良情绪，你是如何面对不良情绪的，找几个同学进行分享。

2. 教师小结

调整心态、倾诉、运动、听音乐等都是很好的缓解或消除不良情绪的积极有效方式。

（四）生命解读：直面挫折，巧对生命的困难

1. 活动体验：盲人与跛脚

每个小组派出两名同学参加，一人戴上眼罩，扮演"盲人"，将另一名扮演"跛脚"的同学背起来，"跛脚"需要通过语言给"盲人"指路，并踩破气球，最快踩破气球的小组则获胜。

提问：（1）（盲人）你觉得活动中最大的困难是什么？

（2）（第一名）你觉得你们胜利的秘诀是什么？

（3）如果以后的人生中，都会存在刚才的缺陷，你准备如何度过这一生？

（4）如果我们当下也遇到一些困难，目前无法实现自己的梦想，你会怎么做呢？

2. 观看视频：《为热爱而拼，大小"苏神"》

小组讨论与分享：

（1）我能跑多快？我能跳多高？我能考多少分？

（2）为什么大小"苏神"可以克服重重困难并最终实现梦想呢？

教师小结：苏炳添和苏翊鸣一次次重复着，直到创造历史的那一刻。青春路上，愿每一个你都能像他们一样，不辜负自己的努力，为热爱而拼！

（五）生命链接：制定目标，追逐生命的价值

我们的一生可以怎样度过呢？下面让我们来做一次自我探索。

1. 分发"逐梦挑战卡"，请学生认真思考并填写（播放轻音乐）

（1）一年后，你希望自己考上了怎样的大学？

（2）十年后，你希望自己在从事什么职业？

（3）五十年后，如果你写自传，你会怎样评价自己？

（4）假如八十年后你离开人世，你希望你的家人、朋友如何评价你的一生？

（5）现在，请你写下自己各个年龄段的梦想。

2. 学生代表分享"逐梦挑战卡"

3. 生命链接

课后延续：请同学们以小组为单位制作短视频《我们都是追梦人》。

（1）采访身边的家长、老师、亲友、师兄师姐，了解他们都有什么梦想？

（2）在追梦过程中遇到了哪些困难？他们是怎样克服各种困难到达梦想的彼岸的？

（3）我们的梦想是什么？追梦路上遇到哪些困难？在他们身上，你学到哪些精神？准备如何追梦？

4. 教师总结

一个人的生命应该是这样度过的：当他回首往事的时候，不因虚度年华而悔恨，也不因碌碌无为而羞愧。目标制定后能否实现在于你是否能够为之付出不懈努力。你们是祖国未来的建设者和接班人，少年智则国智，少年强则国强，同学们目前正处于大好青春年华，是长身体学技能的关键期，希望你们在高中生活中努力学习成才，将来担负起中华民族伟大复兴的重任。接下来我们一起合唱《少年中国说》。

第四节　"莲"花向阳之心理健康教育班本课程

高中生在现代社会面临着学习压力、青春期烦恼、人际关系困扰和社会适应能力不足等心理问题。这些问题与家庭教育不良、应试教育的负面影响以及高中生成长过程的特殊性密切相关。同时，现代社会对人的素质要求更高，竞争更加激烈，这给高中生带来了更大的挑战。

因此，在高中阶段开展心理健康教育工作变得尤为重要。心理健康教育不仅能够帮助学生了解自身身心变化的规律，还能协助他们解决心理困惑。通过心理健康教育班本课程，学生能够学会如何应对消极心理，以积极乐观的心态面对学习和生活的挑战。

一、心理健康教育的意义

（一）促进青少年健康成长

高中学生正处于身心发展的关键时期，心理健康教育可以为他们提供所需的支持和指导，帮助他们理解自己的身心变化，并有效应对青春期的挑战和压力。这有助于他们建立积极的自我认知和身份意识，提升自尊、自信和自我控制能力，培养健康的价值观和道德观念，从而实现全面的健康成长。

（二）促进社会的稳定与可持续发展

青少年是社会的未来，他们的心理健康状况对社会的稳定与可持续发展具有重要影响。通过高中心理健康教育，可以帮助学生树立积极的情绪态度，培养学生良好的人际交往能力和解决问题的能力，增强他们的社会责任感和公民意识，减少不良行为和社会适应问题的发生，为社会创造和谐、安定的环境。

（三）培养学生的综合素质和人生目标追求

高中阶段是个体人格形成的重要时期，通过心理健康教育，可以培养学生的良好心理素质，包括自我意识、情绪管理、解决问题、应对压力等方面的能力。这可以帮助学生更好地面对学业挑战、职业规划和人生选择，提高他们的适应能力，增加成功的机会。同时，心理健康教育也有助于学生正确认识自己的兴趣、价值观和人生目标，帮助他们实现个人成长和追求幸福生活的价值。

总之，高中心理健康教育对于满足青少年健康成长的需求、促进社会的安定与可持续发展以及培养学生的综合素质和人生目标追求具有重要意义。通过提供适当的教育和支持，学生可以获得必要的心理健康知识和技能，建立健全的心理素质，以及发展积极的人际关系和个人价值观，为他们的未来发展奠定坚实的基础。

二、高中生各学段的心理特征

（一）高一年级学生心理特征

1. 自我意识进一步增强

高一学生开始更加关注自己的个体差异和特点，对自我身份的认知更加清晰，对自我定位和未来目标有更强的意识。他们渴望被他人认同和尊重，并努力追求自我发展和进步。然而，一些学生存在对自我评价过度关注的情况，可能会出现自我怀疑和自卑情绪。

2. 认知能力进一步提升

高一学生的认知能力在进一步发展，他们能够独立思考和解决问题。他们具备更强的逻辑思维能力和批判性思维能力，能够从多个角度看待问题，并进行较为深入的分析和推理。他们对于抽象概念和复杂思维模式的理解能力也有所提高。

3. 情绪体验更加复杂

在高一阶段，学生的情绪体验更加复杂多样。他们可能经历来自学业压力、人际关系的变化、未来规划等方面的情绪波动。他们可能感到兴奋和热情，也可能感到忧虑和焦虑。学生的情绪体验会受到各种因素的影响，需要学会情绪管理和应对压力的方法。

4. 自主性和责任感增强

高一学生在自主性和责任感方面呈现出更大的发展。他们开始更加主动地参与学校和社会活动，承担起更多的责任。他们意识到自己的行为会对自身和他人产生影响，并努力养成良好的生活习惯和自律能力。

5. 学业压力增加

高一学生面临着学业负担的增加和学习任务的提升，他们需要适应新的学习环境和学习方法。学生可能会感到压力增加，需要学会时间管理和应对压力的方法。

6. 社交关系重塑

高一学生进入了新的学校，需要重新适应新的同学和班级环境。他们需要建立新的社交关系网络，适应新的人际交往模式。有些学生可能会因此感到孤独和不适应，要学会主动与他人交流和沟通。

针对高一学生的这些心理特征，学校和家长可以为其提供适当的支持和指导。例如，班级可以组织心理健康辅导活动，为学生提供学业和情绪管理的指导；家长可以给予理解和支持，鼓励学生积极参与课外活动，并与孩子建立良好的沟通和信任关系。帮助学生顺利度过这一阶段并实现全面的成长。

（二）高二年级学生心理特征

1. 自我认识和自我探索加深

高二年级的学生更加意识到自己的个性和特点，开始进行更深入的自我认知和自我探索。他们对自己的优点和缺点有更清晰的认识，并更加关注自己的兴趣和目标。

2. 学业压力增加

高二是升入高中阶段的重要一年，学生在学业上面临着更大的挑战和压力。他们要适应新的学科设置、繁重的课业负担和复杂的学习内容。这可能会

导致一些学生产生焦虑、紧张和困惑等负面情绪。

3. 目标意识强烈

高二学生开始面临分科选择和职业规划，他们对未来的目标和方向有了更明确的认识。他们更加关注自己感兴趣的领域和专业，并为实现目标而努力奋斗。

4. 社交关系调整

高二学生在社交关系上也经历着一些调整。他们开始与新的同学相处，建立新的友谊和社交圈子。同时，友谊的稳定和亲密度也会受到一定的影响，学生可能会经历一些友谊的起伏和摩擦。

5. 对未来的焦虑和不确定感

高二学生对未来的不确定性和压力可能会导致自身产生焦虑和担忧。他们可能会面临升学压力、职业选择压力等，这些都会对他们的心理状态产生影响。

6. 情感和性格发展

高二学生的情感和性格发展日趋成熟。他们开始更加注重个人形象和外表，以及在异性中的吸引力。对异性的关注和恋爱意识逐渐增强，少数学生可能会发展稳定的异性关系。

7. 自主性和独立性增强

随着年龄的增长，高二学生的自主性和独立性也在逐渐增强。他们更加倾向于独立思考、独立解决问题，并逐渐学会依靠自己来应对困境和挑战。

需要注意的是，这些心理特点在高二年级的学生中存在一定的个体差异，因此在对学生的心理特点进行了解和应对时，应该充分考虑个体的差异性，并为学生提供适当的支持和指导。学校和家长可以共同努力，为学生提供良好的学习环境和心理支持，帮助他们更好地应对学业压力、发展自我认知和建立健康的社交关系。

（三）高三学生的心理特征

1. 智力水平接近成人高峰状态

高三学生的智力水平已经发展到接近成年人的高峰阶段。他们能够进行更加抽象的思维，具备较强的逻辑推理和问题解决能力，开始理性地思考问题，并能够从多个角度应对复杂的学习任务和挑战。

2. 学业压力和情绪影响

高三学生面临着较大的学业压力，他们常常感到焦虑、紧张和困扰。学业成就将会对他们的情绪和心理健康产生较大影响，可能会导致情绪波动、烦躁和压力过大的情况。在极端情况下，可能出现精神症状的倾向和冲动行为。

3. 兴趣爱好的拓展和趋向稳定

高三学生的兴趣范围进一步扩展，他们开始探索和涉足更多不同的领域和活动。同时，一些特定的兴趣爱好也趋向于稳定，可能会成为他们日常生活的一部分。他们可能发展出更为成熟和深入的兴趣，这可能对性格特征的稳定和形成产生影响。

4. 动机层次提升

高三学生在动机层面上出现较为明显的变化。他们开始对社会各个方面更加关注，对环境、问题和现象具备一定的评价能力，并逐渐将其转化为决定自身行为的动机。他们开始明确自己的价值取向，相对于承担义务、责任和实际行动的需求，可能更倾向于追求自我实现和权利需求。

5. 同伴关系的重要性

高三学生更加注重与同伴的交往，渴望获得同伴的认可和归属感，在他们看来朋友关系变得更加重要。同伴和所属团体对他们的价值观、行为模式和情感状态具有较大影响力，甚至可能会超过家庭和父母。

6. 职业选择的理性思考

高三学生对职业选择开始以更为理性的方式进行思考。他们结合自身的兴趣、能力、价值观和切身利益来选择具体的职业和职业层次。他们会更深入地了解不同职业的要求和前景，并考虑与个人发展目标的匹配度。这种思考过程和选择对他们的学习动机、态度、行为和学业水平将产生重要影响。

综上所述，高三年级学生在智力、学业、兴趣、动机、社交和职业选择等方面呈现出一系列特点。了解这些心理特征有助于教育者和家长更好地理解高三学生的需求，为其提供合适的支持和指导，从而促进他们的全面发展和从容应对学业压力。

三、高中心理健康教育的内容

（一）青春期发展

高中生正处于身心发展的关键阶段，他们面临着身体和心理上的变化。因此，心理健康教育应重点关注青春期特有的问题，如身份认同、性别角色、自我探索和独立性的发展。学生需要了解这些变化所带来的情绪和挑战，并学会适应和处理。

（二）学业压力和竞争

高中阶段是学业压力最大的时期之一。学生需要学会应对来自学业方面的压力，并提供有效的学习管理技巧和时间管理策略。同时，他们还需要明白竞争的本质，如何合理地与他人竞争，以及如何保持自信和积极的心态。

（三）社交关系

高中生正处于社交圈的扩大和建立深厚友谊的阶段。心理健康教育应重点关注对高中生在人际交往和社交技巧方面的教育。学生需要学会与同学建立支持性的友谊、合理处理人际冲突、培养与他人合作的能力，并学会尊重差异和多样性。

（四）积极心态和自我认同

在面对挫折和困难时，高中生需要培养积极的心态和自我认同。心理健康教育应注重鼓励学生发展自信、自尊和自爱，并为其提供心理调适和应对策略，帮助他们建立积极的自我形象，增强心理韧性。

（五）情感管理

在青春期，高中生的情感体验更加丰富和复杂。心理健康教育应重点关注情感管理和情绪调节技巧的培养，帮助学生认识自己的情绪，学会合理表达和处理情感，以及面对情感困扰时要向外界寻求适当的支持。

综上所述，针对高中生的心理健康教育内容需要特别关注青春期发展、学业压力和竞争、社交关系、积极心态和自我认同，以及情感管理。这样的内容能够帮助高中生更好地应对这个阶段所面临的挑战，提高心理健康水平，促进其全面发展。

四、高中心理思政班会的主题

根据高中生所处的不同年级和他们不同的特点，可以设计以下主题的心理健康教育课程。

（一）高一年级

1. 青春期适应与身份认同

这门课程可以向学生介绍青春期的身体和心理变化，并帮助他们理解这些变化的正常性和普遍性。同时，课程还可以探讨身份认同的重要性，帮助学生思考并探索自己的身份认同。通过理解和接纳自己的身份认同，学生可以建立积极的自尊心和自信心，从而更好地适应青春期的挑战。

2. 学习管理和时间规划

在高中阶段，学习任务的增加和学业压力的增加对学生的要求更高。这门课程可以为学生提供学习技巧和时间管理策略，帮助学生有效地组织和规划学习时间，培养学生良好的学习习惯。学生将学习如何设置合理的目标、制订学习计划、提高注意力和集中力，并探索适合自己的学习方法，以提高学业成绩和减轻学习压力。

3. 社交技巧和团队合作

高中生的社交技巧和团队合作能力对于他们的人际关系和未来发展都至关重要。这门课程可以指导学生建立积极的人际关系，学习解决人际冲突和进行有效沟通的技巧。学生将学习如何与同学建立积极友谊、尊重和欣赏他人的多样性，同时掌握解决冲突的方法和技巧。此外，课程还将培养学生的团队合作能力，通过小组活动和合作项目，让学生学会有效地与他人协作，共同达成目标。

通过这样的心理健康教育课程，高一年级的学生将获得认识自己、管理学习和处理人际关系的能力，为他们未来的成长和发展打下坚实的基础。这将有助于提高他们的心理健康水平，帮助他们积极应对高中生活中的挑战。

（二）高二年级

1. 学业压力管理和目标设定

高二年级是学业压力增加的阶段，学生需要应对更高的学习要求和挑战。该课程旨在帮助学生理解学业压力的来源，并学习合理的目标设定和自我管理策略。学生将了解如何制定明确的学习目标，合理规划学习时间，并探索适合自己的学习方法。此外，课程还将为学生提供应对学习挑战的策略，如时间管理、解决问题的技巧和积极思维等，以帮助学生更好地应对学业压力。

2. 自我价值和自尊心

在高二年级，学生面临着不断变化的环境和社交压力。这门课程旨在鼓励学生发展积极的自我形象，增强自信心和自尊心。学生将学习如何认识和接纳自己的优点和特点，建立良好的自我认同感。通过培养积极的自我形象，学生可以更好地应对潜在的自我怀疑、负面思维和社交压力，保持积极的心态和健康的心理状态。

3. 情绪管理和应对策略

高二年级的学生可能会面临情绪波动和挑战，如焦虑、压力和挫折感等。这门课程将为高二学生提供情绪识别和调节的技巧，帮助学生更好地管理和应对自己的情绪。学生将学习如何有效地应对负面情绪，如应对压力的方法、情绪调节技巧和积极的情感应对策略。此外，课程还将介绍与情绪管理相关的身心健康活动，如运动、放松和冥想等，以帮助学生恢复内心平衡和提高情绪健康。

通过这样的心理健康教育课程，高二年级的学生可以获得更好的学业压力管理能力，培养其良好的自我形象和自尊心，以及掌握情绪管理和应对策略。这将为他们提供更好的心理支持和健康心态，促进个人的全面成长和学业发展。

（三）高三年级

1. 应对考试焦虑和压力

高三年级是考试压力最大的阶段，学生一般面临着重要的学术考试和升学压力。这门课程旨在帮助学生应对考试焦虑和压力，通过提供技巧和策略来帮助他们保持冷静与专注，提高应试表现。学生将学习放松技巧、应对负面思维、时间管理和考前准备等方面的知识，以提高应对考试的能力和有效应试技巧。

2. 未来规划和职业选择

高三年级对于学生来说是一个重要的决策阶段，他们需要做出对未来的规划和职业选择。该课程旨在引导学生了解自己的兴趣、价值观和职业前景，帮助他们做出合理和符合自身发展的未来规划和职业决策。学生将学习自我探索的方法，了解各种职业路径相关的学习和就业要求。通过此课程，学生将更好地了解自己的优势和兴趣，并能够做出有意义和满意的职业选择。

3. 情感支持和自我呵护

高三年级的学生可能会面临情感方面的挑战，如焦虑、失落和紧张等。这门课程将强调情感支持的重要性，为学生提供寻求帮助和建立支持系统的技巧。学生将学习如何表达情感、倾诉和分享自己的困扰，以及如何建立支持网络和寻求专业帮助。此外，课程还将鼓励学生学会自我关爱和调节，通过身心健康的活动，如运动、艺术创作和放松练习来提高情感健康和心理抗压能力。

通过这样的心理健康教育课程，高三年级的学生可以获得应对考试焦虑和压力的技巧，做出合理的未来规划和职业选择，并具备情感支持和自我呵护的能力。这将为他们提供更好的心理支持和健康心态，帮助他们在高中毕业后积极面对未来的挑战和发展。

这些主题的课程可以根据学校和学生的具体需求进行调整和扩展。通过这样的心理健康教育课程，高中生将能够更好地了解自己、应对挑战、提高心理韧性，并为未来的成长发展打下坚实的基础。

五、高中心理思政班会的模式

班主任不仅是一线授课教师，也是联系班级各任课教师的纽带，还是班集体的组织者、领导者和管理者。由于与学生相处时间最长，班主任对学生的心理发展和需求了解最深入，也对他们的影响最为重要。因此，班主任在思政班会中开展心理健康教育工作对学生来说具有重要的影响力。

（一）心理健康思政班会的特点

在设计心理健康思政班会时，班主任要特别关注学生的心理特点和现实需求，并精心选择合适的主题。我们的目标是引导学生心灵成长，因此设计的过程需要遵循心理规律：认知—情感—意志—行为。同时，为了确保学生真正受益，我们需要更注重内容的质量，而非仅追求形式上的活泼和新颖。

班主任可以通过引入认知活动，启发学生的思考；通过感性的互动体验，促进情感的表达和理解；通过意愿培养，激发学生的积极意志；最后，通过行动引导，鼓励学生将所学知识应用于实际生活中。借助这个心理规律的设计，我们可以帮助学生更好地发展心理健康教育。

同时，班主任在选择话题和活动时应该注意学生的实际需求。可以定期开展学生心理健康问卷调查，与学生进行心理沟通，了解他们关心的问题和需要解决的困扰。基于这些信息，我们可以精心设计心理健康思政班会，从而更好地满足学生的需求，并促进他们的健康成长。

（二）体验式心理思政班会的模式

体验式心理思政班会模式主要从学生的学习和生活实际出发，以学生的心理发展规律和普遍存在的问题为主线，组成教育内容，旨在帮助学生认识自我、接纳自我、完善人格，同时开发心理潜能。

体验式模式注重学生的积极参与和自主活动，教师则扮演启发和引导的角色。在课程设计过程中，强调情境创设和学生参与活动的感受。

因此，我们所定义的心理辅导活动课程如下：教师要根据学生身心发展的规律和特点，运用心理学和教育学的相关原理，通过以学生为主体的活动项目和方式来组织课堂，以提高学生心理素质、增进心理健康和开发心理潜能为目标。最终形成的课程模式可以将团体动力推进划分为四个阶段：热身阶段、转换阶段、工作阶段和结束阶段。

1．热身阶段

在热身阶段，主要目的是引入课程并进入运作状态，可以通过身体的动作、情绪的激活、思维的唤醒和心灵的引发进行启动。常用的形式包括游戏，但热身阶段并不仅仅局限于热身游戏的形式。

2．转换阶段

转换阶段针对课程主题进行初步探索，为下一个工作阶段做准备。常见的形式包括多媒体视频播放、情境设置和小品表演等。

3．工作阶段

工作阶段致力于对课程主题进行深入探索。常用的形式包括团体讨论、分组竞赛、辩论、心理游戏、绘画、戏剧表演、创意思考、联想活动和机智问答等方法。

4．结束阶段

结束阶段用于对本堂课程进行总结和反馈，可以适当留有空白。常用的形式包括总结回顾、升华思考、音乐表达、创作格言和诵读短文等。

活动所提供的案例素材必须与时俱进，保持广阔的视野和敏锐的听觉，了解最近的实时动态，紧跟时代潮流，关注学生的兴趣和喜好。课程形式应该多样化，可以引入戏剧表演、绘画艺术、创意卡片等元素，使课堂生动有趣并吸引更多学生的参与。

六、高中心理思政班会的案例

高考"心"希望——直面风雨，迈向成功

【活动背景】

高考最后的冲刺阶段，同学们普遍压力重重，纷纷表示：老师，我很想考好，可就是考不好！在重重压力之下，许多同学生理或心理上产生了不适应的状况，甚至产生了倦怠想放弃等消极情绪。在这种情形下，为了更好地让学生以积极心态迎接高考，班主任必须及时做好心理调适和情绪疏导，将班级引向积极健康的方向。

【授课对象】

高三年级。

【活动目标】

1. 知识与技能

通过心理绘画，让学生了解自己在高考前出现的一些心理变化，认识与其在意结果，不如专注当下、拼搏当下的重要性。

2. 过程与方法

通过感悟分享，以及体悟活动，充分表现内心深处的想法和看法，并通过积极的心态引导，引导学生学会专注当下、拼搏当下、永不言弃。

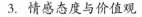

3. 情感态度与价值观

引导学生从中体会成功的结果固然让人欣喜，但是高三时代紧张而枯燥的拼搏和坚持过程、能专注当下也是人生一笔宝贵的财富。

【活动形式】

视频分享、小组讨论与分享、活动体悟、齐声朗诵、贴纸展示。

【活动准备】

（1）准备4种颜色卡纸，每种3张，一盒马克笔（12支）；

（2）布置场地：面向讲台三面摆放好凳子，场地中间错落放置两块可站12人左右的野餐垫；

（3）提前分好四个大组，并选出组长；

（4）每位学生准备一支笔。

【活动过程】

（一）导入

1. 心理活动：绘制"雨中人"

（1）创作时间：2分钟；

（2）为自己的作品命名；

（3）不考查大家的绘画技术，用心画出来就可以，尽量不画火柴人；

（4）独自安静绘制。

2. 思考问题，小组分享

（1）大家用心去感悟，请分享自己的作品名字，作品中体现的情绪；

（2）作品体现了一个什么故事呢？

（3）请小组代表分享。

（二）I AM 是什么？——识别我的状态

1. I AM 是什么

（1）观看图片，交流分享

请观察图片《在雨中》(展示一张学生作品图片,图片中一个学生在大雨中背着书包撑着一把伞),如果雨代表压力,你的生活或学习中有哪些压力呢?请在A4纸上写出关键词,请学生代表分享。

(2)教师小结

在生活或学习中,我们的压力主要体现为失眠、身心疲惫、担忧、紧张、焦虑、考试怯场、情绪起伏大、强迫症、无目标、无危机感、自卑、没有信心等,你们目前有以上的现象吗?

2. 问卷调查

你是否有以下表现?

(1)在参加重要考试时,我会想其他很多同学都比我聪明。

(2)一想到重要考试即将来临,我身体会发僵,胃口会变坏。

(3)在重要的考试前几天,我会坐立不安,觉得烦躁、脾气变坏。

(4)在重大考试前,我总预感到这次考试将要考坏。

(5)在重要考试前,我常做关于考试的梦。

(6)在紧张的复习期间,我常会想到:"这次考试要考不好怎么办?"

(7)越临近考试,我的注意力越难集中。

(8)当听到开始考试的铃声响了,我的心马上紧张得急跳起来。

(9)在重要考试中,我的手会变得冰凉,感到心跳加快,口干舌燥。

(10)遇到重要的考试,我的脑子就变得比平时迟钝。

(11)一遇到很难的考试,我就担心自己会考得不理想。

(12)在考试时,我经常会看错题目。

(13)在重要考试中,我会因为紧张而想不起来我本来记得的知识。

(14)在参加完一场考试后我常常感到心情低落。

(15)考试一结束我就努力不再去想它,但我却总是做不到。

(16)我希望考试不像现在这样困扰我。

3. 回顾刚才的小测验，觉察自己的想法

——完了，上次大考那么差，高考肯定……

——如果我……我怎么对得起……

——哎，已经……还不如……

——我这次会不会又像上次……

——我一定要……

——这我都错，那……

4. 思考分享

（1）哪些字眼是绝对化的要求？（必须、应该、一定、绝对）

（2）哪些字眼是过分概括化？（上次、完了、都是）

（三）I HAVE 有什么？——了解我的资源

1. I HAVE 我的资源

继续欣赏刚才的图片《在雨中》，发现：在雨中，我们仍有很多资源使自己开心、充满力量。请问对于你来说，自己拥有哪些资源呢？

2. I CAN 采取行动

（1）游戏体验：吹气球

游戏规则：

①按照你的最大限度吹桌面上的气球；

②将气球成功绑起来，则成功。

（2）思考问题，交流分享

①大家观察一下小组内每个人吹的气球大小，谁的气球最大？谁的气球最小？

②从刚才吹气球过程中，你觉得气球可以类比为我们当下的什么？"气球"是越小越好还是越大越好？

（3）教师小结

根据耶基斯－多德森定律，"吹气球"游戏给我们带来的启示：考试绩效与压力程度是紧密相关的。

压力太小——气球不美观，懈怠无聊；

压力适中——气球饱满、有弹性，这是最好绩效的表现；

压力太大——气球易被撑破，燃料烧尽；

压力是把双刃剑。

（四）I CAN 做什么？——采取我的行动

1. I HAVE 智慧之我

（1）游戏体验：左手氢气球，右手铅球

请同学们站起来，一起来完成一个游戏。这个游戏需要在安静和闭眼的情况下进行。

深呼吸……现请将你的双手伸直平放在胸前，尽量伸直，掌心朝上，并使双手保持在同一高度……请同学们跟着我的话在脑海中静静地想象……在你的左手和右手掌心各放一个体积相同的球……你的左手是氢气球……右手是铅球……左手的氢气球慢慢在膨胀，变得很轻很轻……右手的铅球也在慢慢地膨胀，变得越来越重，越来越重……你快要托不住它了……好，你们做得很棒……现在睁开眼睛，手保持不动，观察自己的手和周围同学的手，是否发生了变化？

（2）思考问题，交流分享

①在刚才的活动中你的双手有感觉吗？

②实际上你的两只手上什么都没有，感觉为何却不相同呢？

请用关键词总结一下游戏过程中的心情及原因。

（3）教师小结

许多同学的左右手高度会明显地发生变化，就是受到了我的暗示的结果，看，暗示的力量是多么神奇！

　　其实外界没有给你压力，压力是无形的，成功就在于在挑战面前，仍保持积极心态，用"我要！我能！我一定有办法！我一定胜利！"等积极的意念暗示自己，不断前进。

　　2. I CAN 采取行动

　　（1）继续欣赏图片《在雨中》

　　思考：如果雨中的遮挡物（屋檐、雨伞）代表着我们应对压力的方式，请问你可以采取哪些行动来应对自己的压力呢？请学生代表分享。

　　（2）教师小结

　　拥有积极健康的心态是关键；

　　养成看问题的正确视角；

　　凡是发生的事都是好事情！

　　考试成绩超常的秘诀：平常心态！

　　保持高度自信心。

　　3.活动体验：扭转乾坤

　　（配乐:《逆战》）

　　（1）活动规则

　　①请整组人员都站在同一张垫子上。

　　②你们现在是一群雨后受困的蚂蚁，在水面上好不容易找到一片叶子可以站立，却又发现叶子充满了毒液，除非大家可以将叶子翻过来，否则又将遭遇另一次生命的威胁。

　　（2）注意事项

　　①在叶子成功翻面前，每隔三分钟，就有一人因中毒而失明，中毒者由组内自行决定。累计4人中毒或有一组获胜，游戏结束。

　　②整个过程都站在叶子上，包括讨论。

③所有人身体的任何部分均不可触碰到叶子以外的部分，否则重来。

4. 随机个人采访

（1）成功翻过来的小组，请问你们第一次站上去的时候是否认为一定可以将叶子翻过来？

（2）未成功翻过来的小组，请问你们在游戏时间内没能完成的原因是什么？

5. 小组讨论，体悟分享

（配乐：《遇见》）

（1）你觉得叶子代表的是什么？整个过程又代表什么？

（2）想要成功将叶子翻过来，需要具备的条件有哪些？（须分别从集体和个人的角度思考）

请根据上述问题，汇总本小组的"心"路变化关键词，然后分享展示（请各大组在3分钟内在卡纸上尽可能多地写下相关名词或短语）。

6. 教师小结

通过这样的活动体验，相信大家更加能够体会到，面对困难和挑战，我们必须能够团结一致，通过我们每个人的坚强和努力去勇敢面对，最终一定可以扭转乾坤，战胜一切困难。

第五章
活动悟德：三品德育之果

　　活动建设对于三品德育至关重要。通过参与各种活动，学生不仅可以接受道德的浸润，还可以发展多种能力和品质，将道德认知转化为具体行为，培养品格、品行和品位。同时，班主任应引导学生走出校园、走向自然、走向社会，让学生从社会生活中感受并汲取营养。通过这样的体验，能够让学生增强对社会的责任感、培养创新精神和实践能力，为未来的发展奠定扎实的基础。

第一节　"莲"动雅行之传统活动

　　"莲"动雅行之传统活动以莲文化为基础，结合三品德育，旨在培养学生的"品格、品行、品位"，同时，借助莲花的崇高品质，如高洁、纯净和充满生命力，培养学生正直、宽容和勤奋的品德，传递尊敬他人、自律自强和团结互助的品质。

一、"莲"动雅行之传统活动的意义

　　"莲"动雅行之传统活动在文化传承、团队建设和情感交流等方面具有重要的意义。它们帮助人们传承自己的文化传统、培养团队合作精神、促进人际关系的发展。这些活动通过在班级里提供共同的目标和情感体验，促进了学生

之间的交流和团结，以及个人和班级的发展。

在文化传承方面，传统活动是文化的重要组成部分。通过参与"莲"动雅行的传统活动，学生能够接触、体验和传承自己的文化价值观、习俗和传统知识。传统活动代表了对莲文化的传承和推广，可以增强学生对文化的自豪感。

在团队建设方面，传统活动发挥着重要作用，学生需要相互协作、相互支持才能完成活动的各个环节。在这个过程中，通过学生共同设定目标、分工合作和克服困难的经历，增强了团队精神和团结协作的意识。

在情感交流方面，传统活动为学生提供了一个平台。在参与传统活动的过程中，学生能够与他人分享快乐、体验挑战和克服困难。这种共同的经历和情感体验加强了学生之间的人际关系，培养了情感共鸣，增加了学习的乐趣。这些积极的情感体验对心理健康和幸福感的提升有着正面影响。

二、传统活动与三品德育的融合

"莲"动雅行之传统活动包括志愿服务、道德故事分享、班级生日会、女（男）神节、运动会、文艺晚会、班级合唱、国学朗诵、暖心见面礼、开学礼、成人礼、元宵节、百日誓师、散学礼、班主任节等。基于三品德育理念，这些传统活动不仅在文化传承、团队建设、情感交流等方面具有重要的意义，同时也能更全面地促进学生的品格、品行和品位的培养。

在品格方面，这些传统活动可以培养学生的道德品质和人格特质。通过暖心见面礼、生日会、女（男）神节等活动，学生将学会更好地表达对他人的关爱和祝福，这能够扩展他们的情感世界，激发他们的善良品格。开展志愿服务或道德故事分享，激励他们树立正确的道德观念和价值取向。此外，在成人礼、百日誓师等仪式中，可以让学生传承优秀的道德价值观，如诚信、正义、勇敢等，引导学生树立正确的品格观念，塑造高尚的人格。

在品行方面，这些传统活动可以促进参与者的行为规范和社交礼仪。在开学礼、元宵节、班主任节等活动中，可以引导学生尊重他人、礼貌待人、学会感恩，培养他们良好的社交素养。通过散学礼等仪式，可以教育学生端正行为，遵守纪律，以规范的行为表现展示自己的品行美德。

在品位方面，这些传统活动可以培养参与者的审美情趣和文化素养。在女（男）神节、元宵节、文艺晚会等节日活动中，可以组织艺术表演、文化展览等文化活动，让参与者感受美的魅力，还能培养他们的艺术鉴赏能力和文化品位。此外，在百日誓师、成人礼、国学朗诵等庄重仪式中，可以传承传统文化价值观，加深学生对中华文化的认同和理解。

三、"莲"动雅行之传统活动的简介

小荷班传统活动简介

活动名称	设计目的	举办方式	参与规则
志愿服务	培养学生的社会责任感和团队合作精神	学生组织志愿者团队，参与社区或慈善机构的公益活动	学生自愿参与，并按照活动要求完成志愿服务任务，积极与团队成员合作
道德故事分享	培养学生的道德价值观和分享精神	学生分享自己或他人的道德故事与经历	学生根据主题分享道德故事，包括故事的情节、教训和思考。鼓励学生共同讨论并汲取道德故事中的智慧
班级生日会	聚集班级团结友爱的氛围，并庆祝生日	在班级内部以季度为单元庆祝生日的特殊活动	以季度为单位为学生轮流举办生日会，为寿星提供生日礼物、贺卡和祝福。组织各类娱乐活动，如游戏、音乐等，团结班级成员
女（男）神节	表彰和赞美班级的优秀女（男）生	举办一场特殊的庆祝活动，表彰优秀女（男）生	学生通过投票或评选方式选出班级优秀女（男）生，举办庆祝活动并对她（他）表达祝福和赞美。活动中，组织各类表演或颁奖仪式，展示优秀女（男）生的才华和贡献

活动名称	设计目的	举办方式	参与规则
篮（足）球赛	促进体育精神、团队合作和竞技精神	举办篮球比赛，各班级组成队伍进行比赛	班级组成篮球队，参与比赛。通过团队合作和竞技表现展示自己的实力
运动会	提倡身体健康、团结和竞争精神	组织学校范围内的体育比赛和活动	学生参与各类田径、球类或其他项目的比赛，关注团队合作和个人表现
文艺晚会	展示学生的艺术才能和创造力	学生参与各种艺术表演，如音乐、舞蹈、戏剧等	学生组织和参与各类文艺表演，通过音乐、舞蹈、戏剧等方式展示自己的才艺。尊重每个表演者的努力和创意，共同欣赏和享受艺术的魅力
班级合唱	通过合唱爱国歌曲与班歌，培养团队合作精神和爱国情怀	班级学生共同合作选编歌曲及班歌	学生通过合唱表演，展示团队和谐、积极向上和共同努力的成果
国学朗诵	弘扬传统文化、培养学生的国学素养	学生朗诵经典文学作品或传统诗词	学生选择并朗诵国学经典。通过朗诵传统作品，展示对文化遗产的理解和传承
暖心见面礼	让学生感受到班主任的爱，班级的温暖	在三个学段开学第一天给学生送上不一样的礼物	班主任与家委主导，设计具有本班特色的礼物，送给全体学生与家长
开学礼	迎接新学期，树立学习目标和规划	在三个学段以不同形式举行开学典礼，特别策划高三开学礼	学生积极参与，倾听并反思自己的学习态度和树立学习目标
成人礼	标志学生成长为青年，传承传统仪式	举行成人仪式，标志学生的成长和责任	学生参与成人仪式，进行庄重的仪式流程，宣誓对自己和社会负责。成人礼强调学生进入青年阶段，提醒他们承担起更多的责任和义务
元宵节	庆祝元宵佳节，增进团结和友谊	举办猜灯谜活动和元宵晚会	学生参与猜灯谜游戏、品尝汤圆等，增进团结和友谊，加深对传统节日的了解和重视

活动名称	设计目的	举办方式	参与规则
百日誓师	标志高三学生距离高考仅剩百日	高三距离高考百日之际，举行百日誓师仪式	学生通过百日誓师励志活动，感受高三的成长，并为高考最后的百日冲刺定好目标和决心
散学礼	结束学期或学年，庆祝学习成果	举行学期或学年结束的庆祝活动，特别策划高三散学礼	学生参与庆祝活动、分享、游戏等，展示学期或学年的学习成果，回顾成长，感恩陪伴，未来可期
班主任节	每年举行一次，表达感激之情，加强班级凝聚力	开展"九个一"活动、开展专题讲座等	全体学生共同合作完成"九个一"活动，向班主任表达感激和敬意，同时促进学生之间的交流和合作

四、"莲"动雅行之传统活动的案例

（一）小荷班生日会

小荷班生日会是一个以季度为时间节点举行的活动，借助班级家委的力量，为每位寿星送上带有莲文化素材的生日礼物、贺卡和祝福语等，以创造出独具魅力的生日庆祝活动。每个季度的生日会都会设计独特的活动形式，使得班级生日会更加有趣、独特，并且令人期待和难忘。

每个季度的生日庆祝都有自己的独特主题和活动内容，这不仅增加了生日会的趣味性、仪式感和个性化，也增加了班级的凝聚力和情感联结。寿星们在庆祝生日的同时，能够感受到莲文化的魅力和班级的关怀。通过整合莲文化素材，例如莲花图案的礼物、以莲花为主题的贺卡和祝福语等，寿星们将收到寓意吉祥、美好和纯洁的礼物，同时也得到班级的真诚祝福和关心。无论是创意游戏、特别的主题派对还是音乐表演，都能给寿星们留下美好的回忆，并让生日会成为班级中一项令人期待和难忘的传统活动。

小荷班生日会

活动类型	活动内容	活动目的
主题派对型	设定特定的主题，如莲花仙境、莲池舞动等，并要求学生和教师按照主题设计生日派对的LOGO、贺卡与礼物等，准备与主题相关的装饰、音乐和食物，营造独特的派对氛围	引导学生了解和欣赏莲文化，提高对自然之美的认知和欣赏能力。为学生提供身临其境的体验，培养他们对大自然的敬畏和热爱，增强班级凝聚力
惊喜表演型	组织班级同学们进行表演，如舞蹈《莲花开放》、音乐表演、小品等，表达对寿星的祝福和喜悦。邀请特邀嘉宾或教师代表班级进行意外惊喜表演，如表演传统莲花舞蹈等	展示莲文化的艺术魅力，激发学生对舞台表演的兴趣和热爱。增强学生的自信心和表达能力，增进班级同学之间的互动和合作，为寿星带来难忘且特别的生日惊喜
趣味游戏型	设计各类趣味游戏，如莲叶接力赛、莲花"猜一猜"、争抢莲花种子等。根据季节和主题，选择适当的户外或室内游戏，确保活动的趣味性和挑战性	通过游戏的方式，教育学生了解莲文化的丰富内涵和价值观。提供学生参与互动的机会，增加乐趣和欢笑，培养学生的团队合作和竞争意识，增强学生的社交技能和友谊，让寿星度过一个愉快的时光，为其创造美好的回忆
DIY工作坊型	组织各类DIY工作坊，如莲花创意手工制作、莲花绘画、制作莲花糕点等。提供材料和指导，让学生动手参与制作与莲花相关的手工艺品或美食。鼓励学生展示创意和个性，分享自己的作品	培养学生的手工能力和创造力，引导学生学会欣赏和分享莲花文化的艺术之美。为寿星制作独特的礼物，表达对他们的祝福。营造轻松愉快的氛围，让学生享受DIY的乐趣

通过以莲文化为主题的不同类型的生日活动，小荷班的生日会能够为寿星们带来多样化的体验，还能够培养他们对莲文化的了解和兴趣。同时，这些活动也促进了班级的凝聚力和创造力。

（二）小荷班暖心见面礼

小荷班的暖心开学见面礼别出心裁，以高一、高二和高三的开学典礼为时间节点，为学生们准备不同的礼物，以表达对他们的关爱和期待。这些礼物不仅具有实用性，还寓意着学生们在不同年级的成长和发展。

1. 高一年级的暖心见面礼

筑梦新征程，我们一起向未来

青年者，人生之王，人生之春，人生之华也。

我在高中班主任岗位上"站"了整整 16 年，陪伴一届又一届学生走上他们心仪的人生之路，同时，我也完成了一次又一次成长，并深深感悟到：把有意义的事情做得极致点、有意思点，才能走近学生，赢得学生信任，赢得尊严和获得成功。

刚带完 2022 届高三（2022 届是我教育工作生涯中完整的第二届学生），当 2022 年 6 月 9 日最后一个学生的背影在校园门口渐行渐远的那一刻，我不禁感慨：你们的一生，我只送一程；纵然有再多不舍，但车已到站；我将原路返回，来到新高一，对于高一新生入学教育这件事，我从不敢怠慢，并尽可能做得尽善尽美，以实现初高衔接适应教育价值的最大化。在开学前，作为年级德育级长的我从年级层面精心准备送给家长和学生的六件"见面礼"，希望未来三年象贤学子六六大顺。

一是给新生的一封信，主题为"2025 届，我们一起向未来"，用最真诚的语言，表达对学生加盟象贤新团队的欢迎。

二是一张特别的未来号高铁票，"一生一世"的谐音 13 车 14 号是座位号，上面写着"2025 届，我们一起向未来"，承载着 2025 届的追求；票价是，你的未来：尽快适应高中生活，100% 勤奋＋踏实＝潜能＋未来，并且需要学生写上自己的座右铭；高铁票的背面印有三点期待，希望 2025 届象贤学子能走好高中的第一步！

三是一份"名人录"调查表，走近家长，走近学生，问需于学生，问计于学生，以尽可能凝聚共识。

小荷班之名人录

姓名		学号		出生日期		一寸照片
曾担任过的职务		爱好		特长		
称谓	姓名	职业	工作单位	联系电话	用一句话描述你心中的她/他	
父亲						
母亲						
家长希望为班级做哪些服务						
家庭住址						
你的闪光点		给班级取一个班名： 班训：				
对手机使用管理的建议						
你期待我们成为怎样的班级						
你喜欢阅读哪些读物、书刊		你喜欢加入哪些网络群				
当自己违反学校班级纪律时希望老师的处理方法						

续表

在以往班级中觉得有哪些可借鉴的好做法			
我的理想大学		我的座右铭	
喜欢什么类型的班主任（至少写三个特点）			

四是一张特制的班级名片，将其张贴在教室门口，上面有班别、班主任名字、班级目标、班名、班训、班号、班徽及班级大家庭等，期待我们全体同学在班主任的带领下，能做到"自强不息，追求卓越"，一起向未来，未来正到来！

五是给新生开设"心晴加油站"，本期主题为从"心"开启高中新生活，高中生活是焕然一新的，丰富多彩的，也是充满挑战的。面对全新的阶段与挑战，如何快速适应高中生活？本期"心晴加油站"为新高一的同学来支招。

六是一本新生成长入学教育手册，共有四大篇，一是校史篇、二是报道篇、三是制度篇、四是学习篇，通过这本新生成长入学教育手册，能让学生尽快适应高中的学习和生活。

2. 高二年级的暖心见面礼

以青春之名，书梦想之章

高一转瞬即逝，高二的钟声已然敲响。过去的一年，静静回眸，我们的班级经历过风雨，也有所成就，班级同学有的曾为好成绩欢呼雀跃，有的也曾为不理想的成绩黯然神伤，但好坏终究成为过去。高二最美的阳光已悄然洒落在我们身上，高二是高中阶段奋斗的关键时期，我们需要做的是抛弃你所有的忧伤和抱怨，放下你的清高，整装待发，迈出你铿锵的脚步，走出高二的风采。

一是时光邮筒。我们送走了充满故事的高一，迎来了充满未知的高二，送学生一个时光邮筒，请正值青春年少的高二学生正确认识自我，树立心中的理想和目标，并将自己的目标写在卡片上投入邮筒，期待在学期末，当学生再拿出邮筒里设置的目标时，能看到他脸上灿烂的笑容。期待学生心中有梦，脚步坚定，走出属于自己的精彩人生。

二是幸福之扣。这个钥匙扣是由班主任特别制作的，上面融入了班徽和莲花等元素。学生们经常将它扣在书包上作为装饰，象征着班级的祝福。带着这个钥匙扣，学生们每天都能怀揣着我的祝福，充满热情地追逐自己的梦想，走向更加美好的明天。我祝福他们所期望的一切都能如愿以偿，他们的前行之路坦途顺畅，充满喜悦和快乐，心灵常常宁静安详。

三是专属书签。这是我亲笔书写的学生名字专属书签。正面是我用毛笔书写的学生名字，展现了我作为教育者对中华优秀传统文化的重视。一笔一画总关情，用书法书写学生的名字，犹如珍重地呼唤学生，珍惜跟学生日后相处的缘分；背面由学生写下对自己未来一年的期盼与设想，作为对班主任呼唤的回应。寓意为师生同心，其利断金。

3. 高三年级的暖心见面礼

以梦想为帆，以奋斗为桨

设计高三的暖心见面礼，仿佛是一束充满温暖和光芒的鲜花，为学生们的心灵带来绚烂的色彩和芬芳的馨香。这样的礼物，不仅是一份简单的赠予，更是一种意义深远的表达。

这束暖心的鲜花寄托着班级对学生们的关怀和祝福，如同微风拂面时的温柔拥抱，让孤单的心灵感受到温情的呵护。在高三这段压力山重的旅程中，暖心见面礼给予他们无尽的勇气与力量，点燃内心那颗前进的火焰。每一个礼物都蕴含着别样的寓意。

一是梦想成真航空飞机票。我为每位高三学生都提供了一张梦想成真航空的飞机票。这个特殊的礼物象征着他们即将起飞，踏上追寻自己梦想的旅程。这张飞机票将激励他们勇敢地面对高考和未来的挑战，让他们相信自己可以实现梦想。

二是高三成长手册。我特意制作了一本高三成长手册，其中包含了一些实用的学习技巧、及时反思总结、应对压力的方法以及高考备考的建议等。这本手册旨在帮助学生们更好地应对高三的挑战，鼓励他们积极面对学业上的困难，做好高三备考规划，给予学生前行的指南与智慧。

三是理想大学心愿单。我鼓励学生们写下自己对理想大学的期待和愿望，并将其制作成一份心愿单。这份心愿单将成为学生们坚持努力、为之奋斗的目标清单。它将激励学生们在高三阶段全力以赴，为进入心仪的大学而努力奋斗。

四是心仪大学明信片。我为每位学生准备了一张心仪大学的明信片。学生们可以在明信片上填写自己对该大学的期望和祝福，并寄送给自己或者亲朋好友。这张小小的明信片将象征着学生们对未来大学生活的热忱和期待，让他们感受到未来的希望与美好。

五是励志日历。我赠送了一份励志日历给每位高三学生。这个日历上将包含一些励志的语录、名人名言和激励短语，这些励志语录每天都能给学生们提供积极的正能量和动力。这份日历将成为他们每天坚持努力的伙伴，提醒他们保持信心和毅力，不断追逐自己的目标。

六是许愿牌。许愿牌是一道别致的风景，将其挂在走廊的天花板上，让学生抬头就能看到自己的青春。许愿牌作为一项特殊而富有象征意义的活动，成为学生们传递梦想和期望的媒介。通过书写自己的心愿，并将其写在许愿牌上，学生们不仅能够增强自身的动机与自信，还能够建立起愈发紧密的班级凝聚力和归属感。

这些特殊的高三暖心见面礼物，承载着班级和教师们对他们的深情厚谊，能够激励他们积极面对挑战，勇往直前。我们希望向高三学生传递支持和鼓励，激发他们追逐梦想的勇气，并为未来的大学生活做好准备。我们希望每个学生都能以积极的心态面对高三的挑战，为实现自己的理想而努力奋斗。

（三）小荷班高考前暖心祝福礼

璀璨六月，登峰造极

高考前的暖心祝福礼以"七"开得胜为核心，为学生们准备了一系列精心策划的礼品，旨在给予学生力量和祝福，让他们在面对高考的挑战时信心百倍、勇往直前。

一是"袋袋"平安透明文件袋。印有小荷班 LOGO 的透明文件袋，寄寓着平安如意、高考顺利的美好祝愿，同时，祝愿他们充满信心地踏上考场，迈向人生新的征程。

二是 DIY 设计的"十全十美祝福红包"。其中红包封面封底都是由学生们自行设计制作的，封面印有"'象'前冲，必成功；'贤'青年，胜称雄！"这种个性化的红包不仅体现了学生的创造力和心意，也传递了对学生们的美好祝福与温暖力量。

三是"天下第一上上签"。手执此签好运到，金榜题名人成功。象征着对学生们在高考中取得优异成绩的祝福。学生们获得来自祈祷过的祝福和加持，能够激发他们追求卓越、取得优异成绩的动力。

四是金榜题名红手环。这是另一个特殊的礼品，它代表着学生们在高考后能够金榜题名，成就非凡。手环饰有金色和红色，寓意着荣誉与热情，鼓励学生们为自己的理想奋斗不息。

五是印有学校吉祥物的满分钥匙扣。它象征着对学生们取得满分成绩的祝愿。学生们亲自设计和制作的钥匙扣，将学校的吉祥物、班徽与自己的名字联系在一起，寄托着对完美结果的期待和祝福。

六是大红祝福口罩。这是一件重要的礼品，它代表着健康与平安。配备高质量的口罩，学生们可以保持良好的健康状况，充满活力地面对高考，同时也体现了对学生的关怀与呵护。

七是鱼跃龙门福袋。它象征着学生们能够顺利跃过龙门，迎接美好的未来。福袋里装满了对学生们的祝福和好运，希望他们在高考后能够取得意想不到的好成绩，迈向更优秀的人生阶段。

高考前的暖心祝福礼是一场细致入微的关怀，通过精心准备的礼品与祝福，为学生们营造一种温暖、鼓舞和激励的氛围。这些礼品不仅象征着学校和社会对学生们的关心与支持，更寓意着他们在高考中取得巨大成就的坚定信念与努力奋斗。这样的暖心祝福礼将凝聚众多人的祝福与期许，促使学生们在高考的道路上勇往直前，迈向辉煌的未来。

（四）小荷班散学典礼

在小荷班的散学典礼中，我们将结合莲文化，为学生们举办一系列隆重而有意义的活动。从高一到高三，每个年级的散学典礼都将以不同的形式呈现，旨在丰富学生的学习和成长经历。通过莲文化主题的莲韵音乐会、莲语戏剧演出和莲光颁奖典礼等，来激发学生的创造力，培养他们的才华和领导力，并给予他们动力和希望。这些活动不仅能够加强学生对莲文化的认识和理解，还将营造一种积极、庄重而温馨的教育环境，让每位学生在离开小荷班之前都能留下难忘的记忆。

小荷班散学典礼

散学典礼名称	活动内容	活动目的
高一莲韵音乐会	学生进行钢琴、小提琴、笛子等乐器演奏，选择与莲花相关的音乐作品。学生合唱班歌等曲目	为学生提供展示音乐才华的舞台，传递莲花的美和宁静的情感，增加学生的团队协作和个人技巧的培养。为高一学生选科分班留下一段美好的音乐记忆
高二莲语戏剧演出	学生根据莲花相关的剧本进行戏剧排练和演出，如传说中的莲花精、莲花仙子等 莲花文化讲解，解析莲花在传统文化中的地位和象征意义	提升学生的戏剧表演和舞台表现能力，培养表达和沟通能力，提供学生合作和团队协作的机会，探索莲文化与戏剧艺术的融合，传达莲花美和宁静的情感
高三莲光颁奖典礼	隆重举行颁奖典礼，表彰学生在学业、领导力、社会服务和文化艺术等方面的杰出成就。特邀嘉宾或校友发表演讲，分享他们的成功故事和人生经验。回顾高中生涯，展示学生的成长和进步	环境布置有莲，庆祝高三学生的毕业和成就，让他们感受到肯定与鼓励，激励学生发掘自己的优势和潜力，为未来奋斗提供动力。营造庄重和温馨的氛围，让学生深刻体会到高中生活的意义和收获

通过以上不同形式的散学典礼活动，为每个学生提供一个独特而有意义的结束学期的庆典场合。特别是在高三的散学典礼中，以莲光颁奖典礼的形式，高调表彰学生的成就，并给予他们希望和动力，同时回顾他们的高中生涯，让他们感受到毕业前的重要时刻。

第二节 "莲"动雅行之团队活动

班级团队活动在三品德育中扮演着重要角色。一方面，这些活动促进了学生之间的合作与沟通，培养了团队合作精神和团结意识，加强了他们的集体认同感。通过互动与合作，让学生学会倾听他人意见，尊重不同观点，培养了良好的沟通技巧，并懂得如何发挥个人优势，为共同目标而努力。另一方面，班级团队活动为学生提供了实践的机会，帮助学生将理论知识与实际情境结合起来，培养了其实际操作和问题解决能力。通过反思实践，学生提升了解决问题的能力、创新思维、团队协作能力以及自我管理的技能。此外，这些活动也为学生展示才艺和成果提供了平台，培养了他们的自信心和领导潜力。

一、"莲"动雅行之团队活动的意义

"莲"动雅行之团队活动通过培养学生的品格、品行和品位，有助于他们提升综合素养和全面发展。这些活动为学生提供了展现诚实、合作和尊重等品格特质的机会，培养了奉献、责任的品行品质。同时，团队活动还激发了学生的创造力和主动性，培养了审美能力和艺术修养。

首先，团队活动在培养学生的品格方面起到了重要作用。通过参与团队活动，学生有机会展现出诚实和守信、责任和担当的品格特质。他们需要以真诚的态度与团队成员合作，展示出互谅互让、守信守约的品格，培养高尚的道德价值观。团队活动还要求学生具备坚持不懈、勇于担责的品格特质，帮助他们克服困难，为团队实现共同目标付出努力。

其次，团队活动对学生的品行也有积极影响。在团队合作中，学生需要展现出合作、助人和互助的行为。他们通过共同努力完成任务，表现出团队精神和集体荣誉感，培养了学生的奉献精神和责任感。团队活动还为学生提供了展示自我潜力的机会，鼓励他们发挥个人的优势，以实际行动为他人做出贡献，培养了学生积极向上的品行品质。

最后，团队活动还能够促进学生展现个人品位。在团队合作中，学生面临着各种任务和项目，需要展示对美的追求和独特的审美能力。他们通过精心设计的方案和创意，展示出对艺术和审美的品位，培养了学生的审美能力和艺术修养。团队活动还激发了学生的创造力和创新思维，鼓励他们提供独特的观点和解决问题的方法，培养了独特的品位感知。

二、"莲"动雅行之高一团队活动

由于高一是一个新的阶段，学生来自不同的中学，相互之间可能并不熟悉。首先，可以通过迎新活动、冰破僵局、快速自我介绍、群体拼图、人物宝座游戏、合作小游戏、人物画像等团队活动，旨在促进新生互动与融入，培养团队凝聚力，发掘个性潜能，实现目标导向的成长发展，并营造充满活力的互动氛围。

其次，这些活动还着重培养团队成员之间的凝聚力和团结合作意识，通过合作小游戏和群体拼图等方式，帮助团队成员更好地了解彼此、相互依赖，并共同完成任务。

再次，这些活动也鼓励学生展示自己的个性特点和潜能，例如通过快速自我介绍、人物画像等活动，让其他团队成员了解他们的个性、兴趣和所擅长的领域。同时，这些活动设定的明确的目标和任务，还能够激发学生的动力和积极性，培养他们的问题解决能力、沟通能力和团队合作能力，并鼓励学生反思和总结经验，促进个人成长和进步。

最后，这些团队活动通常设计为活跃、有趣和互动性强的形式，结合游戏、竞赛、讨论和小组合作等多种元素，激发学生的积极参与和互动，营造积极向上的团队氛围。

小荷班高一年级新生破冰活动简介

活动名称	活动步骤	活动设问	活动目的
迎新活动	1. 组织欢迎仪式，介绍团队成员和活动计划。 2. 游走校园，了解学校各场室的位置，熟悉校园环境。 3. 进行团队拓展活动，帮助新生融入团队。	1. 分享一下你的初中经历，对高中生活有什么期待？ 2. 你记住了哪些同学的名字？ 3. 哪位新伙伴给你留下了深刻的印象？请分享一下这位新伙伴让你感动的瞬间。	提供一个友好和温暖的环境，让新生感受到团队的凝聚力和支持。
冰破僵局	1. 通过报数字马上将新生分成若干个小组。 2. 每人交流并了解对方的姓名、兴趣爱好、家乡等。 3. 每组分享他们了解的信息。	1. 哪个同学给你印象最深刻？为什么？ 2. 请将你们小组成员的姓名说出来。	帮助新生相互认识，建立初步的联系和交流，促进团队的凝聚力。
快速自我介绍	1. 每个新生有一分钟的时间自我介绍，分享个人信息、爱好等。 2. 其他成员可向介绍者提问或做简短评论。 3. 每人轮流介绍自己。	1. 你与哪个同学的爱好是一样的？ 2. 从其他同学的介绍中你学到了什么？	让新生展示自己的个性特点，了解其他同学的信息，促进团队中个体之间的相互认识。
群体拼图	1. 准备切割好的图片和对应编号的碎片。 2. 分发碎片并让新生寻找与自己相互关联的同学。 3. 新生合作重新组合图片形成完整的形象。	1. 寻找前、寻找中、寻找后，你当时的心理是怎样的？有什么感受？ 2. 从这个活动中，你有什么启发？	促进小组之间的互动和合作，增进彼此之间的理解和信任，培养团队合作和解决问题的能力。
人物宝座游戏	1. 将椅子排成一圈，并在每个座位上贴上不同的标签。 2. 新生根据自己的兴趣选择座位。 3. 有相同标签的新生进行交流，认识彼此。	1. 请分享一下与你有相同标签的同学的性格特点、兴趣爱好。 2. 你最欣赏他的哪些方面？	帮助新生找到有相似兴趣和特点的同学，增进彼此之间的交流与认识，营造积极的团队合作氛围。

活动名称	活动步骤	活动设问	活动目的
合作小游戏	1. 选择合适的小游戏，并解释规则和目标。 2. 将新生分成若干小组，要求他们合作解决问题或完成任务。 3. 回顾游戏结果，总结合作经验。	1. 如何培养团队合作意识、相互依赖和默契度？ 2. 如何提高解决问题和团队协作的能力？	培养团队合作意识、相互依赖和默契度，提高解决问题和团队协作的能力。
人物画像	1. 每位新生在纸上画出自己的人物画像，包含个人特点和喜好。 2. 分享画作，解释选择的理由和细节。 3. 听取其他人的评论和反馈。	1. 你最喜欢哪个同学的画作？为什么？ 2. 再给你一次自画机会，你想如何完善自我介绍？	促进新生之间的交流和沟通，增进彼此之间的了解，营造包容与友好的氛围。

三、"莲"动雅行之高二团队活动

高二团队活动的特点是以加强团队合作为核心，通过开展绳索游戏、团队迷宫、信任练习、义卖活动、模拟企业、多媒体项目制作和志愿者服务等相对复杂、具有挑战性的合作项目和任务，让学生在团队中密切合作、协调行动，提升解决问题的能力，提高团队合作的效果和成果。

此外，团队活动还注重培养学生的创新思维和创造力，通过创业项目、设计挑战和实践活动等激发学生的创造性思维，培养他们解决问题和做出决策的能力。活动还鼓励学生对自我进行反思，评估个人的角色和表现，提升自我认知和成长。同时，通过设计充满活力和互动性强的形式，如游戏、竞赛、小组合作等，营造积极向上的团队氛围，激发学生的热情和动力。

小荷班高二年级团队活动简介

活动名称	活动步骤	活动设问	活动目的
绳索游戏	1. 将学生进行分组，每组手拉一根绳子，形成一个圈。 2. 要求学生通过变换手势和顺序，在不松开绳子的情况下完成指定的动作或改变形状。	小组成员如何有效地沟通和协作？在面对难题时，团队如何解决问题？团队成员在活动中如何发挥个人优势和承担责任？	学生在团队中体验合作、沟通和领导的重要性。
团队迷宫	1. 设计一个室内迷宫，并在其中设置障碍物和任务。 2. 分组学生，通过团队合作、沟通和决策解决迷宫中的难题。	团队成员如何有效地分工合作以完成任务？在面对迷宫难题时，团队如何协调和找到解决方案？在迷宫中，谁能发挥领导作用并帮助团队成功？	提高学生的团队合作、问题解决和领导能力。
信任练习	1. 提供各种信任练习，如盲人导航、信任背摔等。 2. 分组学生，通过相互依赖和信任完成各个练习。	团队成员如何培养相互信任和依赖？他们如何应对在活动中的困难和挑战？在活动中，谁能发挥领导作用并建立团队的信任关系？	培养学生的团队合作、互助和沟通能力。
义卖活动	1. 学生组成团队，策划和组织义卖活动，如义卖市场或义卖义演。 2. 确定义卖的物品或服务，制订销售计划，并执行活动。	团队成员如何分工合作，协调活动的各个环节？如何更好地与客户和参与者互动并推销产品？在活动中，怎样才能使活动取得成功？	培养学生的企业精神、团队合作和社会责任感。
模拟企业	1. 学生组成模拟企业团队，负责运营一个虚拟企业。 2. 分工合作，进行市场调研、产品设计、销售推广等活动。	团队成员如何在不同部门之间更好地协调合作？如何更好地扮演各自的角色并完成任务？在活动中，怎样才能使模拟企业取得成功？	培养学生的创业精神、团队合作和商业意识。
多媒体项目制作	1. 学生分组，创作和制作短片、广告、宣传品等多媒体作品。 2. 使用多媒体技术和创意进行内容创作和制作。	如何有效地展示和传达信息？	提高学生的创造力、团队合作和表达能力。

续表

活动名称	活动步骤	活动设问	活动目的
志愿者服务	1. 学生组织团队参与志愿者活动,如社区清理、陪伴老人等。 2. 分工合作,为社区提供有益的服务和支持。	如何与志愿者团队协同合作?从活动中你学到了什么?	培养学生的社会责任感、团队合作和公民意识。

四、"莲"动雅行之高三团队活动

高三团队活动的特点在于励志激励、团队合作、心理减压和调整,通过团队拼图游戏、声音合成、报纸塔、动作挑战、人椅、招兵买马、穿龙引凤和不倒森林等活动,旨在激励学生在高三阶段面对学业压力和挑战时保持积极的心态。通过邀请成功人士、校友或专业人士分享经验和故事,并提供正面的励志信息,鼓励学生保持积极的心态。通过游戏、表演、体育活动等形式,学生们可以排解压力和释放情绪。同时,团队活动还包含心理辅导和调整的元素,通过心理讲座、心理咨询或小组讨论等活动,学生了解压力管理技巧、积极思维方式和应对策略,有效地帮助学生客观面对高三阶段的学业和压力。

小荷班高三年级团队活动简介

活动名称	活动步骤	活动设问	活动目的
团队拼图游戏	1. 将一幅拼图打乱,分发给团队成员; 2. 要求团队协作,合作完成拼图; 3. 限制时间,尽快完成拼图。	1. 如何协调团队成员之间的行动? 2. 如何有效地分配任务和资源? 3. 如何克服困难和挑战?	加强团队合作和协调能力,培养团队成员间的沟通与合作技巧。

续表

活动名称	活动步骤	活动设问	活动目的
声音合成	1. 将团队分为几组； 2. 每组成员发出特定的声音； 3. 组合各个声音创造出一段乐曲或合成效果。	1. 如何协作来创造与他人声音和谐的效果？ 2. 如何充分发挥个体才能以创造出最佳的声音合成效果？ 3. 如何有条不紊地组织和协调团队的演奏？	培养团队协作和创造力，加强沟通和协调能力，鼓励个体发挥才能和贡献。
报纸塔	1. 将一定量的报纸分发给团队； 2. 要求团队用报纸建造最高的塔； 3. 限定时间内完成建造。	1. 如何分工合作来建造稳固的报纸塔？ 2. 如何充分利用团队成员的创造力和想象力？ 3. 如何克服时间压力和塔的不稳定性？	培养团队合作和问题解决能力，激发创造力和想象力，加强团队成员之间的交流和协调。
动作挑战	1. 提供一系列动作挑战任务； 2. 团队通过完成任务来晋级； 3. 最终完成挑战任务。	1. 如何通过团队协作来应对各个动作挑战？ 2. 如何分配任务和资源以高效完成任务？ 3. 如何克服挑战和困难？	培养团队合作和协调能力，激发团队成员的积极性和竞争意识，增强团队的执行力和抗压能力。
人椅	1. 团队成员之间背靠背形成人椅； 2. 要求一个成员爬到最高点； 3. 全队保持平衡并稳定不倒。	1. 如何有效分工和合作以构建稳定的人椅？ 2. 如何协调动作和重量分配，以保持平衡和稳定？ 3. 如何克服高度和重心的挑战？	培养团队合作和沟通能力，加强团队成员之间的互信和团结，提高问题解决和协调能力。
招兵买马	1. 表演团队分配给每个成员一个角色； 2. 进行一些表演和情景模拟； 3. 要求团队成员合作完成任务。	1. 如何合理分配角色和任务，使团队的表现效果最大化？ 2. 如何协作来展示团队的协调和默契？ 3. 如何克服表演的挑战和困难？	培养团队协作和角色扮演能力，加强沟通和协调，展示团队的创造力和表演才能。

续表

活动名称	活动步骤	活动设问	活动目的
穿龙引凤	1. 团队成员排成行列，手拉手形成龙； 2. 快速转身，改变方向； 3. 调整节奏，加入其他形式的舞蹈或表演。	1. 如何保持节奏和步调一致，以确保团队的衔接和协调？ 2. 如何快速调整方向和舞蹈形式？ 3. 如何协作完成优美的舞蹈和表演？	加强团队合作和协调能力，提高团队成员的节奏感和舞蹈技巧，培养团队的表演能力和团队精神。
不倒森林	1. 将一些物体随机分发给团队； 2. 团队合作搭建稳定的森林结构； 3. 保持森林结构稳定不倒。	1. 如何有效分工和合作以构建稳定的森林结构？ 2. 如何平衡重量和形状，以保持森林结构的稳定性？ 3. 如何克服挑战和困难，使森林结构不倒？	培养团队合作和问题解决能力，激发创造力和想象力，加强团队的执行力和抗压能力。

第三节 "莲"动雅行之生涯活动

基于北师大方晓义教授提出的"5L&5S"[①]生涯发展理论开发研究的"莲"动雅行之生涯活动路径，从适应社会生活、适应高等教育、适应未来的职业发展"三个适应"寻求价值认同，从学生终生的发展去布局和思考，满足学生发展的多元需求，引导学生基于一生的发展去思考当前的学习与生活，让学生学会从"困惑—认知—探索—拓展"层层深入，从实践活动中深化拓展，实现能力提升，增强生涯规划意识，将眼下的学业、个人素养的获得与未来职场发展

---

① 5L是指学会做人、学会健康、学会学习、学会生活和学会工作；5S第一步是指生涯需求评估，第二步是生涯活动课程的构建，第三步是生涯活动课程的实施，第四步是生涯活动课程的效果评估，第五步是生涯活动课程的总结。

结合起来。

从当初起步生涯教育，旨在帮助那些学习动力不足、对未来迷茫无助或有其他心理问题的学生的同时，让更多的高中生拥有清晰的未来规划，以此激发和保持学生的学习或发展动力，让他们有能力实现梦想。16年的探索实践，让我有了更多发现和体悟，越来越真切地体会到生涯教育的价值。从教育发展背景看，生涯教育的发展适逢其时。

一、"莲"动雅行之生涯活动的意义

2020年教育部新修订的《普通高中课程方案》强调"学校应建立学生发展指导制度，组建专门队伍，加强对学生的理想、心理、学业、生活、生涯规划等方面的指导"。为了体现和适应这些新的思考和需要，班主任需要通过生涯校本课程指导学生发现自我潜能优势，大胆进行生涯探索，智慧做出生涯选择，培养提升以"选择"为核心的学习和人生规划，助力学生顺利走好高中学段和未来的人生幸福之路，进而实现人生的理想。"莲"动雅行之生涯活动对学生现阶段和未来具有重要的意义和影响。

（一）激发学生的动力和兴趣

当学生有机会参与自己感兴趣的领域或行业的实践和探索时，他们可以亲身体验所学知识在实际应用中的价值和意义。这种亲身体验不仅能够激发学生对学习的兴趣，还能够点燃他们追求知识的动力。通过与行业专业人士的交流和合作，学生可以了解到该领域的各种职业选择和发展机会，从而更加明确自己的学习方向和目标。

参与生涯活动还可以帮助学生认识到学习的实际意义和应用价值。他们可以将课堂上学到的知识与实际情境相结合，了解学习的内容如何与实际生活和职业需求相连，从而增强对知识的兴趣和投入度。这种实践与探索的过程能够激发学生的好奇心和求知欲，让他们主动地深入学习，并积极寻求解决问题的方法和策略。

此外，生涯活动还为学生提供了与同龄人和专业导师合作的机会。在团队合作和探索的过程中，学生可以学会倾听、交流和有效合作，以培养他们适应社会环境和团队合作的能力。这种实践经验可以激发学生的自信心和自主学习能力，让他们更有动力去追求自己的兴趣和目标。

（二）帮助学生发现潜能和兴趣

参与生涯活动给学生提供了一个开放的平台，让他们能够广泛地接触各种领域和兴趣项目。在这个过程中，学生有机会尝试新的经历和角色，从而发现自己的潜能和优势。例如，一个学生可能会参与学校的科学俱乐部活动，并发现自己对实验和研究方面有浓厚的兴趣和天赋；另一个学生可能会加入学校的音乐团队，发现自己在音乐创作和表演方面有出色的才能。

生涯活动也能帮助学生更加深入地了解自己的兴趣和倾向。通过与专业人士交流、参观实践机构和公司，学生能够亲身体验到不同行业的工作环境和职业要求。遇到感兴趣的领域时，学生可能会受到激发，发现自己对特定行业或职业的兴趣和热情。这种自我探索的过程有助于学生更准确地了解自己的兴趣爱好，并为未来的职业规划提供有力的参考。

此外，通过参与生涯活动，学生还能够接触到不同的角色模型和导师，他们均在各自领域取得了成功。这些榜样的存在可以激发学生的积极性和动力，帮助他们以更加积极的态度面对学习和挑战。学生可以从他们的经验和智慧中获得启发，深入了解所感兴趣的领域的要求和机遇，为个人成长和职业发展做好准备。

（三）提供实践机会和职业导向

通过生涯活动，学生有机会参与实践性的项目和工作场景，从而获得实际经验和职业导向。例如，学生可以参与职业实习或实践课程，直接投身于特定行业或领域的工作环境中。在这样的机会中，学生能够与职业人士合作并从他们身上学习实际工作技能和行业知识。

通过实践机会，学生能够真实地了解一个职业的工作内容、责任和挑战。他们可以亲身体验这个职业的日常工作，理解需要具备的技能和素质。这有助于学生更加准确地评估自己是否适合从事该职业，并为未来的发展制定明确的职业目标。

此外，生涯活动还为学生提供了职业导向的支持和指导。学生可以获得有关就业市场和职业发展的信息，了解不同领域的就业前景和趋势。他们可以与行业专业人士进行交流，咨询有关职业规划和发展路径的建议。这些机会能够帮助学生更好地了解职业选择的可能性，为未来的就业或高等教育做出有根据的决策。

（四）培养学生的综合素养

生涯活动注重培养学生的综合素养，包括解决问题的能力、团队合作能力、沟通能力等。通过参与各种生涯活动，学生可以发展这些重要的技能和能力，为未来的学习和职业生涯做好准备。

培养学生的综合素养是生涯活动的关键目标。通过生涯活动，学生得到了解决问题、团队合作和沟通等方面的宝贵机会。他们面对各种问题和挑战，在分析和解决问题的过程中培养了自身批判性思维和创造性解决问题的能力。同时，与他人合作的经验使他们在团队工作中变得更加熟练，学会倾听和协调分工，从而提高了团队合作能力和人际交往技巧。另外，通过与不同人群交流和表达的机会，学生培养了良好的沟通能力，学会了如何有效传达自己的观点和理解他人的意见。最重要的是，在生涯活动中，学生可以探索自己的兴趣和潜力，并通过与业界专业人士的互动来了解不同的职业领域，帮助他们做出明智的职业决策。综合素养的培养不仅为学生的未来学习和职业生涯奠定了基础，还塑造了他们成为全面发展的个体的能力和特质。

（五）引导学生规划未来

生涯活动可以帮助学生建立明确的未来规划和目标。通过参与各种活动，学生可以逐渐认识到自己的优势和兴趣，并与不同职业领域进行深入的接触和探索。他们有机会与行业专业人士对话，参观实践机构和公司，了解不同职业的特点、发展前景和所需技能。这些宝贵的经验为学生提供了全面的信息和观察角度，能够帮助他们做出明智的职业选择和规划。

生涯活动还可以帮助学生建立明确的目标和规划路径。通过反思自己的兴趣、价值观和潜力，学生能够明确自己想要追求的职业方向。他们可以制订个人发展计划，设定短期和长期目标，并为实现这些目标做出具体努力。此外，生涯活动还能培养学生解决问题的能力和批判性思维，使他们在面对挑战和逆境时能够保持积极的心态，并找到创新和灵活的解决方案。这种能力对于未来的个人和职业发展至关重要。

通过生涯活动的指导和支持，学生能够拥有一个明确的未来规划，并为实现目标而努力。这将给他们带来更加明确的方向，激发内在动力，为高中学段和未来的学习和职业生涯铺平道路。最终，他们将能够实现自己的人生理想，并为社会做出积极的贡献。

二、"莲"动雅行之生涯活动的设计

结合"5L&5S"生涯发展理论，建构本研究的"高中生发展任务层次模式"（如下图所示）。根据"5L&5S"生涯发展理论，引入发展指导评估体系，提高指导实效性，以学生需求为基础，助力课程顶层设计，逐步推进生涯规划工作。围绕生涯唤醒、自我探索、环境探索、生涯决策、生涯管理和生涯实践这一高中生涯发展"路线图"，根据学生发展的需要设计生涯规划的活动课程，不仅仅局限于心理指导，还聚焦高考改革的核心点，着力引导学生答好影响一生的人生选择题——"选课""选考""选专业"，通过自身的观察、体验、研究、实践，特别是职业行业体验，明确自己的生涯目标，自主设计成长发展路径，修习好高中学习，自主进行选课和选考，促进学生全面发展。

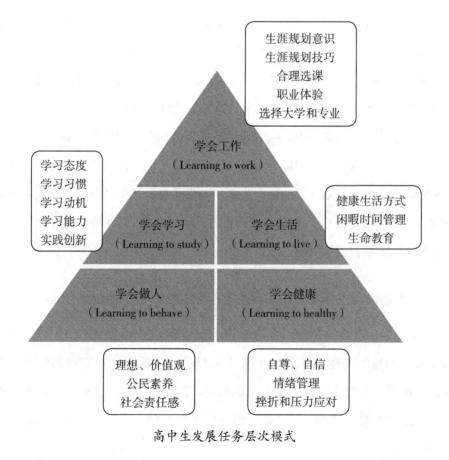

高中生发展任务层次模式

三、"莲"动雅行之生涯活动的建设

在新高考综合改革的推动下，一个既强调共同基础又强调选择性教育的新高中教育时代已经到来！这里的"选择"包括了课程的选择、考试的选择、大学报考志愿和专业的选择、人生的规划。基于5L&5S理论的生涯活动课程旨在帮助学生科学安排自己的高中生活，规划设计自己的人生，并通过努力实现梦想。

秉承"学生全面终生发展"为理念建构生涯课程，形成贯穿高一、高二、高三三个年段完整的"6+3+4+5"生涯规划活动课程体系，学生通过参加高中三年的"6+3+4+5"生涯规划活动课程学习，即围绕生涯唤醒、自我探索、环境探索、生涯决策、生涯管理和生涯实践这六个生涯发展指导模块，每个模块以自主体验课程、主题探究课程和实践活动深化课程这三类课程进行建构，通过生涯困惑、生涯认知、生涯探索和生涯拓展这四个活动步骤，最终培养学生具备五种能力，即自我了解能力、专业认知能力、职业问题解决能力、生涯决策实施能力、生涯规划应对能力，从而引导学生思考和明晰学业指向及未来职业发展的方向。每一位高中生通过三年的"6+3+4+5"生涯活动课程学习，把自己的生涯小船打造成巨轮。

（一）建构自主体验课程，唤醒生涯自主意识

"我是谁？我要去哪里？希望未来有怎样的职业与生活？……"这些生涯发展中的重要问题推动着学生去探索自己和世界，认识自己的个性、智能、兴趣等。了解当今社会发展与职业世界的变化，知己知彼，才能更好地探寻自己生涯发展的方向，因此，班主任需要开展落实好生涯自主体验课程（见下表）。

自主体验课程

高中生涯发展指导模块	生涯活动
生涯唤醒	生涯和生涯规划
自我探索	真实自我早重逢——认识我是谁
	兴趣志趣早了解——解码我的兴趣
	天赋秉性早看到——了解我的性格
	潜能优势早发现——探寻我的能力
	初探我的价值观
环境探索	升学路径面面观
生涯决策	生涯决策初探
生涯管理	成长之路早起航——我的高中生涯规划书

高中的学科学习、学业规划、选课组合和选择大学及专业等，每个节点都面临挑战与机遇。如2022届陈同学在高二时通过"升学路径面面观"自主体验课程后，她了解到除夏季高考外，还有好多种升学途径，于是她在高三备考之余，还准备报考理想大学的强基计划。报名2022年厦门大学强基计划后，她开展复盘反思自己的薄弱科目，而厦大的生物技术专业对理科要求又相对较高。此时，班级团队科任老师与她共同制订了个性化的冲刺计划，她通过明确的升学途径与分析自己的薄弱块后，明确了努力方向，最终如愿以偿考取了理想的大学。

高一的生涯课堂上，一则有关象贤校友何炳林院士的视频激发了部分学生对核物理的兴趣。通过开展解码我的兴趣、了解我的性格、探寻我的能力和初探我的价值观等自主体验课程，帮助部分学生确定了物理学专业研究方向，并进行合理的生涯规划。

通过自主体验课程，让学生了解多渠道的升学路径，认识自己的个性特征、自我的兴趣特点、自我的个人能力等，有助于学生更好地确定未来的发展方向。

（二）建构主题探究课程，提高自主探究能力

在学生的生涯指导上，本着"唤醒心灵""自觉追求""自主探索"的理念，构建了"开启高中生涯—探索大学专业—选科指导—畅想未来之路—生涯行动计划—时间管理"的主题探究课程（见下表），目的是提高学生的自主探究能力，同时，主题探究课程还通过访谈、讲座、经验交流等形式使学生获得相关的间接体验。

主题探究课程

高中生涯发展指导模块	生涯活动
生涯唤醒	开启高中生涯（高中早融入）
环境探索	外部世界早链接——探索大学专业
生涯决策	选科指导
生涯管理	畅想未来之路——生涯目标设定及执行
	生涯行动计划
	时间管理

在主题探究课程"生涯管理"指导模块中的"时间管理"，通过分享两个和尚的生涯故事，让学生思考时间管理有什么用处。其次开展剪纸人生活动，让学生感受在一辈子的时间中，我们有多少时间可以利用，从而引出时间管理的重要性。接着分享时间管理和时间四象限的生涯知识，引导学生利用本课学得的知识去完成"我的时间管理矩阵"。

高中生可以通过哪些努力才能做出智慧的选择？如何选择适合自己的职业？如何选择专业？主题探究课程旨在引导学生围绕职业、专业及大学等进行

探究，让学生尝试着将视野投向未来，直面自己做出的方向抉择，关注职业，关注专业，关注大学。

（三）构建实践活动课程，丰富社会实践经历

围绕着生涯唤醒、环境探索、生涯实践这三部分生涯发展指导模块，让学生充分了解自己、了解职业后，通过实践活动进一步了解自己的目标大学、长辈的职业特点及家庭环境与自身的关系，开展"采访成功校友活动""职场体验""模拟招聘会""走出学校，体验父母的职业""各年级寒暑假生涯＆劳动实践"等系列生涯实践活动课程（见下表），让具有不同性格特质、不同家庭成长背景的学生尝试规划自己的未来，学会选择更适合自己发展的方向。通过系列的生涯实践活动，让学生更充分地了解自我，认识自我，成就精彩的未来。

实践活动课程

高中生涯发展指导模块	生涯活动
生涯唤醒	"走进高中，规划三年"——生涯规划实践之采访成功校友活动
环境探索	外部世界早链接——走进大学，探索大学院校专业
	"走进职场，美丽人生"之体验模拟招聘会
	社会资源早知晓——人物职业访谈
	探索社会职业，职业生涯体验
生涯实践	高一寒假生涯＆劳动综合实践
	高一暑假生涯＆劳动综合实践
	高二寒假生涯＆劳动综合实践
	高二暑假生涯＆劳动实践
	高三寒假生涯＆劳动实践
	高三暑假生涯＆劳动实践

学生在深入职业体验之前，通过职业访谈、走进大学、模拟招聘会等活动，让学生对喜欢的行业、职业有个初步的感性认识。由此，开启学生对职业生涯的探索，结合生涯课程让学生对于生涯探索有更深入的了解。在这基础上，学生利用假期社会实践活动对于职业有更直观的感受。生涯规划实践活动课程中的"探索社会职业，职业生涯体验"是指全体学生跟随长辈去单位进行职业体验，开展个性化的暑期实践，走上长辈的工作岗位，体验长辈的职业，帮助同学们进行职业探索和职业环境认知，了解目标职业的用人要求和能力、素质要求，了解目标职业的现状和发展前景，明确自己的发展方向。

四、"莲"动雅行之生涯活动的模式

生涯活动课程以自主体验课程、主题探究课程和实践活动深化课程这三类课程进行建构，每个课程构建了生涯困惑—生涯认知—生涯探索—生涯拓展的"四位一体"活动模式，此模式不仅引领学生探索自己和生活，明确发展路径或目标，而且将人生终生发展管理作为重要的组成部分。其中生涯困惑是根据活动主题提出学生成长的疑问或由身边的故事引发思考；生涯认知是解决学生的困惑及相关概念的阐述；生涯探索是通过系列的探索活动，引导学生通过活动去初探生涯、解惑生涯；生涯拓展是对本活动的延伸，进一步将实践活动进行总结并应用到当下，是生涯活动课程的有效补充。下面以生涯活动的"高中早融入"为例。

第一步，生涯困惑：这部分分享了一个无助学生的一封求助信，体现在校园环境的不适应、学习难度大、作业做不完、新同伴之间不能很好地相处等问题。学生将困惑展示之后，生涯导师给出相应的建议：面对新环境的挑战，有人畏缩不前，有人迎难而上，有人焦虑不安，有人乐观开朗。只有主动应对、积极应变，才能帮助你迅速适应新的身份和环境。

第二步，生涯认知：这部分分享了什么是适应？来自新高一的挑战有哪些？面对全新的高中生活，你准备好了吗？通过概念的解读及初步认知，从而引出第三部分。

第三步，生涯探索：通过活动一问卷调查"测测你的适应能力"，对照自己的分数解读，分析自己的适应状况，并罗列下一步的行动计划；通过活动二"契约树"，小组讨论，列出 3～5 条具体的、可执行的班规，并在全班进行投票选择，把最终商量后的班规写在契约树上，共同遵守班规和守护这棵树，让它枝繁叶茂。

第四步，生涯拓展：通过拓展一"角色扮演"，回应第一步的生涯困惑中展示的一封高一新生的求助信，信中的女生遇到了一些难题。现在，这位女生来到了心理咨询室，如果你是心理老师，你会怎样帮助她呢？和你的同桌讨论一下，针对各个问题提出解决方案，并尝试一下角色扮演。通过拓展二"发现资源"，要让自己能如鱼得水地融入高中学习，收获学业进步和自我成长，就需要发现和使用好各种资源，并填写相关的表格。

通过以上四个活动步骤，让学生能够更好地融入新环境，掌握新的学习和生活技能，积极应对每一次机遇和挑战。同时，还可以帮助学生顺利度过这一关，成为一名快乐、自信、达观的高中生。

开展生涯规划活动课程的目的并不仅仅是就业指导，而是通过帮助学生对当下和未来多元丰富的职业世界的了解，为学生提供丰富的、多元的场景，让学生在了解未知世界的同时更好地了解自己，在多元的思考中提供多元的选择，促进学生自我认知，最终指向于提升学生学会选择的能力，增强学生对未来职业进行规划的能力，从而有效提高学生对当下学业规划的能力。

五、"莲"动雅行之生涯活动的案例

在国庆、寒暑假期间，我们将组织一系列生涯实践活动，旨在帮助学生规划未来、选择适合自己发展的方向。这些活动将针对不同性格特质和家庭成长背景的学生，通过生涯实践课程，让他们更全面地了解自我，认识自我，并为实现精彩的未来奠定基础。在寒暑假实践中，我们将为学生提供个性化的参与机会，让学生亲身走进长辈的工作岗位，体验他们的职业。这样的体验不仅有助于同学们进行职业探索和认知职业环境，还能让他们了解目标职业的用人要求、所需的能力和素质要求，以及目标职业的现状和发展前景。通过这样的实践，学生将能够更加明确自己的发展方向，并为未来的职业选择做出更有针对性的决策。

这些假期生涯实践活动的作用是多方面的。首先，它们为学生提供了实践的机会，让他们在真实的职业环境中亲身体验，从而更加深入地了解不同职业的特点和要求。这有助于学生形成更清晰的职业观念，帮助他们培养职业意识和职业素养。其次，这些活动也帮助学生发展关键的能力和技能。通过参与实践活动，学生将提升沟通能力、团队合作能力、问题解决能力等重要的职业技能。同时，他们还能够增强自信心、发展自主学习的能力，为顺利进入未来的职业领域打下坚实的基础。

此外，寒暑假生涯实践活动还激发了学生的学习兴趣和动力。通过亲身参与和实践，学生将更加深入地了解各个职业领域，并探索自己的兴趣爱好和天赋所在。这有助于激发学生的内在动力，促使他们更有目标地学习和发展，为未来的职业道路发展做好准备。

（一）高一国庆假期生涯实践活动作业

"走进高中，规划三年"之采访优秀校友活动

我们已经踏入象贤中学一个月了，你的学习方法、生活习惯等适应了吗？身为勇于担当、追求卓越的象贤学子，请利用国庆假期采访一位成功校友或师兄师姐，他们经历过高中的紧张氛围，最终考取到好的大学，肯定在高一就已经开始规划自己，通过此活动，希望同学们能少走弯路，做到"走进高中，规划三年"：

1. 端正学习态度：真正让人变好的选择都不太舒服。与其空虚、懒惰，不如通过自律改变自己。

2. 做一个有规划的人：走进高中，规划三年，建议2025届的象贤学子作为小记者采访一下已经考上重本大学的优秀高中毕业生——过来人支招。

3. 将采访内容进行简单笔录，采访内容或采访问题按照你个人学习需要进行设置，可以拍一个视频或几张照片，采访结束后有三个任务，一是填写采访表，填写采访表时要求图文并茂，建议将采访过程的图片晒出来，贴在采访表中；二是为自己制定一份高中三年规划及确定自己高一的学习奋斗目标；三是为自己写一封信——致三年后自己的一封信。

4. 假期后将视频或照片（二选一）、采访表格、"走进高中，规划三年"之采访成功校友活动规划上交给班主任，并设计一份简单的PPT，在假期回来的班会课上进行分享。国庆假期回来的当天晚修交齐。班级、年级统一进行评奖，该作业成绩算入研究性学习课程学分。

"走进高中，规划三年"之采访成功校友表格

学生姓名		学生所在班别	
采访人姓名		采访人高考成绩	
采访人所在学校		采访人所读大学	
采访内容	（自己提前想好要采访的问题，按照自己学习上的需要进行提问，如：1. 我的数学成绩比较薄弱，高一应该怎样学习才能更好地提高此科目成绩？2. 高一如何规划才能适应学习节奏？……）		

"走进高中，规划三年"之高中学习规划

1. 我的目标大学：_____ 心仪专业：_____

2. 目标大学最低录取分：（自己上网查了再填写）_____

3. 我的入学成绩：_____

4. 我高一第一次大考（期中考）的目标

高一第一次大考（期中考）的奋斗目标

	语文	数学	英语	物理	化学	生物	政治	历史	地理	总分	级名
高一中段考目标分数											

5. 我高一的学习规划：

_____

_____

6. 致三年后自己的一封信：

_____

_____

（二）高一寒假生涯实践活动作业

盘点 2022，追光 2023

第一部分：悦纳自我

一、盘点 2022

若喊一句"2022 请回答"，你交出了怎样的答卷？

2022，我在哪些方面成长了？ 1. 2. ……	2022，我获得的荣誉 1. 2. ……
2022，值得我高兴与铭记的事件 1. 2. ……	2022，我的遗憾…… 1. 2. ……

第二部分：完善自我

我们的建议：

1. 以新春佳节作业为时间节点，请安排好年前学习与生活时间。

2. 行万里路，读万卷书。我们的学习形式是多种多样的，寒假应当安排丰富多彩的活动，多看、多听、多思、多想。但是一定不要荒废了时间，尤其不要在旅途中只享受"游戏"和"手机"，与人交流，参加实践活动更是一种"享受"。

3. 寒假不要暴饮暴食，作息一定要有规律，不要破坏了良好习惯。及时调整状态，尤其是在开学前一周，作息的调整、心态的调整、学习状态的调整都很重要，要以最饱满的状态迎接新的学期。

二、追光 2023

1. 我的寒假目标是：_____

2. 2023 年我的目标是：_____

根据我们的建议，你和父母一起商量的寒假计划：

第一阶段	第二阶段	第三阶段
月 日一 月 日	月 日一 月 日	月 日一 月 日
主要安排	主要安排	主要安排

第三部分：发展自我

亲爱的同学们：

虎越雄关踪影去，兔临春境晓光新。在过去的一年里，大家展示出了虎虎生威的气势，在学习、生活、运动、才艺等方面都收获了累累的硕果。踏着2023 年新年的鼓点，我们迎来了又一个寒假。为了让大家度过一个充实、快乐、有意义的假期，高一年级精心准备了一份专属寒假的实践活动作业。如果你们想让自己的假期能"兔"飞猛进，那就赶快来大展宏"兔"，接受任务挑战吧。

核心素养	作业内容	作业形式及要求	评分标准	自评分	家长评分	老师评分	附加分	总分
健康生活	规律作息	7：30 前起床，每天 23：00 前睡觉。	1. 满分 100 分。 2. 每一天没做到其中一项扣 1 分。 3. 孩子和家长自己打分。					
	坚持运动	每天坚持运动 0.5~1.5 小时。						
	合理使用手机与电脑等电子产品	每天使用手机与电脑等电子产品不得多于 2 个小时。						
责任担当	1. 做家务	参与一次家庭大扫除。(见附录 1)	1. 没有标明"选做"二字的，都为必做内容。 上交作业方式：建立 xxx(姓名)文件夹。命名图片三张（准备、过程、结果）、命名小视频一段（3 分钟）。 2. 每个项目满分 20 分。 3. 以上 1~5 项目可以选择其中的一项写 500 字左右的感受（写在附录 1）。 4. 其中项目 4、6（500 字左右感受与规划）是必写的。注：完成一篇感受或规划可以加 10 分，不封顶。					
	2. 做饭	为年夜饭至少煮一道家常菜。(见附录 1)						
	3. 志愿服务	参加社区志愿工作（垃圾分类等），提交服务证明。(见附录 1)						

续表

核心素养	作业内容	作业形式及要求	评分标准	自评分	家长评分	老师评分	附加分	总分
实践创新	4. 访谈一位亲友，了解一份职业	访谈一位职场人士（可以是父母、亲戚等）。（500字左右感受必写）（见附录2）						
	5. 媒体制作（选做）	形式不限、主题为"品一份年味，享传承力量"。（见附录3）						
学会学习	6. 制定一份学习规划，并完成学科作业	制定一份学习规划（见附录4），按照附表各学科学习要求，完成各学科的学习任务。						

年级奖励措施：

1. 每班按照得分高低评出一等奖5人，二等奖5人，三等奖10人。其分数为下学期的德育考核基础分以及各级推优的参考依据。

2. 上交各项作业的名称均为年级＋班级＋姓名，如：高一（2）班张某某。每班班主任收齐本班材料后，统一放在一个文件夹中，文件夹命名"高一＊班"，上交年级主任。

附录1

2025届象贤中学高一年级寒假德育作业
——劳动课程作业

项目：(　　　　　　　　　　　　　　　　　　　)

记录时间：_____年_____月_____日

和家人一起欢度"中国味·中国年"，贴春联，贺新春；拜大年，送祝福；做年夜饭，品中国年……今年的大扫除怎么做更整洁？今年的年夜饭怎么做呢？同学们可以自行设计一份菜单，与爸爸妈妈一起准备食材，跟家人一起准备年夜饭，并拍照留念，展示一下自己的厨艺，与家人共同品味浓浓的中国年。

劳动者 基本信息	班级： 性别：	姓名： 学号：
记录自己具体做了哪些工作？这道菜的制作过程是什么样的？图片与感想（500字左右）		

说明：附录 1 是项目 1、2、3 中三选一写 500 字左右感受

附录 2

2025 届象贤中学高一年级寒假德育作业

——访谈一位亲友，了解一份职业

同学们：

什么样的人生更加精彩？什么样的人生道路更加平坦？只有使个人价值充分体现的人生，才是最精彩的；只有随着生命延续不断发展的人生，才是最顺利的，我们今天选择文理，规划升学就业，就是在追求更加精彩、更加顺利的发展道路。你对自己未来的就业有着怎样的期待呢？让我们从访谈一位亲友，了解一个职业开始吧！

一、社会实践内容

每位同学在寒假期间，访谈一位职场人士（可以是自己的父母、亲戚等），了解他 / 她所从事工作的从业要求、工作内容、薪资水平、未来发展方向等情况。如果条件允许，建议同学跟随该职场人士"上班"一天，亲自体验该职业的工作内容。

根据访谈情况，完成"生涯人物访谈记录表"。

二、访谈指导

1. 礼貌邀请亲友接受访谈，说明访谈的原因和内容，取得同意后再进行访谈。

2. 尊重被访谈亲友的意愿，涉及个人隐私或保密问题时，不要过分追问。

3. 可以用如下问话：

（1）您好，我们学校有一项作业，想让我们了解不同的职业。我对您所从事的职业很感兴趣，您可以给我介绍介绍吗？

（2）您这个工作对从业者有哪些要求？如：要求大学读什么专业？至少要哪个大学毕业？……

（3）您这个工作每天都做哪些事情？

（4）您这个工作不同工作年限（级别）的人，薪资水平如何？

（5）您喜欢这个工作吗？为什么？

（6）您认为这个职业未来的发展情况怎么样？

（7）您有什么建议给想从事这个行业的人？

（8）如果可以的话，我能否跟着您上一天班？我可以做一些辅助的工作。

4. 在征得访谈对象同意的情况下，建议把访谈过程进行录音、拍摄或拍照保存，以更好地进行交流展示。

5. 访谈结束时，感谢被访谈者。

6. "生涯人物访谈记录表"填写完毕后，建议也给被访谈者过目，以示尊重。

生涯人物访谈记录表

记录时间：_____年_____月_____日

记录人 基本信息	班级： 性别：	姓名： 学号：	
访谈时间		访谈地点	
被访谈人 基本信息	姓名： 职业： 从业年限： 职位：	性别：	

访谈过程记录（辅以视频、至少三张照片）（不够地方书写自己可以附页）	
我对该职业的认识和感受	

说明：附录2是必做作业

附录3

2025届象贤中学高一年级寒假德育作业

——品一份年味，享传承力量

请大家用镜头寻找烟火气，以Vlog的形式记录下中国农历新年的"传统年味"。它可以是不同地区的风俗习惯，也可以是各种传统风味的制作，或是代代相传的传统故事等。让我们带着探索的眼睛，把我们中国新年的传统show出来吧！

要求：1. Vlog的长度不多于3分钟。

2. 选材、题目自定。

3. 以MP4的形式上交，文件命名为"班别＋姓名"。

说明：附录 3 是选做作业

附录 4

2025 届象贤中学高一年级寒假德育作业
——高一寒假学习规划表

请自我反思一下自己在高一阶段的学习情况。

1. 自我反思：高一上学期我有哪些地方做得不够好？

_____

_____

_____

_____

_____

2. 为了两年半后考到自己理想的大学，接下来的寒假我的学习计划是什么？（可以自行附页完成）

_____

_____

_____

_____

_____

_____

_____

_____

_____

3. 承诺书

若孩子能按计划实行学习，将进行如下奖励（家长可以与孩子商量）：

_____

若学生不能按计划实行学习，将进行如下惩罚（家长可以与孩子商量）：

_____

学生签名：　　　　　　　　家长签名：

说明：附录 4 是必做作业

（三）高一暑假生涯实践活动

德育实践，"暑"你最棒

亲爱的同学们：

大家好！"荷风送香气，竹露滴清响。"2023 年暑假伴随着夏天的脚步翩翩而至。暑假是放飞心灵的好时光，也是巩固旧知、提升丰富自己的好时机。为了让同学们度过一个充实、快乐、有意义的假期，在过程中享受，在体验中成长，象贤中学 2025 届高一年级为同学们精心设计了暑假德育作业，希望同学们在暑假里不断学习学科知识的同时，也能体验生活的幸福和美好，在各种实践活动过程中坚定做一个爱国爱家、有责任担当、有高尚情操、有健康体魄、有艺术品位的优秀自我。

任务清单

核心素养	作业内容	作业形式及要求	上交形式
运动"暑"你最强	1. 健康生活：放暑假，运动不放假！运动方式由学生们自由选择，每天坚持体育锻炼半小时，选择一项或多项喜欢的运动项目参与（篮球、足球、乒乓	（必做）亲子锻炼，共同成长，增进交流，将不同形式的运动进行拍照或拍摄视频（以照片形式上交的需要将不同形式的运动图片拼成一张照片，以视频	8 月 30 日前将编辑好的图片或视频扫码上传，上传文件以"高一（ ）班+姓名"形式命名。完成此任务的学生可获得 2 学分，并评选优秀奖。

核心素养	作业内容	作业形式及要求	上交形式
运动"暑"你最强	球、羽毛球、太极、竞走、慢跑、游泳、武术、体操等）。暑假期间，至少进行3种不同形式的运动。	形式上交的将不同形式的运动拼成一个2分钟内的大视频）。	
社会实践"暑"你最美	2. 志愿服务：为提升同学们的社会参与感、责任感与荣誉感，请同学们积极响应习近平总书记"雷锋精神，人人可学；奉献爱心，处处可为"的号召，积极参与志愿服务活动。如：扶老助幼、社区维护、环境整理、垃圾分类、保护环境等，自行登录，志愿申请。	（选做）以实践报告的形式上交（见附件1，可以在文档中编辑图文并茂，或打印出来撰写并晒出相关图片进行粘贴），实践报告字数控制在300～500字。	图文等实践佐证插入到实践表中（或以PDF形式上交），上传文件以"高一（ ）班＋姓名"形式命名，8月30日前扫码上传。完成此任务的学生可获得2学分，并评选优秀奖。
	3. 劳动实践：习近平总书记说过："人世间的一切成就、一切幸福都源于劳动和创造。"用劳动赋能，点亮学生生命底色。在暑假期间进行家务劳动、做一顿饭、打理家里的花圃、清理田地、种植蔬菜等，担起家庭一分子的职责，感恩父母的辛勤付出、体验农耕快乐，至少进行3种不同形式的劳动。	（必做）以实践报告的形式上交（见附件2），并将不同形式的劳动进行拍照（将不同形式的劳动图片插入文档中），实践报告中需要简述劳动过程及收获，字数不限，文体不限，可以以诗歌等形式呈现。	图文等实践佐证插入到实践表中（或以PDF形式上交），上传文件以"高一（ ）班＋姓名"形式命名，8月30日前扫码上传。完成此任务的学生可获得2学分，并评选优秀奖。
生涯实践"暑"你最棒	4. 走访大学：高一的暑假，来一场特别的旅行。走访大学，需要完成三个任务：网游大学—走进大学—逐梦致远，了解自己未来大学的专业特点，进	（必做）以实践报告的形式上交（见附件3），并将走访大学的过程进行拍照（将图片插入文档中），按照走访大学的三大任务及其指引完成。	图文等实践佐证插入到实践表中（或以PDF形式上交），走进大学打卡最喜欢的景点及采访师兄师姐时可以拍摄视频，上传文件以"高一（ ）

续表

核心素养	作业内容	作业形式及要求	上交形式
生涯实践"暑"你最棒	一步明确自己的奋斗目标大学。		班+姓名"形式命名,8月30日前扫码上传。完成此任务的学生可获得3学分,并评选优秀奖。
	5. 职业体验:"影子行动"——职业体验日,要求学生跟随家长或亲友实地工作体验一天,了解其职业内容与职业状态,体会父母工作的艰辛。	(必做)以实践报告和视频的形式上交(见附件4),并将职业体验的过程进行拍照(将图片插入文档中),实践报告中需要简述职业体验过程及收获,字数500字左右。	图文等实践佐证插入到实践表中(或以PDF形式上交),实践报告与视频分别以"高一( )班+姓名"形式命名,8月30日前扫码上传。完成此任务的学生可获得3学分,并评选优秀奖。

附件1

社会实践"暑"你最美

——象贤中学 2025 届高一年级暑假志愿服务作业

志愿服务项目:(　　　　　　　　　　　　　　)

记录时间:　　　　年　　　月　　　日

为提升同学们的社会参与感、责任感与荣誉感,请同学们积极响应习近平总书记"雷锋精神,人人可学;奉献爱心,处处可为"的号召,积极参与志愿服务活动。如:扶老助幼、社区维护、环境整理、垃圾分类、保护环境等。

温馨提示:

1. 8 月 30 日前将撰写好的志愿服务实践报告(图文结合)以 WORD 文档或 PDF 形式扫码上传,实践报告以"高一( )班+姓名"命名。

2. 志愿服务实践报告比赛:评选30篇优秀报告(一等奖5篇,二等奖

10 篇，三等奖 15 篇），颁发奖状，并编印成册，作为年级学生成长日志，发放给各班。

志愿服务记录表

志愿服务者 基本信息	班级： 性别：	姓名： 学号：
记录自己具体做了哪项志愿服务？志愿服务的过程是什么样的？有什么收获？在相关的志愿服务中插入图片，撰写感想（300 字左右）	（如果表格不足以说明你的认识和体会，请自行另附纸张撰写）	

附件 2

社会实践"暑"你最美

——象贤中学 2025 届高一年级暑假劳动实践作业

劳动实践项目：（   ）

记录时间：   年   月   日至   月   日

习近平总书记说过："人世间的一切成就、一切幸福都源于劳动和创造。"用劳动赋能，点亮学生生命底色。在暑假期间进行家务劳动、做一顿饭、打理家里的花圃、清理田地、种植蔬菜等，担起家庭一分子的职责，感恩父母的辛勤付出、体验农耕快乐，至少进行 3 种不同形式的劳动。

温馨提示：

1. 8 月 30 日前将撰写好的劳动实践表（图文结合）以 WORD 文档或 PDF 形式扫码上传，实践报告以"高一（）班＋姓名"命名。

2. 劳动实践报告比赛：评选 50 篇优秀报告（一等奖 10 篇，二等奖 15 篇，三等奖 25 篇），颁发奖状，并编印成册，作为年级学生成长日志，发放给各班。

劳动实践记录表

劳动实践者 基本信息	班级：　　　　　　　　姓名： 性别：　　　　　　　　学号：
记录自己具体做了哪项劳动实践? 劳动实践的过程是什么样的? 有什么收获? 在相关的劳动实践中插入图片，撰写感想（形式、字数不限，可以以诗歌等形式呈现）	（如果表格不足以说明你的认识和体会，请自行另附纸张撰写）

附件 3

走访大学，逐梦致远

——象贤中学 2025 届高一年级暑假生涯实践活动之"走访大学"

【活动背景】

同学们经过了高一阶段的选课，初步明确了自己的选科方向，对未来的专业走向也有一定的了解，为了让同学们对自己的未来规划更加清晰。我们在这个高一的暑假，来一场特别的旅行。走进大学，进行实地的探访和研学，了解自己未来大学的专业特点，进一步明确自己的奋斗目标大学，提升学生内驱力，为高二的学习注入新动力，在新学年更好地扬帆远航。

【活动形式】

网络搜索实地考察规划自己。

序号	项目任务	内容解读
1	网游大学	确定两所心仪大学，通过网络查询大学的基本概况，具体要求见任务一
2	走进大学	根据了解到大学的基本概况，制定游览路线及想了解的问题采访大学生。具体要求见任务二
3	逐梦致远	根据通过网游与实地参观大学，结合内心感受写心得，再结合大学和现在的学习情况，制订学习目标和计划。具体要求见任务三

【活动评选】

1. 8月30日前将制作好的实践报告（图文结合）以WORD文档或PDF形式扫码上传，走进大学打卡最喜欢的景点及采访师兄师姐时可以拍摄视频，视频及实践报告以"高一（　）班＋姓名"命名。

2. 走访大学三大任务实践报告比赛：评选50篇优秀报告（一等奖10篇，二等奖15篇，三等奖25篇），颁发奖状，并编印成册，作为年级学生成长日志，发放给各班。

3. 走进大学打卡最喜欢景点及采访师兄师姐视频比赛：结合视频质量及效果，选出20个优秀实践视频参加校级现场演讲比赛。

4. 校级现场演讲比赛：20个晋级学生在报告厅参加比赛，根据参赛者的现场表现，评选出一等奖3个、二等奖5个、三等奖12个，颁发奖状，并分别奖励不同层次的奖品。

5. 作品获奖者可以加入象贤中学首届生涯社社团。

【活动内容】

请同学们认真完成以下三大任务。

任务一：网游大学

确定两所心仪大学，通过网络搜索、询问学长了解大学相关情况，并填表。

网游大学记录表

学生姓名		班别	
大学名称	大学1：_____	大学2：_____	
大学简介（国内排名、所在城市、办学特色、师资力量、博硕点、专业设置等）			

续表

本大学最强的专业				
最喜欢的专业及原因				
我最喜欢的专业	专业介绍			
	本专业大学学习科目			
	本专业大学需要考的证书			
	本专业就业方向			
本专业近三年录取分数及排名	2021 年			
	2022 年			
	2023 年			
我想了解的问题		（1） （2） （3）		（1） （2） （3）
该大学我认识哪些校友或亲朋好友				

任务二：走进大学

到你心仪的大学去实地考察，是了解该大学最好的方式。

（温馨提示：参观大学前记得预约，最好找到认识的亲朋好友或学长带领参观）

1. 在该大学的图书馆泡上半天，观察周围的大学生的行为，记录下来。

2. 到该大学的学校饭堂吃上一顿饭，写下你的感受，有关环境、伙食、学生表现等。

3. 设计一份大学生访谈表，针对你想了解的该大学的情况，对该校的在校大学生进行一次深度访谈。

访谈可以从以下几个方面开展：

（1）学长，你所在的是什么学院？

（2）报考什么专业可以进入该学院？

（3）高中阶段的你是怎样规划学习才考上这所学校的？

（4）在大学里，你觉得应该注重哪些方面素质的培养？

（5）对于即将成为高二学生的我，你有什么建议？

参观大学后请填写下表：

走进大学任务表

学生姓名		班别	
大学名称	大学1：_____	大学2：_____	
打卡图书馆（介绍及照片）			
打卡饭堂（介绍及照片）			
打卡该大学我最喜欢的地方（介绍及照片）			
打卡我最喜欢的专业所在的学院（介绍及照片）			
学长给我的建议			
参观感受（100字左右，可以附页）			

任务三：逐梦致远

学生姓名：＿＿＿＿＿＿＿　　　班别：＿＿＿＿＿＿＿

（一）确定我的理想大学

经过了上面的访谈，我心目中理想的大学是＿＿＿＿＿＿＿＿＿＿＿＿＿

专业方向	1	2	3
对应专业能力			
我所达到的专业能力			

（二）我的情况分析

	语文	数学	英语	物理／历史	选科一	选科二	总分
高一期末考成绩及排名							
高二目标成绩及排名							
暑假需要提高的知识点或能力							

（三）高二新学年的目标设定

学年	学期	目标内容	内外困难	达成目标的策略	具体的管理措施（至少写三点）
高二学年	第一学期				
	第二学期				

附件4

初试职场牛刀，踏出梦想第一步
——象贤中学 2025 届高一年级暑假生涯职业体验之"影子行动"

【影子背景】

古人云："实践出真知。"社会实践已成为越来越多高校自主招生、三位一体考核的重要内容之一。为了帮助同学们进一步拓宽视野，增强对不同行业、职业的了解，探索适合自己并感兴趣的行业、职业，从而做好生涯规划，象贤中学 2025 届高一暑假生涯职业体验之"影子行动"，即跟随家长或亲友工作一天，真正走进职场，走入社会，亲身感受职场氛围，通过观察聆听，甚至实践参与，真切地了解特定职业的要求、环境、内容等，让自己和职业世界连接起来，增进生涯体验，进而规划精彩人生。

【影子计划】

（一）前期准备：

1. 与父母或亲友沟通，商量此次活动的可行性，说明体验的目的和自己的想法。

2. 得到同意后，选择一天（或多天）跟随父母或亲友走进他们的职场。

3. 可以事先查找与其职业或单位有关的信息。

4. 准备合适的着装，作为象贤中学的代表，要注意自己的一言一行，大方得体，不做不文明的事情，不说不文明的话，维护象贤的社会形象。

5. 准备用于记录的工具，如纸、笔、手机（拍摄、录音），但一定要先征得对方同意方可记录。

（二）过程要求：

1. 根据父母或亲友的工作性质决定实际参与的程度，如不便参与的，可从旁观察。

2. 用影像、文字或录音叙述的方式尽可能详细地记录父母或亲友的工作过程。

3. 了解父母或亲友处理工作问题的方式、人际交往方式等。

4. 如能参与工作，须认真尽责。

5. 记录过程中关于工作的疑问并向父母或亲友提问。

6. 一切以安全为前提，一切安全责任由学生和家长负责。

7. 要正确认识职业体验对自身成长和发展的重要性，把握这次难得的体验机会，全身心投入到职业体验活动中。

（三）考核评选：

1. 8月30日前将制作好的视频、实践报告（图文结合）以WORD文档或PDF形式扫码上传，视频及实践报告以"高一（ ）班＋姓名"命名。

2. 生涯职业体验报告比赛：评选50篇优秀报告（一等奖10篇，二等奖15篇，三等奖25篇），颁发奖状，并编印成册，作为年级学生成长日志，发放给各班。

3. 生涯职业体验视频比赛：结合视频质量及效果，选出20个优秀职业实践视频参加校级现场演讲比赛。

4. 校级现场演讲比赛：20个晋级学生在报告厅参加比赛，根据参赛者的现场表现，评选出一等奖3个、二等奖5个、三等奖12个，颁发奖状，并分别为其奖励不同层次的奖品。

5. 作品获奖者可以加入象贤中学首届生涯社社团。

（四）温馨提示：

职业体验过程及心得可以朝着以下几个方面思考：

1. 所从事的岗位中，工作的具体内容，工作时长、强度，以及收入等。

2. 单位里的不同岗位需要的学历是什么？这些岗位的具体工作情况如何？市场的饱和程度如何？对所在单位领导或资深员工进行一次访谈，对该工作有一个详细的了解。

3. 在这次实习中，你的收获是什么？对将来的学习和生活有什么样的启发？在这次实习中你发现自己的不足是什么？或者做得不够的地方是什么？如何在今后的生活中改善？

第六章

协同亮德：三品德育之魂

第一节 共筑"莲"手：家校协同

在当今社会，培养学生的全面素质已经成为教育的重要任务之一。除了专业知识和技能的培养外，品德教育也逐渐受到越来越多人的关注。三品德育，包括品格、品行和品位，旨在培养学生的道德品质、行为习惯和审美素养。然而，单一的学校教育往往难以达到全面发展的目标，因此，家校协同成为一种重要的教育模式，可以更好地促进学生的全面发展。

如今，社会发展日新月异，人们对学生的要求也在不断提高。学生不仅需要具备知识和技能，还需要具备良好的品德和道德素养，以应对现代社会的各种挑战和压力。三品德育便是一种综合教育观念，它将品格、品行和品位相结合，以培养学生全面发展所需的品德素质。品格指的是个体的道德品质、品性和精神品质，如正直、诚实、勇敢等。品行则强调良好的行为习惯和社会交往方式，包括尊重他人、独立自主、积极参与等。品位则关注个人的审美素养，如对艺术、文学和文化的欣赏能力，以及对美的追求和创造能力。

然而，仅仅依靠学校的教育是不够的。学校和家庭是学生成长的两大重要环境，两者之间的协同合作至关重要。家庭是孩子的第一课堂，孩子在家庭中接受的价值观和行为模式在很大程度上影响着他们的发展。而学校作为专业的教育基地，为学生提供了系统的教学和培养环境。将三品德育与家校协同结合起来，可以更加全面地培养学生的品德素养，从而使他们在个人、社会和职业发展中更具优势。通过家校的紧密合作，我们可以为学生创造一个有利于品德培养的教育环境，并帮助他们塑造积极、健康、有责任感的人格，以应对未来的挑战。

一、家校合作：三品德育之协同模式

共筑"莲"手是一种家校协同的教育模式，专注于三个方面的品德育人，包括知、情、意，也可以理解为智育、情感教育和意志培养。这个模式的具体内容包括：

知：知识教育是学校的主要任务，也是家庭的期望。在共筑"莲"手的模式中，学校和家庭共同关注学生的知识水平和学业成绩。学校会提供高质量的教学资源和教学环境，制定科学的课程设置，帮助学生掌握必备的学科知识和技能。家庭应该积极地参与到学生的学习中来，鼓励并监督他们完成作业，为他们提供学习资源和支持，与学校保持密切联系，及时了解学生的学业情况。

情：情感教育强调学生的情感发展和人际关系的培养。学校可以通过课程设置和活动安排，为学生提供情感教育的内容和机会，如情感管理、人际交往等方面的培养。家庭在情感教育中扮演着重要的角色，可以与学校建立密切的沟通和互动渠道，关注学生的情感状态，为其提供温暖和支持，教导他们处理情绪问题、培养积极的心态和健康的人际关系。

意：意志培养是培养学生自律、毅力和坚持不懈的品质。学校可以通过体育活动、课外社团和特殊项目等途径，激发学生的内在动力和自我管理能力。家庭应该培养学生的责任感和自律习惯，引导他们制定目标并坚持努力，帮助他们克服困难和挫折。

在共筑"莲"手的模式中，学校和家庭紧密协作，相互支持，通过定期的沟通、家委会、家访等形式，共同关注学生的综合发展，为学生提供全面的教育服务。学校和家庭之间的密切合作可以为学生提供更好的教育资源、多样化的教育方式，帮助学生全面发展，以培养其良好的品德和社会责任感。共筑"莲"手的家校协同模式可以促进学生的全面素质教育，培养学生成为有知识、有情感和有意志的优秀人才。

（一）三品德育下家校合作的意义与定位

家校合作与互动在三品德育领域中的意义是确保家庭和学校在品德教育方面的协调合作，提供一致的引导框架，帮助学生塑造正确的价值观和行为准则，并为学生提供全面的成长环境。

1. 深化品德教育

家校合作可以加强品格、品行和品位三个方面的品德教育。家庭和学校是学生品德养成的两大重要环境，通过合作与互动，可以共同强调和巩固学生在这三个领域的品德培养。

2. 共同塑造价值观

学校和家庭协商并确立一套共同的核心价值观，明确学生应该培养和践行的基本价值观念。这些价值观可以包括诚实守信、尊重他人、助人为乐、公平正义、有责任感等。通过明确共同的核心价值观，学校和家庭可以形成一致的教育导向，互相强调和传递这些理念。

3. 提供一致的引导框架

家校合作可以确保家庭和学校在品德教育方面有一致的期望和努力，并提供一个统一的引导框架。通过共同讨论和制订目标计划和行动计划，家长和教师可以协调努力，使品格、品行和品位的培养形成无缝对接。

4. 提升教育效果

家长和教师的合作可以共同促进学生的品德发展和个人成长。家长了解学生在家庭环境中的情况和需求，教师从学校的角度了解学生的学习和社交情况，两者结合可以制订更具针对性的教育计划和个性化目标，从而提升品德教育的效果。

通过家长和教师的合作，可以建立一个全方位的品德教育体系，为学生提供全面成长的机会。家庭和学校的合作与互动可以增强教育的连贯性和一致性，确保学生在不同环境中都能受到关注和支持。这样的合作有助于培养学生良好的品德素养、道德判断力和社会责任感，为他们未来的成功和幸福做好准备。

（二）三品德育下家校合作的阶段与内容

根据生涯教育与辅导理论、高中生的求学过程和新高考要求，可以将高中三年的三品德育生涯发展划分为不同的生涯阶段。下面是我围绕生涯教育下对学生成长阶段的划分：

1. 高一准备阶段——生涯唤醒

在高一阶段，学生正式进入高中阶段，他们需要适应新的学业环境和要求。这个阶段的重点是引发学生对生涯发展的关注和兴趣。主要任务包括三个方面：一是学业适应，帮助学生理解高中的学习要求和课程内容，培养其良好的学习习惯并为其提供适合的学习方法。二是生涯定向，帮助学生认识自己的兴趣、优势和价值观，并初步明确自己的职业倾向。三是高中规划，引导学生制订个人学业目标、时间管理计划和职业规划，为未来的学习和生涯发展做准备。

2. 高二定位阶段——学业发展与职业探索

在高二阶段，学生开始进一步发展学业能力，探索自己的兴趣和职业方向。重点任务包括四个方面：一是学业发展，帮助学生制定学术目标，培养其独立学习和研究能力，为高考和未来的大学学习打下基础。二是素质拓展，鼓励学生参与课外活动、社会实践和志愿者服务，培养综合素质和领导能力。三是职业体验，为学生提供职业体验的机会，例如实习、讲座、职业咨询等，帮助他们更好地了解不同职业领域。四是大学探索，引导学生研究大学专业、招生政策、升学要求等，为大学申请做准备。

3. 高三选择阶段——准备升学与未来迎接

在高三阶段，学生将面临重要的高考和升学决策。重点任务包括四个方面：一是准备升学，帮助学生制订高考备考计划，为其提供考试指导和辅导，支持他们在高考中取得好成绩。二是调整平衡，帮助学生处理学业、应试压力和个人生活的平衡，培养学生良好的心理素质和应对能力。三是学会抉择，引导学生评估自己的兴趣、能力和目标，制定合理的升学选择，包括志愿填报和大学申请。四是迎接变化，帮助学生适应新的学习环境和生活方式，为未来的大学生活和职业发展做好准备。

这些生涯阶段的划分是为了引导高中生在不同阶段有针对性地开展相关的家校活动，帮助他们在学业和职业方面做出明智的决策，并为未来的个人成长和发展做好充分准备。

（三）三品德育下家校合作的内容

1. 关注道德教育

每周一期的"家教共阅"能够为家长和孩子提供一个共同的话题和讨论的机会，家长可以选择一些涉及道德教育、人际关系、友谊等方面的文章或故事，与孩子进行共同阅读和讨论。通过课后讨论，家长可以与孩子分享自己的观点和经验，引导他们思考和理解积极的人生观和道德价值观。同时，通过与学生《"正心"成长手册》的结合使用，家长可以针对性地讨论手册中的内容，帮助孩子明确正确的道德观念和行为准则。

在应对同伴压力方面，家长可以通过与孩子讨论和角色扮演的方式，教会他们掌握一定的拒绝技巧。比如，这一期的"家校共阅"中，班主任可以在家长群里抛出一个问题：孩子的朋友和其他人闹矛盾了，想找孩子一起去"出气"，此时，父母应该如何引导孩子呢？父母可以建议孩子这样反馈："对不起，这件事确实让你挺生气的，我们可以一起商量，找一个更好的方式解决。"同时，要让孩子知道，这种不失礼貌的拒绝，并不会伤害对方。家长建议孩子以礼貌和合作的方式回应，并提出更好的解决方案。通过这样的训练，孩子能够学会拒绝并保持友好、稳定和健康的社交关系。

关注道德教育是非常重要的，家长和教师的合作至关重要。通过有效的家校合作，家长可以与教师共同关注学生的道德发展，并为学生提供相应的引导和支持。同时，父母和教师也要以身作则，展现高尚的师德和正直的父母形象，给孩子树立榜样，让他们受到正确的引导，培养其良好的道德素养和价值观。

2. 开展内省教育

为了培养孩子的内省意识和习惯，并有效地利用孩子犯错的教育契机，我们建议家长可以在与孩子的聊天过程中采取一些具体的方法。首先，家长可以引导孩子回顾一天的经历，询问他们今天做得好的事情和值得骄傲的成就。通过这样的对话，孩子开始关注自己的行为和成就，并培养出积极的自我评价能力。其次，当孩子犯错时，家长应该扮演引导者的角色，及时与孩子进行有效的沟通。在沟通过程中，家长应以开放、尊重和理解的态度与孩子进行交流，帮助他们反思和理解犯错的原因以及错误的后果。同时，家长还需要引导孩子思考如何改正错误，并为其提供适当的支持和指导。通过这些方法，家长可以帮助孩子培养自省意识和习惯，促使他们成长为具有责任感和自律性的个体。

班主任可以通过微讲座引导家长如何更有效地引导孩子培养自省意识和习惯，一是建立开放和支持性的沟通环境，家长应该创造一个安全、亲切和开放的氛围，鼓励孩子表达自己的想法、感受和观点。家长要展现出耐心和理解，并倾听孩子的意见，避免过度批评或指责。二是激发自我反思，家长可以鼓励孩子在完成任务或面对问题之后，对自己的表现进行反思。问孩子一些问题，如他们在过程中遇到了什么困难，是怎么解决的，是否有更好的方法等。这样可以促使孩子思考自己的行为和决策，并找到改进的方向。三是多角度观察和理解，帮助孩子学会从不同的角度审视事情。家长可以提出一些情境或挑战，让孩子尝试站在别人的角度想象和理解问题，以培养孩子的共情能力和更全面的反思能力。四是引导制订目标和计划，与孩子一起设定明确的目标，并制订实现目标的计划。这可以帮助孩子更有针对性地观察和评估自己的行为，以及调整和改进自己的表现。五是鼓励自我评价和积极肯定，家长可以鼓励孩子自己评价和认可自己的努力和成就。当孩子做得好时，要给予积极的肯定和鼓励，帮助他们建立积极的自我形象和自信心。六是榜样示范，作为家长，要以身作则，展示出自省和反思的习惯。家长可以向孩子分享自己的经验故事，让孩子了解到成长过程中的自省是一种正常和重要的行为。这些方法需要在日常生活中持续地实施，通过积极引导和支持，孩子将逐渐建立起自省意识和习惯，从而培养出更好的自我认识能力并提升自我能力。

3. 打造学习型家庭

创建学习型家庭是为了促进学生和家长之间的共同学习机会，这样能够有效地激发学生对学习的热爱，并鼓励家长以正能量引导孩子，成为他们的榜样和引路人。这种家庭氛围有助于为学生的幸福成长打下坚实基础。一种方法是通过实施"亲子共读计划"，这样学生、家长和教师可以一起参与阅读活动。另外，还可以组织家长课堂、演讲会等活动，让学生、家长和教师共同参与，从而创造更多的学习机会和互动环境。这些实践有助于加强家庭与学校之间的合作，共同促进学生的学习成就和个人发展。

比如：开展亲子共读计划，定期安排家庭成员一起阅读，可以选择有趣的故事书、科普读物或是文学经典等，每个人可以互相分享读书心得和喜欢的段落，这不仅能够培养孩子的阅读兴趣，也能让家庭成员之间建立起共同的学习氛围。举行家长课堂和演讲会，邀请家长和孩子一起参与。这些活动可以涵盖家庭教育知识、学术科目、兴趣爱好等主题，家长和孩子可以互相分享知识和经验，共同学习和成长。组建学习小组和合作项目，家庭成员可以组建学习小组，一起针对学习任务或感兴趣的主题进行研究和讨论，这可以培养孩子的合作能力和批判思维，同时也能够增加家庭成员之间的互动和交流。通过利用科技资源，如在线学习平台、教育应用和教育视频等，家长和孩子可以共同探索新知识和学习资源。家长可以与孩子一起探索同样的主题，互相分享学习进展和发现，并互相鼓励和支持。开展学习活动和实践经验，家长和学生可以参观博物馆、艺术展览、科学中心等地方，组织户外活动或实践项目。通过实际的观察和体验，让孩子与家长共同学习和思考，拓宽对世界的认知和理解。

班主任鼓励家长和孩子共同参与学习，为学生创造一个积极、互动和富有学习氛围的家庭环境。这样的做法有助于促进家庭成员之间的互动和合作，并推动孩子在学习中获得更多的成长和发展。

4. 适时进行家校联谊

适时进行家校联谊活动是创建学习型家庭的重要部分。这些活动不仅为家长和学校提供了展示和交流的平台，还促进了家长对学校和教育的了解，进而引导家长参与学校管理，形成家校教育的合力。

比如家校合作开展的综合实践活动，组织家长和孩子一起参与综合实践活动，例如户外探索、生态保护、社区服务等，这样的活动不仅为家庭提供了亲子互动的机会，也让家长更好地了解学校的教育理念和实践内容，促使他们与学校紧密合作。开展家政教育，鼓励家长和孩子在家中一起参与家务劳动，如做饭、清洁和维护家居等，这样可以培养孩子的责任感和实践能力，同时也能让家长了解到孩子在家庭中的贡献和成长。开展生存教育，开展有关生存技能的培训和实践，例如急救、自救、防火安全等。这样的活动可以加强家长和孩子的安全意识，提高应对危险和灾害的能力。通过参观学校和参加讲座，了解学校的教育环境和教学资源，同时，邀请专家、教育者或有经验的家长举办讲座，分享教育经验和家庭教育的实践方法，家长可以从中获取宝贵的教育指导。最后，定期举行家长会议和小组讨论，让家长与教师和管理层进行交流和互动。此外，还可以组织讨论小组，让家长共同研讨与学生教育相关的话题，分享经验和建议。通过以上活动和做法，家长将能够更深入地了解学校的教育教学工作，并积极参与其中。这种家校合作的良好基础将有助于家庭和学校共同为学生的幸福成长提供支持和引导。

二、家庭责任：家庭角色与三品德育

家庭在培养学生品德方面具有不可替代的作用。家长扮演着引导、激励和教育的角色，通过言传身教、引导规范和共同参与等方式，塑造学生的品格、品行和品位。家庭应该成为孩子价值观教育的重要支持者，为他们的成长提供稳定的道德指导和情感支持。家庭在培养孩子三品德育方面的具体角色和责任主要体现在品格育、品行育和品位育三个方面。

（一）品格育

家庭是培养孩子道德价值观的基础。家长应该教导孩子正确的道德观念，包括诚实、正直、宽容、友善、公正等。通过与孩子的讨论和倡导，家长可以帮助他们理解和应用这些道德原则。此外，家庭也可以通过参与志愿服务、关心弱势群体等方式，培养孩子的社会责任感和同理心，让他们关注社会问题并积极参与改变。

（二）品行育

家庭是培养孩子良好行为习惯和品德的第一课堂。家长要以身作则，成为孩子的榜样。他们应该表现出积极的行为，尊重他人，要有礼貌和道德操守。家庭成员之间要建立良好的沟通和互动关系，学会关心、关爱和尊重彼此。家长还可以通过与孩子的交流、规定家规家训等方式，明确传递家庭的价值观和行为准则。

（三）品位育

家庭是培养孩子审美品位和文化素养的重要场所。家长可以通过提供多样化的艺术和文化体验，如参观博物馆、剧场、音乐会等，培养孩子对美的鉴赏能力。家庭可以鼓励孩子培养阅读习惯，并为其提供高质量的图书和文学作品，让孩子从中受益并培养独立思考能力和创造力。

三、教师使命：三品德育中的教师作用

教师在三品德育中扮演着重要的角色。教师通过品格育人，树立良好的品格榜样，引导学生培养正确的价值观和品德特质。同时，教师在品行培养中还引导学生展现良好的行为习惯和社会礼仪，培养他们的自律、沟通和合作能力。此外，教师还在品位培养中引导学生培养自身的审美能力和文化修养，帮助他们发展独立思考和欣赏美的能力。教师通过言传身教和设定标准规范，创设适宜的教育环境，对学生的道德、行为和文化的全面发展起到关键的引导和影响作用。

（一）完善各项制度——植根沃土静待花开

1. 建立"班级定期汇报"制度

为加强班级管理和家校沟通，班级建立了一个"班级定期汇报"制度，以便及时向学生和家长传达班级工作情况和重要信息。为了有效实施此制度，我们制定了一份《定期汇报班级工作制度》，并将以下方式纳入其中，以保证信息的广泛传达和及时反馈。

首先，每学期初和学期末，我们将进行班级工作的集体报告。在班级聚会或其他集体活动场合，班主任或相关教师将向全体学生和家长汇报上学期的工作成果、下学期的计划安排，以及学生在学业、品德、活动等方面的表现。这将给家长们提供一个全面了解班级动态的机会，并为他们提供与教师面对面沟通的平台。

其次，我们将采用书面形式，致家长或学生一封信，向家长和学生介绍班级工作的重点和目标，并展示学生在学习、品德养成以及社交技能等方面的进展。如小荷班为高一新生和家长分别写了一封信：致学生——初次相遇，请多指教；致家长——彼此相信，静等花开。这样的信件将通过邮寄、电子邮件或班级平台的方式进行发送，以确保每位家长都能及时收到并对信件内容进行了解与反馈。

再次，我们还建立"家校有约"计划，通过家校互动的方式，与家长就特定议题进行深入交流。例如，我们制定一份仪容仪表规范要求、校园内合理使用智能手机承诺书等，并将其发送给学生和家长。这样的约定将提醒学生保持良好的仪容仪表，并鼓励家长积极参与和监督学生的规范要求。

最后，我们将利用现代通信工具，如微信推送，向学生和家长发送重要的通知和公告。这将使信息传达更加便捷和高效，方便学生和家长及时获取班级事务的最新动态。

通过这些举措，我们旨在建立有效的班级管理和家校合作机制，增强学生家长对班级工作的了解和参与度。这将为学生提供一个更加良好和积极的学习环境，促进学生的全面发展和成长。

致高一家长——彼此相信，静等花开

尊敬的家长：

大家好！衷心欢迎您和您的孩子加入我们学校的大家庭！新的学期已经开始，这给我们带来了新的机遇和挑战。我明白作为家长，您对孩子的学习和成长寄予了厚望，并且可能有一些担忧和疑问。在这段旅程中，我想向您传递两点重要的信息：彼此相信和静等花开。

首先，家校合作建立在相互信任的基础上。我们相信您对孩子的了解和关爱是独一无二的，您是孩子最重要的支持者和榜样。我们希望在教育孩子的过程中，能够与您建立紧密的合作关系，共同关注孩子的学业、品德和个性发展。请相信我们作为教育人士的专业能力和经验，我们会真诚倾听您的意见和建议，并与您分享孩子的成长情况。

其次，家校沟通是我们合作共同关注的重要环节。我们鼓励家长和我们保持良好的沟通渠道，以便及时了解孩子的学习进展和问题。作为教师，我们有责任倾听家长的反馈和建议，并与您一起合作解决问题。请您不要将问题埋藏在心里或通过其他渠道寻求解决，而是与我们直接交流。为了加强家校合作，我们特别制定了定期汇报班级工作的制度。通过集体报告、致家长信、家校有约、微信推送、班报班刊等多种方式，我们将向您传达班级工作的进展、孩子的学习状态和活动安排。我们希望通过这些沟通渠道，与您保持密切联系，让您对孩子的教育和成长有清晰的了解，并提供及时的反馈和建议，以促进孩子在学校和家庭两个环境中的健康发展。通过积极合作，我们能够为孩子提供更好的教育和成长环境。

最后，教育不仅仅是学校和教师的责任，而且是家庭和学校共同承担的使

命。我们鼓励家长积极参与孩子的学习和生活。您的支持和鼓励对孩子的发展非常重要。我们将不定期举办家长会、教育讲座和亲子活动，为您提供与教师和其他家长交流的平台，共同为孩子的成长努力。我们深知家庭教育对孩子的成长具有重要影响。我们鼓励您在孩子的日常生活中扮演积极的角色，鼓励他们培养良好的学习习惯、积极的人生态度和正确的价值观。家庭与学校的紧密合作将为孩子的全面发展奠定坚实的基础。

亲爱的家长们，教育是一个渐进的过程，需要耐心和时间。每个孩子都有其独特的成长节奏和潜力，有时候他们会遇到困难和挑战。我们鼓励您保持耐心，与孩子共同面对困难，鼓励他们坚持努力，并相信他们有能力克服困难并取得进步。在这个过程中，我们将与您紧密合作，并为您提供必要的支持和指导，帮助您的孩子充分激发潜能。我们希望通过爱和信任的相遇，共同努力为孩子的成长创造最好的条件。我们期待在即将到来的学年中与您共同见证孩子们的成长和成功。请多多关注我们班级的各种教育资源和活动，积极参与并与我们保持紧密的联系。

最后，请接受我由衷的敬意和祝福。让我们一起共同努力，引领孩子们走向成功的道路！

诚挚的问候

班主任：何爱莲

致高一新生——初次相遇，请多指教

亲爱的同学们：

在这个阳光明媚、微风轻拂的日子里，我们今天初次相遇。作为你们的老师来说，你们是世界上最美好的礼物。今天，我想借此机会和大家分享几句我的心里话。

首先，能成为你们成长道路上的引导者和伙伴我感到非常荣幸。在这个新

的学年里，我们将一起面对新的挑战，接触新的知识，并共同成长。

对我们来说，今天是初次相遇。我深刻地理解你们可能对新环境和未知的学习内容感到紧张和不安。但我想告诉你们，你们并不孤单，我们将一同度过这段旅程。无论是在学习还是在生活中，我将全力支持你们，耐心指导你们，帮助你们发现自己的潜力并克服困难。

在这个新的学期里，我鼓励你们发挥自己的优势，展示自己的才华，并勇敢追寻自己的梦想。请相信自己的能力，相信自己有无限的潜力等待发掘。我希望你们能够保持积极主动的学习态度，努力克服困难，用勤奋与智慧塑造属于自己的辉煌。

其次，我们也是一个团队，我希望我们相互尊重、关心彼此，共同创造一个和谐、积极的学习环境。在这里，你们将结识新的同学，他们将成为你们的朋友、知己，与你们一同成长、分享快乐和困难。让我们携手努力，共同追求卓越，实现自己的梦想。

最后，在新的学期，我有三个希望：

一是希望你成长为一个具有爱心和光芒的善良人。

我希望在可以帮助他人的时候，你能毫不犹豫地说："你需要帮助吗？我可以做什么呢？"而这一切都不带任何功利心和求回报的目的！我希望你能尊重每一个生命，无论他们是弱小还是强大！希望你以善良见长，并散发自己的光亮！

二是希望你成长为一个努力奋进的勤学者。

你是否曾经想象过自己未来的样子？我相信每个人的梦想都各有不同！不论大小，都没有关系，最重要的是你怎样一步一步地靠近这些愿望！其实，并不需要觉得这一切遥不可及。孩子，你只需脚踏实地，一步一个脚印，竭尽全力，你所渴望的就会实现！

三是希望你成长为一个有个性、有热血的年轻人。

我希望我能好好呵护你内心的个性和热血！当你看到不公平或不正当的行为时，我希望你能勇敢站出来制止！我希望你能成为一个有原则、有坚持、有底线的孩子！我希望你在整个人生中都保持赤子之心和热情！不要因一次的挫折而丧失信心，也不要因一次的失败而畏首畏尾、随波逐流！

孩子们，也许你们现在对这些话还无法完全理解，但不要担心！未来的日子里，我将与你们同行，默默守护你们，愿你们在最美好的时光里遇见最好的自己！

班主任：何爱莲

2. 建立"家长评价班级（学校）"制度

为了建立更有效的家校合作机制，可以考虑引入"家长评价班级（学校）"制度。该制度旨在定期组织家长参与对班级和学校的评价，并提出建设性意见，从而促进学校和家长之间的良好沟通与合作。

为了确保评价的全面性和客观性，可以采取多种形式进行评价，包括问卷调查、网络测评等。每学期末或特定时间里，学校可以组织家长填写相关问卷或参与在线测评，以了解他们对班级目标、奋斗方向、教育质量、班级管理、饭堂质量等方面的看法和建议。

这些评价可以涵盖多个层面，如教学质量、师生互动、学生评价、学习环境、课外活动、饮食安全等，并且可以根据实际情况制定具体的评价指标和内容。学校可以为家长提供详细的评价标准和指引，使他们能够更准确地表达自己的意见和建议。

收集到的家长评价将成为班级和学校改进与发展的重要参考依据。班级和学校可以根据评价结果，对存在的问题进行分析，并制订改进计划和措施。同时，学校应该及时给予反馈，向家长们展示他们的评价得到了认可，并说明将要采取的改进措施。制度的实施还需要注重跟进和改善。学校可以定期公布家长评价的结果，并说明已经有哪些问题得到了解决，以及计划改进的措施。此外，学校可以建立一个反馈和建议的反馈机制，让家长们了解到他们的意见和建议被认真对待，并产生积极的改变。

通过建立"家长评价班级（学校）"制度，学校能够更好地了解家长们对教育质量和管理方面的期望，进一步改善班级和学校的工作。与此同时，家长也会感受到他们的声音被重视，从而增强了他们对学校的信任感和参与感，促进了学校和家长之间的密切合作关系，共同为学生的发展提供更好的支持和保障。

（二）扩充教育资源——建立家长资源库

建立家长资源库是一个有益的举措，可以进一步丰富教育资源，为学生提供更多的机会和支持。通过家长资源库，学校可以积极收集和整理家长们的各种资源和经验，以供学生和家庭共同分享。

不同社会阅历和思想层次的家长可以为学生提供多元化的人生素材和思考空间。他们可以向学生分享自己的人生经历、价值观以及对人生意义和志向的思考，激发学生对未来的探索和思考，帮助他们更好地明确个人目标和发展方向。首先，班级或学校可以邀请不同社会阅历和思想层次的家长来举行讲座或分享会。家长可以分享自己的人生经历，包括成功和挫折，以及对人生意义和志向的思考。这样的活动可以为学生提供不同的观点和思考空间，帮助他们更好地认识自己、明确个人目标，并思考未来的发展方向。其次，班级或学校可以与家长合作，建立职业导师计划。家长们可以担任学生的职业导师，与他们分享自己的职业经验和故事，帮助学生了解不同职业的特点和要求，以及如何规划职业发展，导师可以与学生定期交流，并为其提供指导和建议，帮助学生更好地探索自己的兴趣和能力，并做出明智的职业选择。同时，学校可以组织学生家庭拜访活动，让学生有机会亲身感受和了解不同家庭的生活和社会阅历。学生可以与家长一起参观家庭工作场所、社区或文化机构等，与家长交流并了解他们的职业经历和成长故事。通过这样的活动，学生可以接触到不同的人生素材，从而丰富自己的视野和思考空间。最后，班级或学校也可以鼓励学生和家长一起参与一些合作项目，例如社区服务、创业项目等。这样的项目可以为学生和家长提供共同参与、探索和学习的机会，促进亲子教育和交流。在项目中，家长可以分享自己的专业知识和经验，指导学生解决问题和实现目标。

家长的不同专业背景和人脉关系也可以为学生提供直观的职业实践体验，展示更加丰满的职业全貌。他们可以邀请学生参观工作场所、参与实践项目，甚至提供实习或实践机会，让学生亲身感受工作环境和职业要求，拓宽职业选择的视野。如借助家长的资源，参观家长的工作场所。可以是他们的办公室、工厂、实验室、医院等，学生可以目睹各种职业环境并了解具体的工作流程和职责。参观过程中，家长可以向学生介绍不同职位的工作内容和要求，并回答学生的问题。其次，家长可以为学生提供参与实践项目的机会。他们可以带领学生参与自己所从事的项目，让学生亲身体验相关的工作。例如，如果家长是建筑师，他们可以让学生参与设计某个项目的过程；如果家长是科学家，他们可以让学生参与实验室研究。这样的实践经历将帮助学生更好地了解职业要求和工作方式。同时，家长可以帮助学生获取实习或实践机会。他们可以联系自己的同事或朋友，为学生提供在相关领域的实习机会，为学生提供宝贵的职业经验和实践机会，让他们深入了解职业领域，并建立实际的职业技能。

另外，不同眼界、视野和思维模式的家长可以为学生的生涯抉择带来不同的思路和可能。他们可以通过分享自己的经验和观点，为学生提供不同的选择和决策思路，鼓励他们勇敢尝试和追求自己的梦想，同时培养学生的创新思维和解决问题的能力。如家长可以鼓励学生积极探索自己的兴趣。他们可以提供资源和机会，让学生参与各种活动，如实践项目、志愿者工作、学术竞赛等。

这样的经历可以帮助学生发现自己的潜力和热爱的领域，为他们的生涯抉择提供新的可能性。

最后，有着不同学习经历和职场经验的家长可以为学生的学业能力发展和自我管理提供借鉴和榜样。他们可以分享自己的学习方法和经验，帮助学生改善学习习惯和提高学习效果。同时，他们也可以为学生提供职业发展方面的建议和指导，培养学生的自我管理能力和职业素养。如家长可以分享自己在学习过程中的方法和经验，包括时间管理、学习计划、笔记整理、复习技巧等。他们可以与学生一起制订学习计划，指导学生如何合理安排时间、设定目标和利用资源，以提高学习效果和成绩。家长也可以根据自己的职业经验为学生提供职业发展方面的建议和指导。他们可以帮助学生了解不同行业的就业趋势和要求，为学生提供关于职业规划、学术选择、实习和兼职机会等方面的指导。家长还可以鼓励学生进行职业探索，并与他们讨论不同职业的优劣势和发展前景。

建立家长资源库有助于将学校、家长和学生紧密联系在一起，从而形成良好的家校合作关系。学校可以通过培训和指导，帮助家长充分利用自身资源，为学生提供更多的成长机会。家长的积极参与和分享将提升学生的教育体验，帮助他们更全面地发展个人潜能和实现自己的人生目标。

（三）完善培训内容——家长学校课程体系

中学阶段是孩子成长过程中的一个关键时期，他们经历身体和心理上的巨大变化，面临着各种挑战和困惑。对此，家长们常常感到无所适从，不知道如何应对孩子的逆反情绪、心理闭锁、异性向往和同伴压力等问题。这些问题的存在给家长和孩子之间的关系带来了一定的紧张和困扰。为了应对这一特殊阶段的挑战，家长学校课程体系具有以下丰富的培训内容：

1．深入理解中学生的心理发展

家长要学习有关中学生心理发展的知识，包括身体变化、认知发展、情绪变化和社会认同等方面的内容。了解这些信息可以使家长更好地理解孩子所经历的挑战和困惑，并能以更宽容和理解的态度来与孩子交流和相处。

2．建立良好的亲子关系

课程专注于帮助家长建立和维护与孩子的良好关系。家长将学习有效的沟通技巧，包括倾听、表达情感和解决冲突的方法。他们还将学习探讨如何培养孩子的自尊心和自信心，并为孩子提供积极的支持和引导。

3．情绪管理与应对策略

这一课程能够帮助家长学习如何与孩子一起管理情绪和应对压力。家长将了解到处理孩子的逆反情绪、心理闭锁以及应对同伴压力和异性向往的方法。他们将学习如何与孩子建立开放的对话，以促进情绪的健康表达和处理。

4．学业支持和职业规划

在这个阶段，孩子的学业压力日益增加，孩子们也开始思考未来的职业规划。家长需要学习如何给孩子提供学业上的支持，包括帮助孩子制订学习计划、管理时间和应对学习困难等。同时，家长们还将了解到如何协助孩子探索不同的职业选项，并为其提供必要的指导和支持。

5．健康与安全教育

这一课程将关注孩子的身体健康和安全意识。家长将学习如何促进孩子的健康生活方式，包括饮食习惯、睡眠质量和体育锻炼等方面。此外，他们还将学习如何教导孩子保护自己、预防同学欺凌和建立健康的网络使用习惯。

通过参与家长学校课程，家长们将获得更多的知识和技能，使他们能够更好地应对中学生面临的问题和挑战。这将有助于建立更紧密的亲子关系，帮助孩子健康、快乐地成长，并最终乐享成长的过程。以下围绕高中不同学段学生的特点和需要设计了每月一主题的系列化家长学校课程。

高一年级		
月份	主题	课程
8 月	相约盛夏，共叙成长	这个暑假，如何做好初高中衔接
9 月	走进高中，适应变化	学校介绍对高中学习特点的认识，如何帮助孩子适应高中新生活
10 月	养成习惯，规范行为	培养良好学习习惯和行为，规范学校纪律要求及家长的支持与配合
11 月	学会反思，认识自我	帮助孩子进行反思和自我认知，学业探索和个人成长规划
12 月	走进大学，规划未来	生涯规划和职业规划的重要性，大学访问和职业规划的指导
1 月	了解专业，确定方向	探索不同专业领域和对应的职业方向，专业选择决策的指导和家长的支持
2 月	巡礼职业，追逐梦想	职业探索和就业市场的了解，职业技能和职业发展的讨论
3 月	初探生涯，明确方向	学习目标和个人发展规划的制定，支持孩子的学习和成长
4 月	珍藏情愫，聚焦学习	学习方法和学业管理的指导，如何帮助孩子建立学习兴趣和自我激励
5 月	感悟生命，珍爱人生	传承家庭核心价值观，如何培养孩子的情商和人际关系技巧
6—7 月	走进职业，美丽人生	职业实践和实训经验的分享，大学就业和创业指导

高二年级		
月份	主题	课程
9 月	走进高二，迈向成熟	高中阶段的重要节点和学业压力的了解，如何帮助孩子适应高二学习和生活
10 月	明确目标，激发斗志	确定学业目标和规划的指导，激发孩子学习动力和自我发展的支持
11 月	珍藏情愫，聚焦学习	学习方法和学业管理的指导，如何帮助孩子建立学习兴趣和自我激励
12 月	寻求帮助，少走弯路	学业辅导和资源获取的了解，家长在学业上的支持与引导

高二年级		
1月	走进职业，美丽人生	职业探索和就业市场的了解，大学专业选择和职业规划的指导
2月	探寻生涯，明确方向	职业发展路径和个人兴趣的探索了解，学生的学习优势和需求
3月	调整目标，超越自我	学习目标的评估和调整，如何帮助孩子克服挫折和保持学习动力
4月	珍重生命，拼搏人生	培养孩子的社会责任感，学业压力与心理健康的平衡
5月	善润人际，共享和谐	培养良好人际关系和团队合作能力，家庭与同伴关系的平衡和沟通技巧
6—7月	调整心态，走进高三	高三学习压力的认识和调整，如何帮助孩子调整心态迎接高三挑战

高三年级		
月份	主题	课程
9月	树立目标，激发斗志	高考目标的设立和规划，如何激发孩子的学习动力和自信心
10月	树立诚信，把握学法	诚信意识和学术道德的重要性，学习方法和学习策略的指导
11月	解惑生涯，增强信心	大学招生政策和选专业的了解，如何帮助孩子规划职业发展和选择大学专业
12月	释放压力，迎接挑战	压力管理和心理调适的指导，如何帮助孩子建立健康的生活节奏和兴趣爱好
1月	规划学习，弯道反超	学习计划和时间管理的指导，如何指导孩子制订高效的学习策略和备考计划
2月	追逐目标，圆梦人生	高考目标和个人发展规划的探讨，高考与职业规划的结合和准备
3月	稳定情绪，突破自我	情绪管理和应对考试焦虑的指导，如何帮助孩子保持积极的心态和坚持学习
4月	迎新挑战，勇攀高峰	高考信息和各科目备考策略的了解，如何指导孩子应对考试中的挑战和应对策略

高三年级		
5 月	提速增分，有效自学	高效自主学习和提分技巧的指导，如何利用学习资源和辅导进行复习
6—7 月	调适自我，冲刺高考	高考心理状态调适和备考冲刺策略，家长在高考期间的支持和鼓励

以上三个学段的家长学校课程可以采用多种形式进行开展，包括微讲座、微视频、沙龙研讨、专家讲座等。例如，对于高一学生和家长，可以在开学前的 8 月推出第一课《相约盛夏，共叙成长——这个暑假，如何做好初高中衔接？》，这节课以微视频的形式提前录制好，家长和学生可以根据自己的时间安排自主学习，以便更好地了解如何做好初高中的衔接工作，并为新学期做好充分准备。家长学校的这种灵活的学习方式可以更好地满足家长和学生的需求，为学生提供有针对性的教育资源和指导，帮助孩子顺利度过学习过程中的关键节点。

相约盛夏，共叙成长

——这个暑假，如何做好初高中衔接？

尊敬的家长：

您好！恭喜您的孩子进入高中开始新一轮的学习和成长。相信您的心中一定有很多感慨和期盼，同时也会有一些困惑：孩子的高中学习和生活会顺利吗？我该如何助力孩子成长呢？

第一，让我们了解这个学段孩子的特点。

步入高中阶段学生的身体发育进一步成熟，且充满活力。他们的情绪调节能力、学习能力、生活能力都较初中有了很大的提升，思维开始变得活跃，求知欲和探索欲也逐渐强烈。与此同时，孩子们渴望独立，希望得到外界的肯定、支持、激励和信任。因此，我们要学会放手，顺势而为，推波助澜，鼓励孩子积极向上。

这一阶段的孩子好胜心强，对自我认可度高，但在遇到困难时却可能不敢面对，容易产生退缩和自卑的心理。我们要提醒孩子：高中是一个三年的过程，要保持长远的心态，不骄不躁，注重学习规划和学习过程，这样才能在高考中获得好成绩。

第二，我们要了解高中学习的特点。

高中的学习与初中最大的区别在于知识量的增加、理论性的加强、综合性的增强以及对学生自主性的要求更高。我们应帮助孩子了解高中的学习特点、学习内容、分班选科方式和高考模式，对高中学习有一个大致的了解和整体把握，做到心中有数。若有条件，可以让孩子提前预习一些学科内容。例如，可以在暑假期间提前预习数学、物理、化学等科目，扩大语文的课外阅读量，巩固英语的词汇和语法知识等！这样有助于学生尽快适应新学期的学习。

高中的教师站位更高，不会像小学和初中阶段那样过分关注孩子的学习和作业。有些孩子会觉得到了高中后变得轻松了很多，从而放松了自己，导致错过最初的适应期。因此，我们要提醒孩子做学习的主人，主动预习、主动学习、主动探索、勤学好问。

第三，我们要了解广东高考的新政策。

新高考采用了"3+1+2"模式。其中，"3"是语文、数学、外语三门必考科目，每科满分 150 分；"1"是物理和历史二选一，每科满分 100 分，使用高考的原始成绩计入高考总成绩；"2"是化学、政治、生物、地理四选二，每科满分 100 分，按等级赋分的方式计入高考总成绩。因此，作为家长，您需要学习和了解新高考及招生模式，帮助孩子提前制定好学业规划；了解学生综合评价制度，协助孩子认真制定成长规划；了解高考多元升学路径，引导孩子主动拓宽自己的人生道路。

第四，我们要关注孩子的心理健康。

首先，家长要及时发现孩子的消极情绪。作为高中生，他们在面对危机事件时可能会产生各种消极、负面情绪，家长要与孩子多沟通，了解孩子的内心，做到及时、科学地疏导。

其次，家长要主动倾听、有效陪伴孩子，学会管理自己的情绪，学会与正在经历青春期的孩子相处，创造积极的家庭环境。

第五，家长还可以做些什么呢？

高中生活为孩子开启了一个全新的世界，他们渴望取得更好的表现，同时也渴望父母能给予更多的指导。在面对一系列问题时，如住宿要注意什么、如何与宿友相处、是否参加班干竞选、如何合理使用手机等，家长要努力学习以跟上孩子的步伐，并在孩子遇到问题时及时给予陪伴和指导。在成长阶段维系亲密的关系对孩子来说非常重要。

孩子成长路上，家长也要与时俱进，不断学习提升自己，要提高家庭教育的能力，以便为孩子提供积极的建议和指导，感谢家长的聆听！

（四）拓展多种途径——促进家校沟通协作

家校沟通协作是学生全面发展与成功的关键因素之一。当家庭和学校之间建立起积极、紧密的合作关系时，学生的学习成绩和社会情感发展往往会受到更好的支持和引导。然而，要实现这样的合作关系并不容易。因此，拓展多种途径来促进家校沟通协作就显得尤为重要。通过有效的沟通和合作，学校和家庭可以相互支持，共同为孩子的教育和成长而努力。接下来，我们将探索一些切实可行的途径，旨在帮助学校和家长建立紧密联系，力求促进家校之间的沟通与协作，为学生的未来奠定坚实的基础。

1. 深入了解学生

深入了解学生是促进家校沟通协作的第一步，因为只有了解学生的需求、兴趣和潜力，教师才能更好地为学生提供个性化的教育支持，同时也能构建起更紧密的与家长的合作关系。这一环节有时会被家长和教师忽视，但它是建立起有效沟通和协作的基础，对促进家校沟通协作来说相当重要。

（1）学生问卷调查

设计问卷，问卷中包括学生们的学习方式偏好、自我评价、学习困难等。问卷调查可以帮助教师了解学生的想法和需求，更全面地了解每个学生。我们班级设计了"小荷班之名人录"这样的问卷，这是一份记录学生特长、成就和兴趣的名人录，通过学生们的个人介绍和自我评价，教师可以更深入地了解每个学生。这种方式不仅给予学生展示自我的机会，还能够让教师更深入地了解学生的多元才能和需求。

小荷班之名人录

姓名		学号		出生日期		一寸照片
曾担任过的职务		爱好		特长		
称谓	姓名	职业	工作单位	联系电话	用一句话描述在你心中的她／他	
父亲						
母亲						
家长希望为班级或年级做哪些服务						
家庭住址						

续表

你的闪光点		给班级取一个班名： 班训：	
对手机使用管理的建议			
你期待我们成为怎样的班级			
你喜欢阅读哪些读物、书刊		你喜欢加入哪些网络群	
当自己违反学校班级纪律时希望老师的处理方法			
在以往班级中觉得有哪些可借鉴的好做法			
你的理想大学		你的座右铭	
喜欢什么类型的班主任（至少写三个特点）			

（2）参与学生活动

参与学生活动也是了解孩子的好方法。教师通过参与学生的课外活动、社团或俱乐部，与学生一起互动，创造共同合作的机会。这种方式可以使教师亲身感受学生在团队合作、创造性思维和领导能力等方面的表现，同时，也可以更深入地了解学生的兴趣爱好、特长以及价值观，还能促进教师和学生之间的互动和信任关系的建立。

（3）观察学生行为

观察学生行为是教师了解学生的学习态度、社交能力和情绪状态的直接而丰富的方法。通过观察学生在课堂上的表现、与同学和家长的互动等，教师可以获取大量有关学生的信息。观察可以揭示学生的学习态度和参与度，以及他们使用的学习策略和技能。同时，它还提供了关于学生的社交互动和合作能力的见解，包括他们与同学的互动和解决冲突的能力。此外，观察还可以帮助教师了解学生的情绪状态和情感需求，以及学生在家庭环境中的支持和关注程度。通过敏锐的观察力和洞察力，教师可以深入了解学生，为他们提供个性化的支持和指导。综上所述，观察学生行为对于教师来说是一种宝贵的工具，能够帮助他们更好地满足学生的需求和促进他们的发展。

（4）建立学生档案

学生档案是由学校建立的一种记录学生信息的系统，其中包括学生成绩、奖惩情况、学生实习或社会实践经历等。这些学生档案为教师提供了学生的详细信息，帮助他们更全面地了解每个学生的过去和现在，从而更好地对不同的学生进行指导和支持。

学生成绩记录是学生档案中的关键部分。教师可以通过查阅学生的学习成绩，了解他们在不同学科的表现和成长趋势。这有助于教师识别学生的学习需求和弱势领域，并采取相应的教学策略和辅导措施。此外，学生档案还记录了学生的奖惩情况。教师可以通过学生档案获知学生是否在学术、社交或行为方面获得了肯定和表彰，或者是否存在需要改善的问题。这些信息可以帮助教师了解学生的潜力、动机水平和纪律意识，更好地引导学生发展。另外，学生档案还可以包含学生参与实习或社会实践的经历。这些经历提供了学生在现实生活中应用所学知识和技能的机会，展现了学生的实践能力和专业素养。教师通过了解这些经历，可以更好地了解学生在实践中的成长和发展，并根据学生的经验提供更有针对性的指导和培养。

　　学生档案的建立和维护需要学校和教师的协同努力。教师可以定期更新学生档案，确保其中记录的信息准确完整。这使得教师在与学生进行个别谈话或制订个性化教育计划时，能够准确把握学生的背景和需求，为每个学生提供更加贴近实际的支持和关注。

　　在家校沟通协作中，教师了解学生是推动团队合作的关键。通过学生问卷调查、参与学生活动、观察学生行为和建立学生档案等方式，教师能够更全面地了解每个学生的个性、能力和需求，从而为学生提供更加个性化和有针对性的支持。这样的深入了解为促进家校之间的有效沟通奠定了基础，为进一步的合作与协作打下了良好的基础。

　　2. 深入了解家长

　　在教育过程中，与家长建立紧密的合作关系对学生的发展至关重要。了解家长的期望、关注点和教育观念，可以帮助教师个性化地支持学生的学习和成长。通过家长问卷调查、电访、家访、家长工作坊和培训等多种方式，教师可以与家长进行深入的交流和了解。这种互动不仅有助于教师和家长之间建立信任和合作，还可以共同为提升学生的学业成果和整体发展而努力。让我们一起探索如何深入了解家长，以建立积极的家校合作关系，更好地支持每个学生的成长和成功。

　　（1）家长问卷调查

　　家长问卷调查是一种有效的了解家长的方式，通过设计并分发问卷调查，可以广泛收集家长对学校、教学和学生发展的看法和意见。这种调查以匿名方式进行，让家长能够自由表达观点，为教学提供定量和定性的反馈数据。问卷调查的结果可以帮助学校和教师深入了解家长的需求和期望、发现并改进问题的机会，并借此促进家校合作关系的持续发展，提供更好的教育支持和服务，以助力学生的成功和幸福成长。

（2）与家长电访

与学生的家长进行家访或电话交流，家庭环境、家庭期望、学生的家庭支持等是深入了解学生家长的另一种方式。家长是学生成长过程中的重要影响因素，通过与家长交流可以更好地了解学生的背景和家庭情况。在进行电话交流之前，我们应提前安排电话会议，确保家访时间合适且互不打扰。明确交流家访的目的和议题，准备好问题和主题，以便有条理地进行交流。在电话交流中，我们应倾听和尊重家长的意见，表达对他们的关注，并给予积极的反馈和回应。同时，我们应用简明扼要的语言清晰地表达自己的观点和建议，确保家长能理解。记录重要信息、跟进和反馈是电话交流的重要环节，能够帮助我们回顾和执行必要的行动。通过有效的电话交流，我们能及时了解家长的反馈和需求，并向他们传达必要的信息和关怀，以共同促进学生的学习和发展。

（3）家长工作坊和培训

家长工作坊和培训活动是为了提供家庭教育资源和技巧，同时给予家长们与教师面对面交流的机会。这些活动涵盖广泛的主题，包括家庭沟通与亲子关系、教育心理学与儿童发展、学习支持与学业规划，以及社交与情绪健康等方面。通过互动和讨论，家长们能够获取有价值的教育知识和资源，并与其他家长分享经验。同时，教师也能更深入了解家长们的教育观念、关注点和需求，与他们建立良好的合作关系，共同为孩子的成长与发展提供支持和指导。这种密切的家校合作关系有助于建立紧密联系的家庭与学校，创造出更好的学习环境，为孩子提供全面发展的机会。

（4）家访

家访是一种亲近家长和学生的有力方式，通过实地拜访家庭，可以更深入地了解他们的生活环境、家庭背景、价值观和教育期望，同时，教师要做到建立关系、细致观察、个性化支持、加强沟通和反馈，并与社区建立更紧密的联系，以共同关心学生的学习和发展。以下是一份"初高衔接"的家访操作指引，介绍了家访前的准备工作、访谈进行的要点以及访谈结束后的总结提升。

"初高衔接"的家访操作指引

一、访谈准备

（一）明确家访目的

1. 帮助新生做好"初高衔接"的准备工作

通过家访，学校可以与新生及其家庭面对面交流，了解他们对高中生活的期望、担忧和需求。学校可以为新生及其家庭提供相关信息和资源，帮助他们做好过渡准备，以适应高中的学习和生活环境。

2. 了解新生家庭成长环境

通过家访，学校可以更深入地了解新生的家庭背景、家庭文化和价值观。这有助于学校更好地理解学生的个性、兴趣爱好、家庭期望等，为教育工作提供更多的切入点和个性化支持。

3. 拉近与新生及其家长的距离

家访可以增进学校和新生及其家庭之间的互信和沟通。通过与家长面对面的交流，学校可以与之建立良好的合作关系，了解家长对教育的期望和关注点，及时解答他们的疑问并提供支持。这有助于学校与家庭形成良好的合作氛围，共同为学生的发展和成功而努力。

（二）收集对象信息

被家访的新生及其家庭虽然具有一定的共性（如：均属于"初高衔接"这一阶段的高一新生），但也各具特点，所以家访前需收集被访对象较为详细的资料，以期达到更好的家访效果。

1. 新生的个人信息

包括姓名、年龄、性别、联系方式等基本信息。这些信息可用于学校了解学生的个人背景和特点。

2. 家庭成员信息

记录家庭成员的姓名、年龄、职业等信息，以方便学校了解家庭的结构和成员之间的关系。

3. 学生的学术背景

收集学生在初中阶段的学业成绩、学科特长和兴趣爱好等信息。这有助于学校了解学生的学习能力和兴趣方向，为后续教育提供针对性的支持。

4. 学生的社交情况

了解学生在初中的社交圈、朋友关系以及参与的社团、俱乐部等活动，有助于学校了解学生的社交能力和兴趣爱好，为其在高中阶段提供相应的社交支持。

5. 家庭的文化和价值观

通过询问家长或学生了解家庭的文化背景、传统价值观和教育观念等，这些信息可以帮助学校更好地理解家庭对教育的期望和看法，为学校与家庭之间的配合提供依据。

6. 学生的兴趣和目标

了解学生对未来学习、职业和个人发展的期望和目标，可以帮助学校为学生制定个性化的学习规划和发展方向。

这些资料可以通过面谈、问卷调查或其他形式进行收集。在家访前，学校可以准备一个针对这些资料的简要提纲，以指导和记录家访的过程。通过收集详细的资料，学校可以更好地了解被访对象的特点和需求，从而实现更有效的家访效果。

（三）设计访谈提纲

为了确保家访中思路清晰、有针对性和充分沟通，教师需要在家访前设计一个访谈提纲。针对高一新生，可以考虑以下内容来设计提纲，以达到新生家访的主要目的（参见附件《新生访谈提纲》）。

1. 新生特点

过渡问题：询问学生是否有初中到高中的过渡困惑或适应问题，了解他们对新环境、课程要求和学习压力的看法。

目标和期望：探究学生对高中学业和个人发展的目标和期望，了解他们的兴趣爱好和潜在优势。

2. 学段特点

自我意识和独立性：询问学生对自我认知和独立思考的看法，了解他们如何处理学习、社交和生活中的决策和挑战。

学习方法和规划：了解学生的学习方法和规划能力，帮助他们建立合理的学习习惯和目标。

3. 生源特点

兴趣和特长：询问学生在兴趣爱好和特长方面的表现，了解他们是否参与社团、俱乐部或其他活动，以及他们对个人发展的追求。

家庭支持：了解学生在家庭中的支持体系和家庭对学业的期望，以便学校和家庭之间形成有效的合作关系。

此外，还应考虑以下几点：

尽量使用开放性问题，以鼓励学生提供全面的回答。

确保访谈的氛围轻松和亲切，让学生感到舒适和放松。

鼓励学生分享他们的想法、感受和困扰，以便学校能够为其提供适当的支持和帮助。

通过设计上述访谈提纲，教师可以更全面地了解每位新生的情况，为他们的学习和发展提供更有针对性的支持和指导。

（四）提前进行沟通

1. 提前预约家长

教师首先需要提前电话预约，征求家长的意见。在得到明确答复后，教师还要和家长确定具体的家访时间，以便家长进一步做好相关的准备工作，从而打消内心的顾虑。

2. 提前告知学生

教师提前联系学生，并告知家访的目的、与家长交流的大致内容和范围，以便获得学生的理解与支持，避免因沟通不到位而产生抵触情绪。

二、访谈进行

（一）细心观察

对学生居家环境、家庭成员的关系进行观察，有助于教师对学生的行为表现做归因分析，以及预测家庭状况给学生发展可能带来的影响。

（二）真诚沟通

根据提前拟定的《新生访谈提纲》开展家访。家访时间大概控制在1小时以内。建议在访谈的内容上着重注意以下几点：

1. 谈"初高衔接"的应对策略

包括学习内容、学习方式、生活方式、心理状态等高一新生面临的一系列转变带来的问题及应对策略。

2. 谈高中生身心发展特点

通过专业知识和教育经验，指导家长要把握高中学生的特点，保证孩子成长的自主权、选择权，用无条件的爱与接纳建立良好的亲子关系，赋予孩子成长的动力。

3. 谈家校协同共育

班主任介绍班级科任组成、家委会组建情况、家委会运行章程，与家长探讨班级家委会的组建方式、运行模式和共育策略。

4. 谈家长期许和建议

了解学生初中阶段状况、家长的期许和对学校或教师的建议，倾听家长的困惑，并给予一定的专业指导，争取家长与学校建立良好的配合。

此外，在沟通的过程中，可适时赠送提前准备的小礼物、宣传册、教师介绍卡片等，拉近和学生及其家长的距离。

（三）教师礼仪

教师要注意家访礼仪，态度友好，言谈亲切，举止大方，争取赢得家长对教师的认同，使家长感受到教师对学生的真诚爱护和关怀，获得家长的信任与支持。

不打听家庭隐私，合理控制家访时长，遵守家访纪律。

三、访谈结束

（一）归类梳理，丰富家访档案

访谈结束后，需完成家访信息收集表的填写，归类梳理共性问题和特殊问题，形成班级学生家庭情况分析，结合学校要求和班级实际分类丰富家访档案。

（二）协调反馈，及时提供帮助

根据实际情况，做好与任课教师、心理教师、学校领导等的沟通协同工作，在后续阶段要及时对特殊家庭和学困生提供帮助，一起关注学生的进步。

（三）总结反思，分享家访经验

及时总结反思，与同年级教师分享新生家访工作经验，总结富有成效的家访教育案例，不断积累经验，以提升家访工作的实效性。

【结束语】

高一新生家访活动，既为学校和家长提前搭建了沟通渠道，也让师生间提前增进了解，为开学后教育教学工作的规划与开展提供了帮助。播种爱，根植爱，便能收获爱。走进每一个家庭，走近每一位孩子，教师们用自身微弱的光与热照亮孩子们前行的路。

附件

《新生访谈提纲》			
受访家庭		联系方式	
家庭住址			
访谈提纲			
针对学生	新生特点	1. 初、高中衔接的暑假生活情况 2. 学生对初、高中学习的认识 3. 学生现阶段的心理状态	
	学段特点	1. 学生对高中人际交往的认识 2. 学生高中三年的理想目标 3. 学生对高一新学期的困惑	
	生源特点	注：教师根据本校生源特点设计	
针对家长	1. 家长养育孩子的经历 2. 家长在孩子高中阶段的角色定位 3. 家长对孩子高中生活的期望 4. 家长对学校、年级的意见和建议		
希望家长配合的方面			
下阶段教育举措			

3. 建立微信群

通过微信群，家长和教师可以更方便地交流和合作，从而促进家校的紧密联系。微信群为家长和教师提供了一个快捷的信息传递渠道，能够有效提高通知和活动安排的效率，让家长及时了解学校的最新动态。此外，微信群也促进了家校互动，家长可以分享孩子的学习成果和生活趣事，通过互相交流经验和建议实现共同成长。建立家校沟通微信群不仅增进了家校之间的信任和理解，也让家长、学生和教师形成了一个紧密联系的共同体，共同关心和呵护每个孩子的成长。因此，家校沟通微信群为提升教育质量、促进学生综合素养的发展提供了良好的环境和条件。

　　建立家校沟通微信群的群规是必要的，因为它能统一沟通方式和规范、维护和营造和谐的沟通氛围、保护个人隐私和信息安全，同时还能提高家校合作的效率。通过明确规定发布内容、提问方式和回复规范，成员能够在一个秩序井然的平台上进行交流，并相互尊重、文明对待。群规也有助于确保个人隐私得到妥善保护，防止虚假信息的传播。此外，群规还能指导家长和教师如何更好地合作，使双方能够更有效地支持学生的学习和成长。以小荷班家校沟通微信群群规为例。

小荷班家校微信群文明公约

亲爱的家长们：

　　大家好！我们在这个班级家长微信群聚集在一起，是缘分使然，一起走着则是我们的幸福！为了确保班级家长微信群的长久运行，我们需要从各个家庭的愿景中提炼出一个共同的目标（群规），以团结所有家长。

　　一、约定时间

　　（1）教师一般会在 11∶50—12∶40、17∶00—17∶30 和 21∶30—22∶20 这三个时间段发布信息（临时紧急通知除外）。

　　（2）请避免在中午 12∶40—13∶40 和晚上 22∶20 之后在群里发布信息，以免打扰他人休息。

　　（3）如遇紧急事件，请直接电话联系教师。

　　二、约定内容

　　（1）班级家长微信群用于教师发布学校和班级的重要通知，以及分享学生日常学习、生活等信息。若是班级内存在共性问题，教师会在群里与家长进行交流；若是个别问题，教师会进行个别沟通。

（2）考试成绩和排名等信息属于私人信息，因此教师不会在群里公布。为了给孩子一个客观、全面、公正的评价，请不要在群里询问孩子的近期表现。如有个别问题需要咨询，请私信、电话或到校交流。

（3）请不要在群里发布未经证实的内容；言辞要文明、积极向上，不发表攻击他人的言论；请不要发布可能影响班集体团结的内容。

（4）对于涉及个别问题需要家长之间沟通的情况，请私下进行交流。

（5）请不要在群内集赞、拉票或发布与孩子教育无关的信息。

（6）对于教师发布的信息，如有"收到请回复"字样，请家长及时回复"收到"，无需发送其他文字，以免信息被覆盖，导致某些家长无法正常查看信息。

三、约定人员

（1）微信群成员一般仅限孩子的父母。如有特殊情况需要将其他亲戚拉入群聊，请与教师提出申请。进入群聊后，请将群昵称更名为某某学生家长，以方便教师认识与联系。

（2）请确保家长在班级家长微信群中使用的微信号不被孩子使用。

以上为微信群规，请大家共同遵守。让我们携手努力，为我们孩子的成长与发展共同营造一个良好的家校合作环境。再次感谢大家的支持与合作！

祝愿我们的班级家长微信群越来越融洽，每个家庭都能共同成长并快乐幸福！

4. 与学生谈心

与学生谈心是一种重要的沟通方式，可以帮助教师更好地了解学生的思想、情感和需求，谈心过程可以划分为三个阶段：谈心前、谈心中和谈心后。教师可以定期安排个别时间与学生交谈，了解他们在学习和生活方面的想法、困扰和目标。这种心灵沟通的机会可以帮助教师更好地理解学生的心理需求和关注点，从而为学生提供更精准的支持。

（1）谈心前

在进行谈心前，首先需要创建一个信任的环境，建立良好的师生关系和信任基础，以便让学生感到舒适和愿意分享。除此之外，进行预备性准备也是必要的，明确谈心的目的和重点，并选择合适的时间和地点，确保有足够的时间进行交流。另外，在谈心前深入了解学生的背景信息和个人情况也非常重要，这样可以更有针对性地引导对话，使谈心更加有效和有意义。

（2）谈心中

在进行谈心时，有四个关键要点需要把握好：

一是以倾听为靶。将倾听作为谈心的核心目标。在与学生交流时，要专注倾听他们的想法、感受和问题，给予他们充分的表达空间。通过倾听，能够更好地理解学生的需求和挑战。

二是以协商为法。在谈心过程中，采用协商的方式处理问题和冲突。与学生共同探讨解决方案，让他们参与决策过程，激发他们的自主性和责任感。通过协商，能够与学生建立合作的关系，同时培养学生解决问题的能力。

三是以耐心为基。在与学生谈心中，要保持耐心和善意。给予学生足够的时间表达自己的想法和情感，对于学生的回复不急于做出评判和回应。耐心的态度有助于学生感到被尊重和理解，从而更加愿意与教师进行真实而深入的交流。

四是以实效为本。谈心的目的是为了达成实际的效果和改进。因此，要确保谈心的过程能够产生实际的影响和积极的变化。与学生共同制定明确的目标，并跟进评估进展，确保谈心的结果能够实现预期的效果。

通过以倾听为靶、以协商为法、以耐心为基、以实效为本，教师可以与学生进行有意义的谈心，建立更深入的沟通和理解。这种有效的谈心过程有助于增强师生之间的信任和合作，从而促进学生的发展和成长。

（3）谈心后

在谈心后，有几个重要的方面需要特别关注和实施：首先，及时跟踪谈心的效果和成果。和学生一起回顾谈心的内容，确认是否实现了预期目标。了解学生是否有改善或积极的变化。持续关注学生的情况，并与他们保持沟通，以确保谈心的效果持续发展。其次，根据谈心的结果，采取适当的措施巩固所取得的成果。为学生提供支持和资源，帮助他们克服困难和继续取得进步。例如，制订个人目标计划、提供指导或辅导，或者引导他们参与相关的活动和培训。同时，保持对学生的关注和关心。持续观察他们的表现和行为变化，及时发现和解决潜在问题；通过定期的检查、一对一交流或小组讨论等方式，与学生保持联系并了解他们的发展情况。最后，给予学生积极的反馈和鼓励。认可和赞赏他们所取得的进步和努力。通过肯定的语言和行为，激发他们的学习动力和自信心。建立积极的反馈回路，鼓励学生在学习和生活中持续努力。

通过跟踪问效、巩固成果、时刻关注和积极鼓励，教师能够保持与学生的良好联系，并持续支持他们的成长和发展。这种关怀和关注不仅有助于解决学生所遇到的问题和困惑，也能营造积极的学习环境，促进学生全面发展并取得成功。

四、互动开展：三品德育中的家长会

互动式家长会在三品德育中具有重要的意义。首先，它加强了学校和家长之间的合作关系，为共同培养孩子的品格、品行和品位建立了沟通桥梁。家长们能够更好地了解学校的教育理念和教学目标，与教师和学校管理层进行交流，共同制订孩子的教育计划。其次，互动式家长会增强了家长的参与度，鼓励他们积极参与孩子品德、品行和品位的教育。家长作为孩子的第一任教师，通过分享经验、交流观点和了解最新的教育趋势，能够有效地对孩子的成长产生积极的影响。此外，互动式家长会还鼓励学生主动参与品德、品行和品位的培养。学生有机会向家长展示他们的成长和努力，并通过与家长互动，增强自身的自信心和领导能力。最后，互动式家长会促进了学校、家庭和学生共同建设育人环境的合作。家长们可以相互分享育人经验、提供支持和互助，共同创造良好的教育氛围。这种协作有助于为学生提供全方位的成长和发展机会，形成家庭、学校和社区的育人共识。

互动式家长会在三品德育中扮演着重要角色，通过促进合作、提升家长参与度，推动学生主体参与和共同建设育人环境，实现学生品格、品行和品位的全面发展，提高整个教育体系的育人效果。在三品德育中，可以采用以下四种互动方式的家长会。

（一）学生主人翁互动式

在学生主人翁互动式的家长会中，将学生置于主导地位是一种强调学生参与和主动性的教育模式。这种模式有助于激发学生的责任感、领导才能和自信心，并提供一个平台让他们展示自己在品格、品行或品位方面的成长经历。

当学生承担主持和组织家长会的角色时，他们在班级的决策过程中发挥着重要的作用。这种参与形式增强了学生对自己学习环境和学业发展的认同感，并鼓励他们积极参与学校事务。学生们可以利用这个平台分享他们在品格、品行和品位方面的成长经历，比如参与志愿活动、担任学生领导职务或参与艺术项目等。他们可以通过展示自己的学习成果和项目，向家长们展示他们在学业上的努力和成就。

在学生主导的家长会中，家长们也扮演着重要的角色。家长可以提出问题和建议，与学生共同讨论，并从学生的角度了解他们的学习和成长需求。这种形式的互动促进了家长和学生之间的交流和理解，有助于家长更好地支持孩子的学习和发展。家长的参与还能够为学生提供更多的指导和支持，并促使学校针对学生的需求进行改进和调整。

通过学生主导的家长会，学生们不仅可以展示自己的才华和成就，还能够培养自身的沟通、组织和领导能力。同时，家长们也能更深入地了解孩子们的学习和成长，建立起更有效的家校合作关系。这种学生主人翁互动式的家长会能够为学生的全面发展提供更广阔的舞台，激发他们的潜能，并促使家长和学校更有针对性地支持他们的学习和成长。

（二）热点主题研讨互动式

热点主题研讨互动式的家长会可以极大地促进对品格、品行和品位相关话题的认识和理解。选择当前社会上引起广泛关注的热点话题，例如道德伦理、人文艺术、环境保护等，可以引起学生和家长的共鸣，并激发他们对相关品质的思考和探讨。

为了使研讨更加丰富和有深度，可以邀请相关领域的专家或特邀嘉宾作为主题演讲人。这些专家可以为与品质相关的议题提供专业知识和观点，与家长和学生分享他们的研究成果和经验。专家演讲后，可以开放性地进行问答环节，让家长和学生有机会提出问题、探索疑惑，并从专家的回答中获得启发和建议。

此外，互动式的讨论也是非常重要的一环。家长和学生可以自由交流，分享自己的见解、经验和故事，从而促进彼此之间的思想碰撞和相互启发。通过分享个人的实践和体验，大家可以从各个角度探讨如何在日常生活中培养和提升各种品质。这种互动式的研讨不仅加深了学生和家长对话题的理解，还培养了学生的批判思维和表达能力，同时为学生和家长提供了一个彼此倾听和学习的平台。

通过热点主题研讨互动式的家长会，家长和学生能够共同参与，从多个角度探索和深化对品格、品行和品位的认识。他们将能够接触到专家的知识、其他家长和学生的经验，并在互动中共同探讨如何在日常生活中践行和提升这些品质。这样的研讨活动有助于培养学生的综合素养和社会责任感，同时也促进了家校之间的紧密合作和沟通。

（三）圆桌茶话会互动式

圆桌茶话会互动式是一种非常有效的方式，它能够促进学校、家长和学生之间的交流和合作，共同探讨品格、品行和品位的相关话题。在这种茶话会中，可以选择一个适当的场地，确保环境舒适和轻松。学校、家长和学生可以围坐在圆桌周围，每位参与者都有平等的发言机会。通过自由的交流和互动，每个人都可以分享自己的观点、经验和建议。

圆桌茶话会为学校、家长和学生提供了一个平等的平台，让每个人都能够发表自己的观点和意见。这种平等性可以促进尊重和理解的氛围，激发参与者的思考和表达。每位参与者都应该尊重他人的意见，并对他人的观点提供积极的反馈。通过互动式的圆桌讨论，可以形成共识和合作。参与者可以从不同的角度思考和分析问题，寻找解决方案，并制订相应的行动计划。他们可以相互启发，分享成功的经验和最佳实践，共同探讨如何在日常生活中培养和提升各种品质。圆桌茶话会对于品质教育的有效实施起到了关键的作用。通过家长、学校和学生之间的密切合作，可以达成一致的教育目标，并制订相应的教育计划。同时，参与者也能够共同反思和评估已经实施的教育措施，共同寻找改进的机会。

圆桌茶话会互动式是一种促进学校、家长和学生之间合作和沟通的有效方式。通过平等的发言机会和自由的交流氛围，参与者可以自由分享观点、经验和建议，并与他人达成共识，为品质教育的实施提供关键的支持。

（四）分散摆摊互动式

分散摆摊互动式家长会是一种创新的形式，通过将家长会分成多个站点，由不同学科的科任教师负责，为家长提供个性化、专业化的参与体验。家长们可以深入了解各个学科的教学内容和课程目标，与教师面对面交流，共同关注孩子的学习发展。这种形式有利于促进家校合作，以便为孩子的教育提供更好的支持和指导。

在分散摆摊互动式家长会中，家长会被分成多个站点，每个站点代表不同的学科领域，如语文、数学、英语、物理等，分别由相应的科任教师负责。每个站点都设置与该学科相关的内容和活动，教师可以准备展示、实验、讲解或互动活动，让家长们了解该学科的教学内容、教学方法以及学生的学习成果。

在家长会期间，家长们可以自由流动，选择他们感兴趣的站点进行参观和交流。他们可以与科任教师面对面沟通，咨询问题，了解学科的发展和学生的学习情况。这种互动有助于家长们更全面地了解学校的教育教学情况，以及如何更好地支持孩子在学习上的发展。同时，分散摆摊互动式家长会也促进了教师和家长之间的互动和合作。教师可以借此机会与家长面对面交流，了解他们对教育的期望和需求，并反馈学生在学校的学习情况。这样的互动有助于建立家校合作的良好关系，为孩子的教育提供更好的支持和指导。

五、协作共进：三品德育中的班级家委会

在培养学生的品格、品行和品位方面，班级家委会担当着重要的角色。家委会是家长和教师之间的桥梁，旨在促进家校合作，共同致力于学生的综合素养培养。通过班级家委会的组织和活动，我们能够为学生提供一个全面的品德教育平台，培养他们的品格、引导他们的品行，并塑造他们的品位。本部分将重点介绍班级家委会在三品德育中的关键作用，以及家委会与家长、教师共同

合作的意义和效果。让我们一起深入探索班级家委会在培养学生良好品质过程中的重要性和影响力。

（一）班级家委会的重要性和作用

班级家委会是由班级家长组成的组织，旨在与教师团队密切合作，共同关注、支持和发展学生的品德教育。家委会作为家长与教师之间的桥梁，扮演着协作共进的重要角色，对于三品（品格、品行、品位）德育的实施具有以下重要性和作用。

1. 协作与合作

班级家委会促进了家长与教师之间的协作与合作。家长作为学生的监护人，能够提供宝贵的观察与反馈，而教师则具备专业的教育经验，家长与教师进行合作能够更好地服务于学生。通过家委会，家长和教师能够共同制订针对学生教育的目标和计划，并共同参与相关的活动和项目。他们可以相互交流、协商，并共同努力促进学生的全面发展，实现学校与家庭的无缝对接。

2. 家校沟通与信息共享

班级家委会为家长和教师提供了一个良好的沟通平台。家长可以通过家委会向教师反馈自己对于品德教育的意见、建议和关切，倾听教师对孩子的评估和指导。同时，教师也可以通过家委会与家长分享关于班级发展的信息、计划和进展情况。这种沟通渠道的畅通有助于家长和教师建立互信与理解，从而加强学校与家庭之间的紧密合作。

3. 家长参与与支持

班级家委会为家长提供了参与学校教育的平台。家长可以通过家委会参与教育活动的组织和实施，包括策划家长进校园讲座、组织志愿者服务等。这样的参与使得家长更加了解学校的教育理念和目标，并能够在教育过程中发挥积极作用，为孩子的全面发展贡献自己的力量。

4. 学生教育与培养

班级家委会通过组织和支持各类教育活动，对学生的全面成长起到积极的影响。家委会可以通过组织相关讲座、社会实践、文化活动等方式，培养学生的责任感、团队合作精神和良好的社会情操，以提升他们的品格、品行和品位。通过家委会的协助，学校能够更好地满足学生的教育需求，为他们提供更全面的品德教育。

班级家委会在三品德育中具有协作共进的重要性和作用。它促进了家校之间的合作与沟通，使家长与教师共同关注学生的品德教育，实现家校一体化的教育目标。家委会的存在和发展，为学生的品格、品行和品位提供了更多的支持与保障，能够帮助他们全面发展和成长。

（二）班级家委会的筹建

在家校合作中，班级家委会发挥着重要的作用。家委会作为学校和家庭之间的桥梁，致力于促进家校合作，提升学生的全面发展。班级家委会的筹建是一个步骤重要、意义深远的过程。通过建立班级家委会，家长们可以合力参与学生的教育，共同为孩子们创造一个良好的学习环境。下面我们将探讨如何筹建班级家委会，包括选举产生家委会成员、确定家委会的组织结构、明确家委会的职责和目标等方面的内容。通过家委会的建设，我们将共同为学生的成长与发展贡献我们的力量，促进家校携手共进，为孩子们打造一个美好的教育舞台。

1. 发"英雄帖"

在筹建班级家委会时，我们希望能够广泛吸引家长们的参与和支持，共同开创一个共治教育大业的伟大事业。家长的参与对于孩子们的教育至关重要，因此我们需要向他们发出一份特别的邀请—— 一封英雄帖。

共治大业，邀您开创

亲爱的家长：

　　您是否曾幻想过成为孩子们心目中的英雄？是否希望能够为他们的未来和成长助力？我们诚挚地邀请您加入我们的行列，共同开创班级家委会的伟大事业！

　　班级家委会是一个充满使命感和责任感的组织，它的存在是为了促进家校合作，为孩子们创造一个更好的学习环境和成长平台。在这个家委会的舞台上，您将成为孩子们眼中的英雄，在其中扮演关键的角色。

　　通过您的参与和支持，您将与其他家长共同构筑家校之间的无缝沟通桥梁。您将与学校密切合作，共同实现深度共治的目标。您的经验、知识和热心将为班级家委会注入力量，为孩子们的全面发展和幸福成长贡献力量。

　　班级家委会的使命是让孩子们像茁壮成长的小荷一样自成风骨。我们希望他们能够厚积薄发，成就各自精彩的人生。而您的参与和贡献将为他们的成长之旅铺就一条璀璨的道路。

　　不论您拥有的时间和能力如何，您的加入都将产生重大的影响。您可以组织活动、提供资源、参与决策，或是分享您的经验和智慧。您的每一份贡献都将为孩子们带来更多的机会和成长空间。

　　让我们一起开创班级家委会的辉煌篇章！请您回函确认您对班级家委会的兴趣和参与意愿。让我们携手共进，共同追求孩子们的美好未来。英雄，我们期待与您并肩前行！

诚挚邀请

小荷班家委会筹备组

2. 召开微家长会，物识人选

在开学初，以学习小组为单位，组织圆桌茶话会形式的互动式家长会，和家长共同探讨开学以来本学习小组孩子们的学习与生活情况。同时，在本次微家长会中，每个学习小组推荐一名家长作为代表，参与家委会的组建过程。这样可以确保各个班级的家长都能充分参与，并且代表了学生家庭的多样性。因此，我们也向家长发一份微家长会的邀请函。

小荷班家长会邀请函

亲爱的家长：

在新学年即将开始之际，我们诚挚地邀请您参加一次特殊的微家长会，以促进家校合作，共同关注并探讨学习小组孩子们的学习和生活情况。为了确保各个班级的家长都能充分参与，并且代表学生家庭的多样性，我们决定以学习小组为单位，组织一场圆桌茶话会式的互动家长会。

这次微家长会旨在为我们搭建一个开放而温馨的交流平台，让家长们能够就孩子们的学习进展、遇到的困难、兴趣爱好等方面进行深入的沟通和分享。我们希望通过这样的互动式家长会，增进我们之间的相互了解，形成更紧密的家校合作关系。

同时，在微家长会中，我们计划推选一位家长作为学习小组的代表，参与家委会的组建过程。这样的安排将确保各个班级的家长都能有机会参与到家委会的活动中，并能代表学生家庭的多元性。我们相信，每位家长都有独特的经验和洞察力，都能够为家委会的发展做出宝贵的贡献。

在微家长会之前，您会收到一份正式的邀请函，详细说明时间、地点以及会议议程等信息。请您确保及时回复以便我们做好相应的准备工作。您的积极参与对于孩子们的成长和学习将起到非常积极的推动作用。

让我们共同营造一个融洽的家校合作氛围，以最佳方式支持和引导我们的孩子们成长。感谢您的关注和支持！

诚挚邀请

小荷班

3. 明确家委会职责与作用

家委会在学校和家庭之间扮演着重要的角色，旨在促进家校合作，共同关注和支持孩子们的学习和成长。在家委会的组建过程中，明确家委会的职责和作用至关重要，以确保其能够有效履行使命。

首先，家委会的职责之一是构筑家校无缝沟通的桥梁。作为家委会代表，其成员将成为学校和家庭之间的重要纽带。他们承担着与学校管理层、教师以及其他家长紧密合作的责任，以建立畅通的沟通渠道。这意味着家委会要及时传递信息、促进家校交流，并为学校提供家长的反馈和建议。确保沟通的顺畅将有助于学校与家庭之间更好地合作，达成共识，共同推动学生的发展。

其次，家委会应与学校携手实现深度共治。在这个角色中，家委会成员可以参与学校管理方面的工作，与学校共同制定和实施有关家长关注的政策、规章制度和活动安排。通过积极参与学校决策的过程，家委会为学校的发展和进步提供必要的支持和建议。这样的合作将有助于建立一种共同治理的理念，促进家校之间的合作关系进一步发展。

最后，家委会还有整合家长和教师的智慧、助力孩子乐享成长的作用。家委会的成员可以组织和协调各种有益于孩子发展的活动和资源。例如，他们可以策划亲子阅读活动、志愿者服务、主题讲座等，为家长和教师提供一个交流和学习的平台。这样的努力将有助于为学生提供更多的学习机会和资源，帮助孩子们充分发展潜能，实现全面成长。

在家委会的组建过程中，要肯定家委会成员的重要角色和贡献，这样能够加强他们的凝聚力和归属感。例如，可以颁发证书表彰他们在学校中的重要性。这将激励更多的家长积极参与到家庭和学校的合作中来，形成更加紧密的家校共同体。

家委会作为学校和家庭之间的桥梁和纽带，在促进家校合作中发挥着重要的作用。通过明确家委会的职责和作用，并充分发挥其功能，我们能够共同创造一个温馨、高效的家校合作平台，为孩子们的成长和发展做出积极贡献。

4. 细分部门，明确职责

为了更好地组织家委会的工作，我们细分多个部门，明确每个部门的职责。在小荷班家校共育中心，可以设立战略部、评估部和资源部，每个部门再细分为相关的处室，以明确各处室的职责。

（1）战略部

战略部包括策划处和议事处。其中策划处主要负责制订家委会的战略规划和发展计划，包括明确目标、制订行动计划和策略，并监督实施过程。议事处主要负责组织和安排家委会的例会和重要会议，记录会议内容、制定议程、整理决议，并促进各部门之间的协作与合作。

（2）评估部

评估部分为评价处和督导处。其中评价处重点负责制定并实施家委会内部工作的评估与反馈机制，收集和分析各项工作的数据和信息，提供评估报告和建议，以促进家委会的持续改进和提升。督导处负责监督各部门的工作执行情况，检查工作进展和结果，提供支持和指导，确保各项任务按时完成，并协调解决工作中的问题与挑战。

（3）资源部

资源部分为联动处和宣传处。联动处主要负责与学校、教育机构、社区以及其他相关组织建立紧密联系和合作关系，协调资源共享、信息交流和合作项目，促进家校共育的联动与互通。宣传处重点负责制订家委会的宣传策略和执行计划，包括制作宣传材料、管理社交媒体平台、组织宣传活动，以提高家委会的公众形象和知名度。

以上部门及处室的作用与职责旨在促进家委会的有效运作和发展。战略部负责制定整体发展规划，评估部负责评估工作效果和提供改进建议，资源部负责协调与外部资源的合作与宣传工作。各处室在各部门内负责具体的任务和职能，确保家委会的各项工作得以顺利进行，并为家长和学生提供更好的支持和服务。

（三）发挥家委会的力量

如何发挥班级家委会的最大力量？发挥家委会的最大力量需要家委会成员积极参与、合作沟通、为班级提供支持和建议，并代表家长群体参与班级决策和活动，从而提高学校与家庭的合作与共同发展。下面以班级与家委会共同为孩子准备不一样的励志奖品为例。

1. 制定活动奖励方案

家委会可以召集家长、教师和学生代表开展讨论，制定有吸引力且鼓励学生积极参与的活动奖励方案。该方案可以包括不同类型的奖项，例如学术成就奖、学科竞赛奖、社会实践奖等。同时，可以考虑设置一些特别的奖励，如心理关怀奖、勤劳奖等，以激励学生在高中阶段追求全面发展。

2. 召开家委会会议

家委会会议是沟通和决策的重要平台。在会议中，家委会成员可以讨论和确定奖励方案的具体细节，如奖项设置、评选标准、颁奖仪式、奖品种类和数量等。会议还提供了与家长和学生代表交流的机会，可以收集他们的意见和建议，从而达成共识和增加参与度。下面列举小荷班与家委会共同商定的颁奖仪式的例子。

小荷班不一样的颁奖仪式

每次的颁奖仪式会根据小荷班的实际情况进行调整和定制，以确保颁奖仪式能够充分展示学生的成就，并激励他们在学习和创新方面持续取得进步。

1. 评选标准

师生共同制定，明确评选标准，以确保公正、客观和透明的评选过程。评选标准可以包括学业成绩、创新能力、领导才能、团队合作等方面。确保评选标准与小荷班的教育目标和价值观相一致。

2. 奖项设置

根据评选标准设立不同的奖项，以表彰学生在不同领域的卓越表现。例如，可以设立"学业成绩最佳奖""最佳创新项目奖""领导力奖"等。确保奖项的设置能够全面反映学生的努力和成就。

3. 颁奖典礼准备

为颁奖典礼做好准备工作，注重班级的布置和装饰，使其与主题相呼应，包括班级布置、音响、音乐、PPT制作等，营造出独特的氛围。同时，为颁奖典礼设置红地毯，让获奖学生能够走过红地毯，增加仪式感和庄重感。

4. 学生发表获奖感言

效仿"感动中国"颁奖典礼，给予获奖学生机会，在颁奖仪式上发表获奖感言。这可以激励其他学生并让获奖学生分享他们的学习和成长经历。

5. 奖品设置

为获奖学生准备有意义和纪念价值的奖品。可以选择班级独有的定制化的奖杯、奖牌或证书，以及符合小荷班价值观的奖品，如书籍、学习资源或能够激发学生创造力的工具和设备。

6. 评选方式

确定评选方式，可以采取多种方式，例如教师推荐、学生投票或由评审团评选等。确保评选方式公平、公正，并根据评选标准进行综合考量。

7. 增强仪式感

设计仪式的流程，包括开场致辞、奖项介绍、学生获奖感言、颁奖环节等。在仪式中注重仪态端庄、庄重肃穆的氛围，彰显对学生成就的重视和尊重。在颁奖仪式结束后，为学生和家长提供互动交流的机会，例如举办茶话会或庆功活动。这有助于加强学校与家庭的联系，共同庆祝学生的成就。

3. 修改完善奖励方案

家委会成员应不断关注奖励方案的实施效果，并根据实际情况进行调整和改进。他们可以利用会议、问卷调查或特定小组讨论等方式收集反馈意见，了解奖励方案对学生的影响和激励效果，并根据反馈结果进行适当的修改和完善。

4. 面向学生与家长做好宣传

在设计奖励方案的同时，家委会应该重视宣传工作，让更多的家长和学生了解并参与其中。通过班级微信群、班级公众号、学生微信群等渠道宣传奖励方案的内容和目的，鼓励家长和学生积极参与活动，提高其知晓度和参与度。

第二节　齐聚"莲"手：多元资源协同

在当今的教育环境中，为了培养学生的综合素养和创新能力，单一资源的使用已经不再足够。班级是一个独特的群体，汇集了各种不同的个体和资源，而莲花是一种美丽且富有意义的植物，它展开的花瓣代表着多元资源的力量，在新的篇章中，我们将共同探索如何齐聚"莲"手，充分发挥多元资源的协同作用，包括社区资源、企业资源、数字化技术、实践资源等，为班级的学习和发展带来更多可能性。

一、资源对接：三品德育中的多元资源合作模式

在三品德育中的多元资源合作模式中，班级与社区、家庭和企业等各方资源进行紧密对接和合作，共同培养学生的品德素养和综合发展。这种模式旨在

通过整合多种资源的力量，为学生提供更广泛、深入和实践性的育人机会。

三品德育中的多元资源合作模式主要采取了三种形式。一是班级与社区资源对接。班级与社区合作，利用社区的资源为学生提供丰富多样的品德教育机会。例如，班级或学校可以邀请社区专业人士来校开展讲座、工作坊，分享成功经验和生活智慧，帮助学生树立正确的价值观和人生观。二是班级与家庭资源对接。班级与家庭要密切合作，充分发挥家长在培养孩子品德方面的作用。通过家长会、家访等形式，班级与家长要随时保持沟通和交流，共同营造良好的育人环境。同时，班级可以借助家庭资源，邀请家长参与课堂分享、社区服务等活动，让家庭成为学生品德培养的重要支持力量。三是班级与企业资源对接。班级与企业要建立紧密的合作关系，通过实习、实训、就业指导等形式，为学生提供品德培养和职业素养的实践机会。企业可以为学生提供实践实习岗位，让学生在实际工作中锻炼品德素养、人际交往和团队合作能力。

这些多元资源合作模式在三品德育的实施中相辅相成，互为补充。通过资源对接和合作，班级能够充分利用社区、家庭和企业等资源的优势，为学生提供更广泛、多样化的育人环境和机会，在培养学生全面发展和良好品德的同时，也能够提升学生的实践能力、创新思维和自主学习能力。

二、社区参与：社区与三品德育的相互关系

我们要充分利用社区资源。社区是我们生活中的重要一环，拥有着各种宝贵的资源和知识。我们可以与社区建立紧密合作的关系，邀请社区的专业人士、志愿者或学者来到班级，为我们分享知识、经验和故事。他们能够为我们提供实践机会、组织社区活动，让我们拓宽视野、增长见识。

班级还可以积极参与社区活动和服务项目，让我们深入社区，了解社区的需求和问题。通过参与社区服务，能够培养我们的社会责任感和公民意识，让

我们学会关心他人，为社区做出积极的贡献。同时，社区的各种资源也可以为我们提供丰富的学习机会，如社区图书馆、艺术馆、体育设施等，我们可以利用这些资源来丰富自己的学习和生活经验。

与社区的合作有助于构建班级和社区之间的紧密联系，形成互利互惠的关系。学校可以为社区提供教育资源和支持，例如举办公益讲座、开展义教活动等，以促进社区居民的教育意识和发展。同时，社区也可以向学校提供各种支持和资源，如提供实践机会、专业指导等，帮助学生实现品德素养和综合发展的目标。通过社区与学校的合作，我们可以建立起一个和谐、共同发展的教育生态系统，让我们的成长得到更全面、更全球化的培养。

社区参与是三品德育中不可或缺的一部分。通过与社区的紧密合作，我们可以充分利用社区资源，丰富学习经验，培养我们的品德素养和综合能力。同时，社区的参与也促进了学校和社区之间的合作与发展，为学生和社区居民共同创造了良好的教育环境。

小荷班参与沙湾古镇的实践活动

【活动目标】

1. 了解和体验沙湾古镇的历史、文化和风俗。

2. 培养小荷班学生对传统文化的兴趣和理解。

3. 探索与沙湾古镇相关的社区服务和文化交流机会。

【活动内容与安排】

第一阶段：沙湾古镇的欣赏与学习

1. 组织学生到沙湾古镇进行参观和实地考察，让学生了解古镇的历史沿革、建筑特色等。

2. 鼓励学生进行实地观察和文物研究，了解古镇的文化价值和传统习俗。

3. 组织学生进行沙湾古镇的导览活动，带领同学们一起探索古镇的特色景点和故事。

第二阶段：沙湾古镇的社区服务与支持

1. 学生选择一个与沙湾古镇相关的社区服务项目，如举办沙湾古镇文化展览、组织古镇保护宣传活动等。

2. 协助学生与沙湾古镇的居民、相关文化机构等建立联系，以获取必要的支持和资源。

3. 学生分组进行社区服务活动的策划与组织，包括活动宣传、志愿者招募等工作。

第三阶段：沙湾古镇的文化交流与参与

1. 邀请沙湾古镇的艺术家、文化专家或传统工艺师傅来到班级举行讲座和工作坊活动，并向同学们分享他们的经验和技艺。

2. 组织学生学习和体验沙湾古镇的传统工艺，如剪纸、布艺等，培养学生对传统文化的兴趣和了解。

3. 学生策划和组织沙湾古镇文化交流活动，与沙湾古镇的学校、居民一起举办文艺演出、摄影展等。

【评估与总结】

1. 在活动结束后，组织学生进行整体评估，包括活动的效果和学生的成长情况。

2. 与沙湾古镇的相关机构和居民进行反馈沟通，了解他们对此次活动的评价和意见，并从中吸取改进的建议。

3. 组织学生进行活动总结和经验分享，形成活动报告和展示，与其他班级分享经验和成果。

通过这个实践活动方案，小荷班的学生将能够深入参与沙湾古镇的实践活动，了解和感受古镇的历史、文化和风俗。通过参观、学习和实践，将培养学生对传统文化的兴趣和理解，同时也能够探索与古镇相关的社区服务和文化交流机会。这个方案将帮助学生拓宽视野，培养他们的社会责任感，还能够促进学生综合能力和品德素养的发展。

三、企业贡献：企业与三品德育的互动

借助企业资源，我们能够接触到丰富的实践机会和行业知识。通过与企业建立合作关系，我们可以参观企业环境，进行实地考察和交流。企业专业人士可以来校开展讲座或工作坊，向同学们分享各个领域的实践经验和职业发展建议。这将帮助我们更好地了解职业要求和社会需求，为将来的发展做好准备。

（一）参观企业

我们计划与企业建立合作关系，为学生安排参观企业的实地考察和交流活动。这些活动将包括行业导览，让学生参观不同类型的企业，了解多个行业领域的特点和运作方式。此外，学生还将有机会参观企业的生产线和创新实验室，以目睹现代化设备和技术研发的实践，了解整个生产过程的流程和环节。我们也将组织学生与企业的专业人士进行面对面的交流，通过座谈会和小组讨论，让学生与业界专业人士互动，探讨行业挑战和职业发展建议。为了更深入地了解企业，我们还计划组织实地考察和观摩活动，让学生参观企业总部、工厂或分支机构，观察企业文化、团队合作和管理风格等方面。通过这些综合性的参观活动，学生将能够亲身体验企业的运作模式、现代化设备和工作环境，加深对行业的全面了解。这样的参观活动将为学生提供宝贵的学习机会，增强他们的行业透视力和职业准备能力。

小荷班参观广汽企业的活动方案

【活动目标】

1. 让学生了解汽车制造业的发展和广汽企业的历史、文化和创新成果。

2. 培养学生对汽车科技和工业生产的兴趣，激发学生的创新和实践能力。

3. 提供学生与企业专业人士交流的机会，让学生进一步了解职业发展和行业需求。

【活动内容与安排】

1. 预备阶段

（1）介绍广汽企业的背景、发展历程和核心价值观，向学生介绍将要参观的内容和意义。

（2）组织学生进行相关的背景知识学习，包括汽车制造业的发展历史、技术创新等方面。

2. 参观广汽企业

（1）安排学生到广汽企业进行实地参观，了解车辆生产线、装配工艺和质量控制流程。

（2）学生将亲自观摩汽车制造过程，包括车身焊接、车辆涂装、总装等环节，感受工业生产的规模和现代化设备的应用。

3. 专家讲座和交流

（1）邀请广汽企业的专业人士来校园，举行讲座和交流会，分享汽车科技、行业趋势和职业发展机会。

（2）学生可以与专家互动、提问和讨论，了解汽车制造业的前沿技术和职业需求。

4. 创新体验活动

（1）组织学生参与广汽企业的创新体验活动，如虚拟现实技术展示、智能

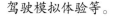

驾驶模拟体验等。

（2）学生可以亲自体验车辆科技和创新应用，激发学生的创新思维和对科技探索的兴趣。

5. 总结与反思

（1）活动结束后，组织学生进行活动总结与反思，让学生分享他们对参观活动的感受和收获。

（2）鼓励学生思考汽车制造业对社会经济的影响和可持续发展的重要性。

通过参观广汽企业的活动，小荷班的学生将有机会深入了解汽车制造业的发展和广汽企业的创新成果。同时，与企业专业人士的交流和互动将帮助学生了解职业发展机会和行业需求。这个方案将激发学生对汽车科技和工业生产的兴趣，培养他们的创新能力和实践能力，为未来的职业发展打下基础。

（二）讲座和工作坊

邀请企业的专业人士来校园举行讲座和工作坊的交流活动，旨在让学生接触真实的职业要求和社会需求，并提供实践经验和职业发展建议。这样的活动将让学生从不同行业的专业人士身上学习，为他们的未来发展方向提供更全面的规划。

在讲座活动中，我们将邀请来自不同领域的企业专业人士来校园分享他们的实践经验和知识。讲座主题将涵盖创业经验、领导力发展、市场营销策略等多个方面，以满足学生的多样化需求。同时，在工作坊活动中，学生将有机会与企业专业人士共同参与解决实际问题或开展特定任务。通过模拟项目管理、团队合作、市场调研等实践活动，学生能够与专业人士互动，以提升学生的实践能力和解决问题的能力。

这些活动还将设置问答交流环节，学生可以向企业专业人士提问，并与他们进行深入交流。从专业人士的经验中获取实用建议和指导，有助于学生更好地规划自己的职业发展。此外，学校和企业还可以共同提供职业发展资源，如求职技巧、行业规划、资源链接等，供学生进一步学习和探索。

通过讲座和工作坊的交流活动，学生将获得来自不同领域专业人士的实践经验和职业发展建议，同时还可以了解行业需求和发展趋势，有助于他们更好地规划自己的职业道路。这样的活动将为学生提供宝贵的学习机会，增强他们的实践能力，提升学生对职业发展的了解和应对能力。

（三）导师制度

为了更好地支持学生的职业发展和个人成长，我们与企业进行合作，建立了导师制度。这一制度将为学生提供个性化的指导和支持，帮助他们在职业生涯中迈出坚实的步伐。通过与企业导师的定期交流，学生将有机会从他们身上获得宝贵的经验和建议，从而更好地理解职业生涯中的挑战和成功之道。

企业导师将成为学生可信赖的指导者和导师，并与他们建立起良好的合作关系。导师将倾听学生的职业愿景和兴趣，帮助他们明确职业目标并制订可行的发展计划。导师将向学生分享自己在职业生涯中的经验故事和教训，引导学生勇于面对职业发展中的挑战和机遇。

导师制度的优势在于能够为学生提供高度个性化的指导。每位学生都将被分配一位企业导师，导师会根据学生的兴趣、能力和目标，为他们量身定制专属的发展计划和学习路径。导师将帮助学生发现自己的优势和潜力，并为学生提供实用的建议和指导，促进他们的成长和进步。导师制度还将通过定期会议、面谈和反馈机制来确保有效的沟通和追踪。导师将与学生一起制定目标，并在整个导师关系期间提供持续的指导和支持。导师还可以引荐学生参与企业内部项目、实习或行业活动，让学生有机会将所学知识应用到实际工作中，进一步提升他们的职业素养和技能。

通过与企业的导师制度合作，学生将受益匪浅。他们将获得实践经验、职业发展建议和行业洞察，从而更好地为他们的未来职业道路做出明智的决策。导师制度的实施将帮助学生建立有价值的专业网络，并增加他们在职场中的竞争力和可持续发展能力。

（四）实习和实践机会

与企业建立实习和实践基地，为学生提供丰富多样的实践机会。这一举措旨在搭建学生与企业之间的桥梁，让学生能够将课堂上学到的知识应用到真实的工作场景中，从而提高他们的实践能力和职业素养。

通过与企业建立合作关系，我们为学生提供了广泛的实习机会。学生有机会选择适合自己兴趣和专业背景的实习岗位，并在企业实习期间与专业人士密切合作。这种实践经验不仅让学生对自己所学的学科有更深入的理解，还能够培养他们的团队合作能力、解决问题能力和沟通技巧。

我们的实习和实训基地不仅为学生提供了与企业合作的机会，还致力于为学生创造一个真实而有挑战性的工作环境。学生将接触到实际项目和业务情景，在实践中掌握各种技能和知识。他们将学习如何应对工作中的实际问题和挑战，培养自身解决问题的能力和创新思维。在实习和实训期间，学生还有机会与企业中的专业人士进行交流和互动。他们可以向导师和同事请教问题，以获得实用性的建议和反馈。这样的交流有助于学生扩展他们的职业网络，建立起有价值的人际关系，并为他们的职业发展提供更多的机会和资源。

同时，实践是培养技能和应用知识的重要途径，我们要充分利用实践资源。通过组织实践活动，如参观博物馆、科学实验、社会调查等，我们能够将课堂知识与实际联系起来，从而提升我们的实际动手能力、观察能力和问题解决能力。此外，积极参与课外活动、社团组织等也能够为我们提供更广泛的实践机会，让我们在实践中不断成长。

通过实习和实践机会，学生可以更好地掌握实践技能，培养自身的职业素养，并能够将所学知识与实际应用相结合。这种实践经验不仅丰富了学生的简历、增加了他们在就业市场上的竞争力，还为他们未来的职业发展奠定了坚实的基础。我们致力于持续与企业合作，不断丰富实习和实训机会，为学生提供更多实践成长的机会。

我们班级积极齐聚"莲"手，充分发挥社区、企业、实践和数字化等多元资源的协同作用。通过与各方资源的合作、借力和共享，我们将为班级的学习和发展注入更多的活力和创造力。让我们携手前行，开创一个充满多元资源协同的美好未来。

四、劳动实践：劳动教育与三品德育的结合

习近平总书记 2013 年 4 月 28 日在同全国劳动模范代表座谈时的讲话时表示："劳动是财富的源泉，也是幸福的源泉。人世间的美好梦想，只有通过诚实劳动才能实现；发展中的各种难题，只有通过诚实劳动才能破解；生命里的一切辉煌，只有通过诚实劳动才能铸就。"在高中阶段，学生的人生观和价值观处于正在形成的关键时期，劳动教育在这个阶段变得至关重要。然而，由于受到高考的制约，高中阶段的劳动教育一直是教育体系的短板，也是人才培养全过程的薄弱环节。因此，我们面临一个重要任务，即如何遵循教育规律，在开展劳动教育的过程中，为学生提供了解社会、了解自我、确立人生坐标定位的机会。劳动教育与生涯教育的融合可以帮助学生奠定幸福人生的基础，同时也成为实现立德树人根本任务的有效手段。通过劳动实践、劳动教育与三品德育的结合，我们将探索如何实现学生德智体美劳全面发展，这也是我们面临的时代新课题。让我们一同探索这个主题，为学生的全面成长搭建坚实的桥梁！

（一）劳动教育在三品德育中的意义

在当今社会，由于高考压力的逐渐增加，劳动教育在普通高中学校里受到了弱化的趋势。许多学生在家庭环境中也缺乏对劳动的重视，同时社会对劳动的价值也逐渐淡化。这导致学生劳动机会减少，劳动意识不足，出现了一些轻视劳动、不懂劳动、不珍惜劳动成果的现象，进而对学生形成正确的"三观"产生了影响。

然而，新时代对我们提出了重新认识劳动教育综合育人功能和独特价值的要求。作为一个旨在培养"有理想、有责任、有激情、有理性、全面发展的现代中学"的班级，小荷班将劳动教育视为立德树人的根本任务，并在教育过程中保持了对劳动教育的长期坚持，且取得了一定成效。更重要的是，班级将劳动教育与生涯教育有机地融合在一起，更好地引导学生明确自己的生涯目标和职业发展规划，并通过劳动实践培养他们的实践能力、团队合作精神和社会责任感。

在小荷班，劳动教育不仅仅是简单的技能培训，其更注重培养学生的品德素养和正确的价值观。通过参与劳动活动，学生能够体验到劳动的辛苦和付出的价值，培养勤劳、自强不息的品质。同时，他们也学会了珍惜劳动成果、尊重他人劳动的优良品质。在劳动教育中，小荷班注重激发学生的兴趣和激情，通过设置有挑战性和实践性的劳动任务，能够激发学生的创造力与创新精神。通过与社会的联系和互动，学生也能更好地了解社会的劳动价值和尊重劳动者的尊严，从而建立正确的劳动观念。

劳动教育在综合育人中具有独特的功能和价值。在小荷班，劳动教育常被紧密地融入到教育活动中，通过劳动实践培养学生的实践能力、品德素养和正确的价值观，为学生提供全面发展的机会，使他们成为有责任感、有担当的现代中学生。

（二）劳动教育在三品德育中的研究目标

落实立德树人的根本任务之一是进行生涯教育。在生涯教育的视角下，我们需要从价值观、能力和职业规划等方面来丰富和完善劳动教育体系，从而真正发挥劳动教育的价值，让高中劳动教育在学生中扎根生长。为了实现这一目标，本项目以"高一学会适应，高二不断超越，高三成就自我"为发展路线图的总目标，根据学段和学生的情况，设计并实施生涯教育下的劳动教育实践活动，并使其成为一系列连贯的活动，以引导高中生在不同阶段追求不同的目标，培养他们乐观向上的心理品质，推动他们全面发展。

在劳动教育中，我们关注三个层面。首先，从价值观层面，通过劳动教育活动，我们引导学生树立正确的价值观，让他们认识到劳动的重要性，并培养学生尊重劳动、勤奋和坚持不懈的品质，从而促进他们形成正确的人生观和价值观。其次，从能力层面，我们设计劳动教育活动的目的是培养学生的实践动手能力、团队合作能力和问题解决能力等。通过实际操作和团队协作，可以培养学生实际技能，提高解决问题的能力，并在实践中不断成长。最后，从职业规划层面，我们通过劳动教育引导学生认识不同职业的价值和特点，让他们了解自己的兴趣和潜力，并为未来的职业规划提供基础。学生可以参与职业实践活动，深入了解各个行业的工作内容和要求，从而有针对性地制定自己的职业目标。通过这些综合措施，我们能够在劳动教育中全面培养学生，引导他们形成积极向上的心态，促进他们的全面发展。

1. 指导高中生构建认知世界的方式

劳动教育应该帮助学生改变传统的成长方式，重新指导他们构建认知世界的方式。这包括帮助他们克服纸面成长的局限，培养他们参与社会生活的基本技能，学会合理安排自己的生活和学习。此外，劳动教育还应进一步培养学生的探索精神、创新能力，以及分享经验的能力，以适应新时代所需的关键能力。

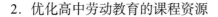

2. 优化高中劳动教育的课程资源

劳动教育应该通过开展家庭劳动教育、学校劳动教育、假期生活重建和社会劳动教育等四大课程，不断丰富劳动教育的课程资源。此外，还应创建多元开放的学习环境，促进学生能够接触社会场馆、实践基地、厂矿和演艺文创单位，以丰富他们的劳动教育经验。

3. 搭建全面化劳动教育融合体系

劳动教育应该采取"主题式、项目化、融合性"的策略，全面落实"四个一"原则。这意味着在劳动教育中将主题设置清晰化，以项目为载体进行学习和实践，融合各个学科和领域的要素，有助于实现劳动育人的全方位目标。

4. 健全高中劳动教育的评价体系

劳动教育的评价应以展示性评价和常态化评价为主导。通过"一主题一展示"和"一主题一清单"的评价模式，即"1+1"评价，可以更好地内化劳动的价值，并促进学生的全面发展。

劳动教育在三品德育中的研究目标是通过丰富、完善劳动教育体系，从生涯教育的视域出发，从价值观层面、能力层面和职业规划层面指导高中生。这有助于他们在不同阶段有不同的追求，培养其乐观向上的心理品质，促进他们的全面发展，并落实立德树人的根本任务。

（三）劳动教育在三品德育中的实践内容

三品德育下劳动教育的研究内容主要包括以下几个方面：

1. 构建整体教育观

劳动教育要与德育、智育、体育、美育和创新教育相结合，形成"以劳树德，以劳增智，以劳强体，以劳育美，以劳创新"的整体教育理念。通过劳动教育，帮助学生学会劳动、学会艰苦奋斗、学会创造生活，培养尊重劳动、珍惜劳动成果的价值取向，提升学生的公德观念，并通过劳动教育提高学生的学习品质、体质、审美素养和创新能力。

2. 优化劳动课程设置

建立系统化的劳动教育课程体系，围绕不同年级的发展特点和目标设置高中劳动教育实践活动课程。这包括家庭劳动教育课程、学校劳动教育课程、假期生活重建课程和社会劳动教育课程。家庭劳动教育课程的目的在于服务家庭，如家庭清扫、清理餐桌、炒菜做饭、照顾老幼等。学校劳动教育课程的目的在于服务学校，如干好值日、宿舍清洁、教室清洁、公共区域劳动、校内种植、垃圾分类、岗位体验等。假期生活重建课程通过节点式和集中探究式的活动开展，如通过在假期的小型和大型活动，培养学生的劳动意识和技能。社会劳动教育课程的目的在于服务社会，通过实践教学基地、校内外联动育人等方式开展。这样的课程设置可以全面培养学生的劳动意识和劳动技能。

3. 广泛开展劳动实践

广泛开展劳动实践活动，建立全面化的劳动教育融合体系，是以"主题式、项目化、融合性"为策略，进行劳动教育的实践活动。班级组织学生亲身参与各类社会劳动实践活动，如社区服务、环境保护、公益活动等，这些实践活动能够使学生通过项目化学习，进行知识构建、能力构建、实践操作、成果展示和反思迁移，全面提升劳动教育质量，培养他们的社会责任感和实践能力。此外，劳动教育可以与生涯教育相融合，通过校内外资源的协同和多样化的实践教学活动，为学生提供全面的劳动教育体验。

4. 健全劳动素养评价

建立多元化的劳动教育评价体系，旨在全面了解学生的劳动能力和劳动品质。评价应包括展示性评价和常态化评价，例如组织学生进行主题成果展示，并通过自主评价、家长评价和教师评价来评估学生的日常生活劳动、家务劳动和校外体验等方面的表现。同时，将生涯劳动实践纳入公民素养评价体系，引导学生积极参与社会劳动并获得相应的认可和奖励。

通过以上研究内容的实施，劳动教育可以在三品德育中发挥积极的作用，从而培养学生全面发展所需的品德、智慧、健康和创新能力。这种劳动教育的研究和实践有助于学生树立正确的人生观和价值观，增强社会责任感，为他们的未来发展打下坚实基础。

第七章
三品德育实施的学生视角

学生作为三品德育的主体和直接受益者，他们的参与能够增加三品德育的实效性和针对性。通过了解学生对现有品德准则的看法和态度，我们可以根据他们的需求和期望调整品德教育的内容和策略，使其更具吸引力和可行性。学生的参与还能增强他们对学校、社区和社会的归属感，从而培养学生积极的品德价值观和行为习惯。

学生的视角可以促进教育者和决策者更全面地认识三品德育实施的效果和存在的问题。通过学生的评估和反馈，我们可以了解他们在实践中的体验和观察，从而及时调整和改进教育策略。学生参与还能激发自身的创造力和主动性，为三品德育实施带来新的思路和行动方案。

因此，本章的目的是从学生的视角出发，全面探讨三品德育实施。通过深入了解学生对品德教育的看法、参与的实践和面临的挑战，我们可以提高品德教育的质量和影响力，更好地培养学生成为具有良好品德和社会责任感的公民。

第一节　三品德育中学生参与的意义

学生参与三品德育实施对于他们个人的成长和发展具有重要的意义。通过参与这项活动，学生可以提高自我意识、责任感和团队合作能力，培养批判性思维和领导能力，以及增强社会责任感和公民意识。这些都会对他们的个人发展和日后的社会参与产生深远的影响。同时，学生的参与也为三品德育实施带来新的思路和动力，从而提高整个品德教育的质量和有效性。

一、提高学生的责任感和自我意识

当学生参与品德教育活动和项目时，他们将积极思考和探索自己的内心世界，反思自己的价值观和行为准则。通过这个过程，他们能够更好地了解自己的优点、弱点和成长空间。他们可能会思考自己的行为对他人和社会产生的影响，以及如何在日常生活中做出积极的选择。

通过参与品德教育活动，学生在与他人的互动和合作中也能够认识到自己的责任。他们意识到自己的行为和决策会对团队、社区甚至整个社会产生影响。这样的认识有助于激发他们更加积极地承担责任，并意识到每个人都可以在社会中发挥积极的作用。通过深入思考和了解自己的价值观和责任感，学生逐渐形成自己的行为准则和道德观念。他们能够更加准确地评估自己的行为，并将其与自己的价值观进行对应。这种明确的准则和道德观念为学生的行为提供了指导，并使他们更加自觉地努力成为更好的人。

在品德教育活动中，学生还会与不同背景和观念的人进行交流和互动。这促使他们开阔视野，接触到不同的观点和思维方式。通过与他人的互动，学生能够进一步思考并反思自己的观点，并在接纳和尊重他人的同时，塑造自己更为包容和宽容的态度。

二、增强学生的参与意识和归属感

除了参与品德教育活动，学生还可以通过参与各种社会服务项目、义工活动以及学校社团和组织等形式来增强他们的参与意识和归属感。通过参与各种社会服务项目，学生可以亲身体验到为他人和社会做出实际贡献的重要性。他们可能参与关爱弱势群体、环境保护、社区服务等项目，通过实际行动来改善和影响他们所处的社会环境。这样的参与经历不仅让学生意识到自己的能力和影响力，也提醒他们作为社会成员的责任和使命。参与学校社团和组织也是培养学生参与意识和归属感的有效途径。学生可以选择加入各种兴趣社团、学术团队、学生会等，在团队合作中培养领导、表达意见和解决问题的能力。在社团和组织中，学生与同龄人分享共同的兴趣爱好，能够建立深厚的友谊和归属感，使学生感受到自己在集体中的重要性。

通过参与这些活动，学生逐渐认识到自己是社会的一部分，他们的作用和贡献对于社会的发展和进步至关重要。他们开始关注社会问题，并思考如何通过自己的行动和努力来解决这些问题。这样的参与意识和归属感不仅促使学生积极参与社会事务，也培养了他们的团队合作精神、沟通能力和责任感。

三、培养学生的团队合作和领导力

在三品德育实施的活动中，学生们不仅需要与他人合作，还需要互相协调和合作解决问题。通过这样的团队合作体验，能够培养学生们出色的合作能力。他们学会倾听他人的观点、尊重不同的意见，并学会与团队成员有效沟通和协作。同时，学生们还能学习如何在团队中分工合作、有效分配资源，并制订共同达成目标的行动计划。

在团队合作中，一些学生可能会展现出领导的潜力和天赋。他们可能会主动提出自己的观点和建议，以促进团队的思维和决策过程。这为他们提供了扮演领导角色的机会，可以在团队中发挥领导才能，并引导团队向着共同目标前进。在领导的角色中，学生们要学会有效地激励和鼓舞团队成员，促进合作和协作，使整个团队发挥出最佳水平。

通过这样的团队合作和领导才能，学生们不仅能够发展出卓越的团队合作能力，也能够培养出色的领导才能。这些能力对学生将来的职业生涯和社会角色起到至关重要的作用。团队合作能力使学生们能够与他人协作，共同应对挑战并解决问题；而领导才能则使学生们能够在团队中发挥引导作用和影响力，积极推动团队的成长和发展。

四、促进学生的思辨和批判性能力

参与三品德育实施的活动，为学生提供了一个锻炼思辨和批判性能力的宝贵机会。在活动中，学生们会面临各种复杂的情境和伦理问题，需要通过深入思考和分析来作出明智的决策。这种思维过程激发了他们的批判性思维能力，培养了他们对不同观点的理解和评估的能力。

参与三品德育活动的学生，需要学会权衡利弊，分析问题的各个方面，并提出具有合理性和可行性的解决方案。通过这个过程，他们不仅能够深入思考问题的根本原因和相关因素，还能够了解不同观点和价值观之间的冲突和平衡。这种思辨能力的培养使学生能够更好地面对现实生活中的各种抉择和困境，做出符合自己价值观和道德准则的明智选择。

此外，通过参与三品德育实施的活动，学生们还有机会通过辩论、小组讨论等方式，与他人交流和辩论不同观点。这既锻炼了他们的辩论技巧和逻辑思维，还培养了他们对他人观点的尊重和理解。通过与他人的交流，学生们能够进一步加深对问题的理解，并从中获得新的观点和思路，进一步提高他们的思辨和批判性能力。

五、提升学生的社会责任感和公民意识

参与三品德育实施的活动，为学生提供了一个重要的平台，来提升他们的社会责任感和公民意识。通过这些活动，学生们将意识到自己作为社会一员的责任和义务，以及对他人和社会的影响力。

在三品德育实施的过程中，学生们将接触到各种社会问题和挑战，例如贫困、环境保护、社会不公等。通过深入了解和参与相关活动，学生们将增强对这些问题的关注和认知，并开始思考如何积极地回应和解决这些问题。他们将逐渐学会从个人角度和集体角度思考问题，认识到自己可以为社会作出贡献的重要性。参与三品德育实施的活动还能帮助学生培养尊重他人的价值观和观点的能力。他们将与来自不同背景和观念的人们进行交流和互动，并从中学会接纳和尊重多样性。这有助于培养他们的社交技巧、团队合作能力，并加强他们成为公民的意识，不仅要关心自身需求，也要注重他人的福祉为社会的共同利益负责。

通过参与三品德育实施的活动，学生们的品德和公民意识将逐渐得到提升。他们将学会主动关注社会问题，积极参与社区服务和公益活动，并在自己力所能及的范围内为社会作出贡献。这将帮助他们发展成为有社会责任感的公民，能够积极参与社会事务、推动社会进步，以及为建设一个更加和谐、繁荣的社会做出努力。

第二节　三品德育中的高三心理赋能

高三阶段，大多数学生经历了理想目标与各阶段现实学习效果冲突的心路历程。我们一起经历了很多个第一次。因为上网课教师们第一次成为主播；学

生们第一次不用找借口就能待在电脑前一整天；教师们第一次熟练掌握了钉钉、腾讯会议等多种"高大上"软件的使用，同学们也习惯了写作业必须用手机拍照。正因为2022届是不寻常的一届，我更加重视建设学生的心灵，其实质是一种为心赋能。高三的管理不仅为了出成绩，更重在帮助高三学生建立积极的心态，解决他们在学习中的种种心理困惑，释放学习压力，缓解紧张情绪，找到自己的力量，以积极的心态面对生活与学习。

一、活动赋能，为学生的学习动力"添把火"

积极心理学是采用科学的原则和方法来研究幸福，倡导心理学的积极取向，以研究人类的积极心理品质、关注人类的健康幸福与和谐发展。它认为人人都有巨大的潜能，都有追求自我实现的需要。正如积极心理学所倡导的，人是生而偏向积极的，每个人都有整合自己的理论和克服困难的潜能，正在成长和发展的高三学生尤甚。

（一）增强自信，拒绝"习得性无助"

高三模拟考次数多，特别是在经历了大型模考后，大部分学生觉得自己已经很努力了，但成绩并没有达到预期效果，模考中的挫败使得他们非常沮丧，甚至会冒出放弃的念头，这种现象就如"习得性无助"的那条"狗"，狗狗如此，人心也一样，生活中多次的挫败也一定会让人在面对一些问题、一些领域时产生习得性无助感。

因此，谈自信心和效能感，还要提高学生的逆商，帮助高三学生增强面对挫折时的能力和勇气。从这个角度出发，关于高三抗挫折方面的心育团体活动一定不能少，要发挥集体力量，可以以小组交流等形式，让学生们进行同伴教育，和周围的同学互相鼓励，既增进了友谊，也缓解了心理压力，达到自我教育的目的。因此，在励志教育、挫折教育、目标教育等团体活动中要有效渗透心育活动，培养学生积极乐观的心理素质，从容应对学习和生活中的各种挫折。根据高三备考节点及学生需求，在励志教育上开展了"梦想长城""无敌旋风跑""滚雪球""登山活动"等活动，在挫折教育上开展了"蒙眼跨障碍""20 人 21 足跑""扭转乾坤""左手空气右手铅球"等活动，在目标教育上开展了"人椅""团体俯卧撑""跑步去大学"等活动。

如班级中开展"跑步去大学"活动，班主任设计"天天坚持，跑步去大学"里程记录卡，且要求同学们每天根据自己的身体情况坚持跑步，养成记录跑步里程的打卡习惯，每月选取跑步公里数最多的前十位同学，创建班级的"跑步去大学荣誉墙"，表扬和肯定坚持日常运动的同学们。此活动有利于同学们缓解高三高原期的过度紧张和疲劳的状态，提升身体素质、提高免疫力等，从而更快地突破高原期。

心育团体活动立足高三学生实际的心理需求，不仅释放了学生的学习压力，缓解了紧张情绪，更重要的是能够在活动中增强学生的抗挫效能感，找到自己的力量，以积极的心态面对生活。

（二）管理目标，激发学习原动力

学生的动机是可以由一定的目标来引发的。在高三备考中，我们发现部分学生的成绩并没有进步反而出现退步现象，其原因就在于没有明确的奋斗目标；同时有部分学生觉得高三作业多，但为了避免教师的批评，学习上多半是在"应付"和"交差"，今天是为了应付家长学，明天是为了应付教师学，过几天就是为了应付模考学。没有目标，哪来的劲头？

高三对学生目标管理的最重要手段之一是开展系列化的体验式思政班会课，通过体验式活动让学生有所感悟。如在模考前，可以开展确定目标和挑战对手的班会课。班会以"锲而不舍，亮剑高考"为主题，首先观看北京冬残奥会开幕式视频《点亮微光》，使每位学生从思想上理解坚持与目标；然后进行活动体验"死亡爬行"，让学生明白目标明确、团队合作和良性竞争的重要性；最后为对手写一封短信《你好，对手》，同时制定自己的奋斗目标，这不仅能加强与对手之间的督促，还能使竞争对手成为朋友，共同制订计划，相互督促，相互进步，还可以每月评选优秀搭档，对其进行奖励。

通过体验式班会课，注重过程，讲究方法，达到了净化心灵的作用，学会管理目标，制订计划，督促落实，调动学生学习的积极性。

最好的教育是体验式教育，活动赋能，直面问题，在受过打击和挫败后再去反思，得到了经验和教训，才是真正成长的过程。对很多学生的问题，先采取看破不说破的方式，后续引导学生分析总结，才能够取得更好的教育效果。

二、仪式赋能，为学生的学习生活"加点油"

生活的每个细节都像是一场场庄重而神圣的仪式。《小王子》中写道：仪式，是使某一天与其他日子不同，使某一时刻与其他时刻不同。看来，仪式感更是对生活的重视，把一件单调普通的事变得不一样，把稀松平常的物件变得更值得珍惜。每个人的成长过程都需要大大小小的仪式来丰富生命，带给学生心灵的停驻和精神的归属。如开学典礼，为什么要穿校服？为什么要参加升旗仪式？因为仪式感！国旗下，大家有组织有纪律，目光聚焦同一个地方，唱着国歌，多么激昂澎湃！经过假期的慵懒，一曲国歌预示着开学了，大家用仪式感和假期说再见，给自己接下来的学习生活注入活力。可见，"仪式感教育"远比仪式本身更重要。

（一）重视常规礼仪，建立生活目标

在高三，班主任都重视各项仪式教育，如开学典礼、颁奖典礼、成人仪式、百日誓师、毕业典礼等，都是常规性仪式教育活动。高三时期的常规性仪式感，能够帮助学生感知生活，建立内心的秩序感，确立生活目标。

以高三颁奖典礼为例，我们一起制订了"惊喜红包"计划，通过投票的方式征集模考、新年和高考等红包封面设计，充分调动学生参与的积极性，发挥学生的特长，学生在高三一年中通过自己的努力若集齐所有的红包，高考前将获得一份神秘大礼包。同时，在高三下学期为了进一步增强颁奖的仪式感，还设计了限量版 3D 打印的象贤吉祥物、颁奖仪式上铺上红地毯等，点燃学生高三生活中的星星之火，不断制造生活的惊喜，让高三备考充满目标、节奏、律动和韵味，使学生内心丰盈，充满幸福感。

（二）创新暖心仪式，释压力增自信

高三备考阶段除了常规性仪式教育，班主任还要创新系列的高三仪式教育，如毕业季教师节、元宵节日、考前祝福、"七"开得胜大礼包、家长加油视频、未来航班逐梦启程、给每个学生的未来一封信等，都是创新性的高三仪式教育活动。

如高考前为高三学子送祝福，根据班级的具体情况，以放松心情、减压增效、凝心聚力为目的，设置了"梦想 T 台""大风吹""魔法壶""星光大道""同窗的感觉""抢龙头""君子契约""飞机票"等丰富多彩、生动有趣的环节。青春的笑容、温暖的祝福、激情的呐喊，同学们在游戏中释放压力，在合作中凝心聚力，在呐喊中增强自信。此外，还特别安排了高一高二学弟学妹"'盲盒'送祝福"的环节，一只纸鹤、一块糖果、一纸信笺……虽不知来自何人，但情真祝福更真。

教育需要仪式感。对高三学生的爱应该是一场温暖的陪伴，而仪式感恰恰是重要的体现形式。

三、榜样赋能，为学生的学习情绪"深唤醒"

情感是学生对客观现实的态度的体验，学生在学习中表现出来的喜怒哀乐都与学习动机息息相关。如8月份是高三学生的"激情期"，这时的学生表现为积极、勤奋、投入，充满信心，但到了9月份学生的备考状态却有所下降。这个时期需要高三班主任"打鸡血"，其实就是利用学生的情绪、情感因素。"唤醒"是情绪的维度之义，"深唤醒"情绪也有利于促进学习的内驱力。其中榜样力量是"唤醒"的最佳方法。

习近平总书记指出，任何一个思想观念，要在全社会树立起来并长期发挥作用，就要从少年儿童抓起。因此，要适应少年儿童的年龄和特征，从记住要求、心有榜样、从小做起、接受帮助等方面培育和践行社会主义核心价值观。通过榜样的示范引领，纠正学生的不良习惯，营造良好的班风班貌，特别是高三这一年，为了赋予学生更多的"心"能量，班主任可以开展系列榜样评选活动，如每次模考后评选德贤榜"五星"正能量人物，其中"五星"包括：自律之星、坚持之星、求问之星、助人之星、管理之星。同时，班主任必须大力宣传"五星"，要求获奖的同学提供一张最自信的照片和获奖感言，制作成展板在班级内进行张贴，加大榜样的影响力。在班级榜样的带动下，班级的学习气氛越来越浓，经常在课间能看到一些同学在讨论课堂内容，许多同学有了很强的探究意识。这样既培养了班干部的责任心又营造了公平公正、和谐向上的班风，带动了全班同学共同进步，为以后开展班级工作奠定了良好的基础。

树立正面榜样，鼓励学生积极观察，学习同伴的思想与行为，并付诸实际行动，使他们在体验成功与失败的过程中发展一定的鉴别力、分析力、选择力，"唤醒"学生的学习情绪。

四、环境赋能，为学生的学习氛围"添色彩"

高原期是高三学子们在复习到一定阶段都会遇见的现象，班主任利用班级建设的主阵地，科学打造暖心的班级文化生态，通过环境赋能，给予同学们充分的肯定、温暖的鼓励、科学的指引。在高三这一年，我布置了班级小花圃、亲子登高望远墙、成长之路墙、冲上云霄大学墙、自信笑脸墙等活动。

如班级小花圃是根据备考特点与时间进行建设的，高三上学期每个学习小组可以挑选最喜欢的植物带回班级，学生每天需要对盆栽进行浇水、搬运盆栽晒太阳、定期进行施肥灭虫等；高三下学期我为每个学生买了不同的种子，让他们精心呵护着自己那一簇簇小小的生命，欣赏它们努力向上生长的韧劲。每一盆植物都代表着一种精神力量，它们阳光向上、积极进取，代表着同学们昂扬向上、热血满腔的精神状态。它们的存在使高三学子体会到责任感和生命之美，使同学们在枯燥的高三备考生活之外，也能拥有坚持梦想、克服困境的勇气。

我坚信，暖心的班级文化环境能提升专注力，稳住节奏，敢于攀登、迎难而上，即使再高的山，只要我们共同努力，也定能穿越，登顶新高度，见证更好的自己。

五、家校赋能，做孩子的学习生活"陪伴者"

习近平总书记 2018 年 9 月 10 日在全国教育大会上说：家庭是人生的第一所学校，家长是孩子的第一任老师，要给孩子讲好"人生第一课"，帮助扣好人生第一粒扣子。家校协同的重点在于以学生成长与发展的角度为目标，对于

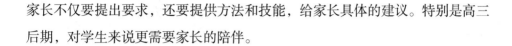

家长不仅要提出要求，还要提供方法和技能，给家长具体的建议。特别是高三后期，对学生来说更需要家长的陪伴。

（一）保持一颗平常心

按照父母和孩子已经习惯了的方法，保持稳定。如果家长过度地关注孩子的高考，孩子就会有压力。如果家长疏忽孩子，他也有压力，认为没有得到关注。家长可以结合班主任设计的高三成长手册《青春有"辙"，奋斗无价》，了解孩子备考节奏。成长手册主要包括以下内容：来自大学的声音、高三目标设定、每周学习计划表、每周自评、每次模考分析及考后反思、每次模考后科任教师和父母鼓励、每月致谢、致谢高三最后一个寒假等。以上内容根据高三备考节点进行设计，家长借助每月为孩子写鼓励语时，适当了解孩子的学习和心理变化情况，与孩子共同记录每月的成长与收获，做好合理归因。

（二）提供自主学习空间

作为家长经常会因为孩子的高考而焦虑，甚至比孩子还焦虑，容易出现紧盯着孩子唠叨的情况，但这往往会对孩子产生负面的影响。很多家长担心孩子玩的时间过长而没有收敛，这就需要家长事先和他说好，共同商量一个限定时间，提醒而不是唠叨。比如说好了一个小时，建议父母可以给他宽限5分钟，到时候削好水果给他，间接地去打断他。这样不至于把孩子抓得过紧，让孩子心烦。

（三）由衷地信任鼓励

信任孩子是一个观念。如果家长不信任孩子，即使那些不信任的话没在孩子面前说出来，在日常的言谈举止中也会带出这种感觉。因此，在高考前的这段时间，家长要由衷地信任鼓励孩子。如高考前一个月我与家长联手一起制作加油鼓劲视频，家长在短短 1 分钟时间内通过各种方式表达家人对孩子的信任。

（四）温暖而坚定地陪伴

高三这个关键时期，用孩子需要的方式，全力以赴去陪伴孩子。家长要努力成为孩子依恋的对象，陪孩子聊聊天，散散步，陪伴他顺利度过高考这个特殊阶段，这就叫温暖而坚定的陪伴。

在高三关键时期他们最可信最依赖的人是谁？答案肯定是晨昏相伴、嘘寒问暖的班主任，作为高三班主任一定要积极地对学生进行正面引导，帮他们去完善细节，一鼓作气战高考，更要让学生在紧张与迷茫之时，守住初心，坚定信念，让他们时刻感受到，在乘风破浪的道路上有一个叫作班主任的强大后盾一直为他们保驾护航，为心赋能，增"心"动力！

第三节　三品德育中的学生成长手册

高中生成长手册在三品德育中起到了至关重要的作用，它扮演着不可或缺的角色，对高中生的全面成长和实现自我价值具有积极影响。该手册通过整合学生的学习过程、学习成果、思想感悟和个人经历，以具体的形式记录他们在高中阶段的成长过程和所取得的收获。

成长手册不仅仅是一本记录成绩的冰冷册页，它更是贴满了学生深思熟虑的文字和璀璨的理想。在这里，学生们将自己参与社会实践、面对挑战时的思考和成长过程详细地书写下来。它成为他们与自我对话的桥梁，甚至成为孕育他们良好的道德品质和责任感的摇篮。每一位学生都将对自身的成长过程进行精心的总结和评价，他们回顾过去，寻找自己内在的闪光点和待提升的领域。

成长手册是一本无可替代的导航宝典，它指引着学生踏入未来的舞台。学生们透过手册发现了内心深处那朵追寻梦想的莲花。他们更加了解自己的兴趣与潜力，在手册的引领下筑起了通向光明的桥梁，为他们的学习和人生之路划定了清晰的轨迹。同时，它也是学生成长航程中最亲密的伙伴，见证着他们的奋斗与成就。

一、高中生成长手册的意义

高中生成长手册在三品德育中的意义是多方面的。它能够促进学生全面发展，培养他们的道德品质、批判性思维和领导能力。通过记录和反思，学生能够更好地认识自己、发现自己的潜力，并为未来的发展奠定基础。

（一）学生发展记录

高中生成长手册能够为学生记录学生在个人、学术和社交等方面的发展情况。包括学生在学科成绩、课外活动、社团参与、志愿服务以及领导才能等方面取得的成就。这样的记录可以为学生提供一个全面而系统的档案，帮助他们在未来的学习和职业规划中做出选择。

（二）自我反思和评价

学生成长手册为学生提供了一个平台，让学生对自己的成长和发展能够进行深入的反思和评价。学生可以记录他们在学业上的进步、面对挑战时的克服方式以及自己所采取的道德行为等。通过这些反思，学生能够增强自我认知，更好地了解自己的优点和应改进的领域。

（三）培养责任心和良好的品德

学生成长手册可以帮助学生培养责任心和塑造良好的品德。通过记录和展示个人参与社区服务、义工活动或其他公益事业的经历，学生将认识到自己的社会责任，并意识到通过积极参与社会活动可以对他人和社会产生积极的影响。

（四）相互学习和启发

高中生成长手册不仅仅是学生的个人记录，还可以作为学生之间相互学习和启发的渠道。学生可以通过阅读和分享他人的成长手册，了解不同的观点、经验和成功的故事，从而与他人相互学习、启发和激励。

二、高中生成长手册的案例

引导学生通过培养良好的品德，发挥青春的力量，实现自己的成长和奋斗。《青春有"辙"，奋斗无价》这本成长手册是为高三学生设计的，着重强调了三品德育中的品格、品行和品位，即相应在高三备考中必须具备自律、责任和坚韧，并以此为基础，鼓励学生在青春期面临挑战和困难时保持乐观、积极的态度。

《青春有"辙"，奋斗无价》意味着在青春时期，每个人都会经历许多起伏和曲折，但只要保持奋斗和努力，就能克服困难并取得成功。这个手册鼓励学生要珍惜青春的时光，从容面对挑战，并努力追求自己的梦想和目标。成长手册中的内容将围绕以下几个方面展开：

一是品格（自律）。引导学生认识到养成良好的行为习惯和规律生活的重要性。包括制订学习计划，培养时间管理能力，保持良好的作息和饮食习惯等。自律使学生能够更好地掌控自己的生活，提高学习效率和综合素质，帮助他们建立自我管理的能力，从而更好地应对学业、人际关系和日常生活中的各种挑战。

二是品行（责任）。培养学生对自己、他人和社会负责任的意识。鼓励学生积极参与集体活动，勇于担任班级职务，提升他们的团队意识和合作能力。同时，强调学生在学业方面的责任感，鼓励他们主动、积极地参与学习，尽力发挥自己的潜力，为自己的未来负责。

三是品位（坚忍）。坚忍是指个体在面对挫折、困难和挑战时，展现出的毅力和持久力。培养坚忍品质有助于培养学生抗压的能力、克服挫折和困难的能力，并在追求目标的道路上持之以恒。坚忍品质教会学生从失败中学习，挑战自己的极限，并发展出适应变化和克服逆境的能力。

（一）《青春有"辙"，奋斗无价》的目录

2022届高三成长手册《青春有"辙"，奋斗无价》的目录在此用表格的形式呈现。

《青春有"辙"，奋斗无价》		
章节	一级主题	二级主题
第一章	来自大学的声音	我的大学，我的梦（品格）
第二章	高三，我来啦！	第一节　奔跑吧高三——致一年后自己的一封信（品行）
		第二节　目标设定　拥抱未来（品行）
		第三节　解惑生涯　超越自我（品位）
		第四节　青春、成长、感恩、责任——跨过成人门，踏上奋斗路（品格）
第三章	2022我的寒假无限精彩——珍用寒假，我要弯道超车	第一节　再见，高中最后一个寒假——管你风雨　我有自己（品格）
		第二节　高中最后一个寒假学习规划（品位）
第四章	坚定信心，踏实向前——高三下学期，跑好冲刺	第一节　坚信，曙光在前头——高三百日誓师（品位）

续表

《青春有"辙"，奋斗无价》		
第四章	坚定信心，踏实向前——高三下学期，跑好冲刺	第二节　不要怂，只要冲（品行）
		第三节　山登绝顶我为峰（登山活动后）（品位）
第五章	待到凤凰花开日　必是折桂梦圆时（品位）	
第六章	高考结束　青春不散场——人生天宽地阔，任你书写（品行）	
第七章	《回首象贤路》约稿函（不忘初心）（品格）	

（二）《青春有"辙"，奋斗无价》的序言

必胜诀

做好规划，按部就班。语文英语，大声诵念。数理公式，牢记心间。

公式难背写手背，有事没事抬手记。上课犯困站起来，课上讲评要听细。

多跟朋友谈理想，切莫松懈来闲谈。单词多了别心烦，分片分组来攻占。

名人名言多摘抄，作文分数低不了。开门见山扣紧题，直截了当最简单。

每日错题整理好，心里有数不慌乱。高考审题要细看，先易后难勇闯关。

自信在胸很重要，心态平和带微笑。风雨之后现彩虹，荆棘过后是坦途。

天道酬勤是定理，自强不息成大器。象贤学子何所惧，笑傲人生在明天！

何爱莲老师

2021 年 8 月 1 日

（三）《青春有"辙"，奋斗无价》的内容

第一章　来自大学的声音

当凤凰花盛开的季节来临，如梦幻的画卷展开在我面前，大学的诱人魅力

令我们无法抗拒。空气中弥漫着桂花的芬芳，像是宣告着我们即将踏入的大学校园充满着希望和美好。高考如同旅途中的一道转折点，引领我们迈向一个全新的阶段；而大学则犹如一座坚实的加油站，为我们注入前行所需的力量。

大学是我们的梦想和追求的归宿，一扇通往新世界的大门向我敞开。在这里，我们将探索未知的领域，拥抱知识的海洋。这所充满活力的大学校园将成为我们展翅高飞的舞台，让我们尽情施展才华和潜力。

大学生活不仅是知识的积累，更是人生阅历的丰富。我们期待在这里结识志同道合的伙伴，与他们一起探索学术的殿堂，一起成长、一起奋斗。这是一个展示自我、挑战自我的舞台，我们渴望用汗水和努力书写属于自己的辉煌篇章。

走进大学，我们要拥抱新的起点，不畏艰辛，砥砺前行。我们将追寻内心的激情与兴趣，找到自己的人生使命和价值观，成为对社会有贡献的人。大学教会我们超越自我、开阔眼界、培养创新思维的能力，为我们塑造独立、自信的个性。

凤凰花绽放的美丽，桂花飘香的芬芳，都象征着我们即将进入的大学校园的绚烂和芳香。大学将给予我们无限可能，让我们展现光芒。下面，请大家描绘属于自己的人生故事。

我的大学，我的梦

我的理想大学：＿＿＿＿＿＿＿＿＿＿＿＿＿＿＿

我的理想大学 2021 年录取分数线：＿＿＿＿＿＿＿＿＿＿＿＿＿＿＿

我的理想大学简介：＿＿＿＿＿＿＿＿＿＿＿＿＿＿＿＿＿＿＿＿＿＿＿

＿＿＿＿＿＿＿＿＿＿＿＿＿＿＿＿＿＿＿＿＿＿＿＿＿＿＿＿＿＿＿＿＿

＿＿＿＿＿＿＿＿＿＿＿＿＿＿＿＿＿＿＿＿＿＿＿＿＿＿＿＿＿＿＿＿＿

＿＿＿＿＿＿＿＿＿＿＿＿＿＿＿＿＿＿＿＿＿＿＿＿＿＿＿＿＿＿＿＿＿

写出 3 个我喜欢这所大学的理由：_____

_____

_____

第二章 高三，我来啦！

我们即将离开高二，踏入高三的新阶段，新的学期又再次展开。每个人面前都是一张崭新的白纸，我们将如何在这张白纸上绘制出人生的又一幅精彩画卷呢？或许有人会说："纸的基本结构不同，我在高一和高二的基础打得不够扎实。"但是，若我们只顾关注过去，不停叹息时光已逝，那时光就真的会溜走。

既然你已经选择了勤奋和奋斗，也就选择了希望和收获；你选择了纪律和约束，也就选择了理智与自由；你选择了困难和挑战，也就选择了成长与成熟；你选择了拼搏和超越，也就选择了成功和辉煌！

今天，我作为你们的学姐，给大家提出以下两条建议：

一、明确目标，端正态度

经历了高一和高二的洗礼，我们必须要明确自己的目标。我们要认识到自己的不足，拥有追求卓越的激情、顽强拼搏的勇气、自强不息的精神，为了理想而全力以赴。

二、承受压力，增强耐力

我们常常盲目害怕压力，试图逃避它。然而，压力并不可怕。法国作家雨果曾说过："思想可以使天堂变成地狱，也可以使地狱变成天堂。"当我们面对学习和生活中的压力时，应以乐观的态度去面对，以增强我们的耐力——忍受疲惫、艰辛和挫折，不断努力，为了实现既定目标而奋斗。

最后，人生的道路并不平坦，在高三的学业中一定会遇到许多困难。因此，请从今天起，抛却一切的诱惑，关上电脑，放下手机，远离游戏。拿出你们内心深处"天生我材必有用"的信念，相信老师，与家人、朋友和老师一同迎接人生成长之礼。

我衷心祝愿每一位同学都能在明年的六月感受到真正的喜悦！

你们的学姐：何爱莲

2021 年 8 月 1 日

第一节　奔跑吧高三
——致一年后自己的一封信

_____

_____

_____

_____

第二节　目标设定　拥抱未来

1. 生涯故事——未来不是梦

1998 年，北京电视台采访了一位皮肤黝黑的网球女运动员，当被问及最大的梦想是什么时，女孩儿回答道："我希望能打到职业的前十。我知道这个目标特别难，但我自己会努力。"那个女孩儿叫李娜，那一年她 16 岁，当时中国网球运动员的成绩在国际上并不出众。

2014 年，32 岁的李娜因伤病宣布退役，但此时的她已经站在了职业生涯的巅峰——获得了有网球"大满贯"赛事之称的法国网球公开赛和澳大利亚网球公开赛的冠军，成为这两项赛事历史上首位获得冠军的亚洲选手，世界排名高居第二，是当之无愧的"中国网球一姐"。

"其实回想起来，我觉得自己没做什么特别伟大的事情。每个人都有自己

293

的梦想，为了梦想，一定要坚持下去。"这是李娜对自己网球生涯的总结。回头看 16 岁的她定下的那个当时看起来"特别困难"的目标，李娜用了"梦想"和"坚持"来解释自己的圆梦之旅。在她坚持的道路上，都经历了什么呢？

14 岁那年，李娜进入湖北省网球运动队，但是那一年，她最为依赖的父亲在举债治疗依然无效后不幸病逝。从此李娜打比赛又多了一个目标——拿奖金还债和持家。"以前我以为人是一点一点长大、一点一点成熟的，但是那一天我知道了，人是一瞬间长大的。"李娜说。26 岁那年，李娜已经取得不俗的成绩，也基本到了退役的年龄，但她的目标是成长为真正职业化的选手。于是趁着制度的开放契机，她果断选择放弃国家队的"大锅饭"，开始单飞。从此她自己组建和运作团队，承担所有的成本和风险，并通过扎实的努力，终于斩获 2011 年法国网球公开赛冠军，世界排名进入前十。

30 岁那年，同龄选手纷纷退役，李娜处于低迷状态，这时她的新教练卡洛斯给她定了一个新的目标："你完全可以进到世界前三。"听到这句话李娜的激情之火再次被点燃，开始积极调适心理压力，学会控制自己的情绪，并改进各项技术，终于在 2014 年获得澳大利亚公开赛冠军，世界排名提升至第二。

想想看，未来真的很远吗？李娜的故事告诉我们，有目标的人，未来不是梦。

思考：让你自己印象最深的目标实现的经历是什么？

_____

_____

_____

2. 预约你的未来

未来会如期到来，不会为任何人等待。你希望它以怎样的面貌出现呢？这需要你有自己的目标，并且付出努力去实现。请填写以下表格，打磨你的目标，与你的未来进行预约。

	我的高三学业	我的理想大学（理想职业）
目标		
SMART 目标检测表		
S 目标的具体化		
M 目标的衡量标准		
A 目标的可实现性		
R 长远目标相关度		
T 目标的时间期限		
输出目标		

3. 我的阶段性目标

有了目标以后，就大功告成，只等着实现了吗？当然不够。目标指引行动方向，而行动还需要遵照具体的计划。请我们一起参与下面的计划行动：

（1）选择一条设定好的学期目标，分解出每个月的月度目标；

（2）从最近一个月中，分解出接下来一周的小目标；

（3）为这个一周小目标制订一周的行动计划；

（4）执行自己的行动计划，认真观察并诚实地记录自己的表现和感受。

高三上学期　阶段性目标

高三上学期　学期目标	
高三上学期　月度目标	
8月份	
9月份	
10月份	
11月份	
12月份	
1月份	

第三节 解惑生涯 超越自我

一、8月份个人周学习计划及反思

第一周（　　月　　日—　　月　　日）学习计划表

本周目标			
科目	主要学习内容	主要突破知识点（疑难点）	备注
语文	1. 2. 3.	1. 2. 3.	
数学	1. 2. 3.	1. 2. 3.	
英语	1. 2. 3.	1. 2. 3.	
选科1：	1. 2. 3.	1. 2. 3.	
选科2：	1. 2. 3.	1. 2. 3.	
选科3：	1. 2. 3.	1. 2. 3.	
体育锻炼			

我的自评

曾子曰："吾日三省吾身。"现在请你通过回答以下问题对自己的执行情况做一个报告和反思：

关于本周目标，如果完整实现可以得 100 分，你给自己打多少分？	
关于本周计划表，如果全部执行可以得 100 分，你给自己打多少分？	

在执行计划过程中是否出现了预料之外的困难？那是什么？	
语文	
数学	
英语	
物理	
（历史）	
选科 2	
选科 3	

面对困难你是否采取了克服措施？那是什么？	
语文	
数学	
英语	
物理	
（历史）	
选科 2	
选科 3	

根据你执行计划的实践体会，请给自己提三点建议。

续表

给自己一句鼓励语（座右铭）

说明：个人周学习计划及反思仅以 8 月第一周为例，上学期其余每周的计划及反思在此省略。

第四节　青春、成长、感恩、责任

——跨过成人门，踏上奋斗路

致十八岁的自己的一封信

_____

_____

_____

_____

_____

_____

十八岁，致父母的一封信

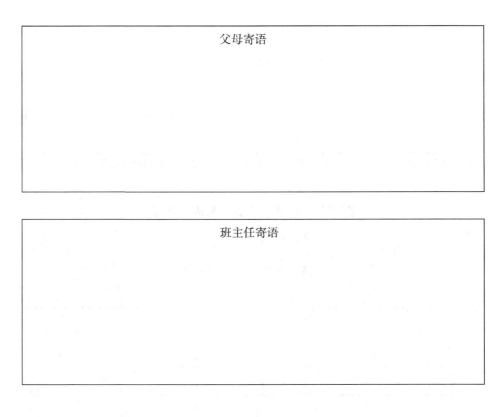

父母寄语

班主任寄语

第三章　2022 我的寒假无限精彩
——珍用寒假，我要弯道超车

随着广州调研的结束，高三学子们上学期的"攻坚战"也即将告一段落。在新年的期盼下，我们迎来了高中时代最后一个寒假，这个寒假既孕育着希望，也隐藏着危机。

寒假即将到来，但高考是否仍然遥远呢？对于高三的同学们来说，寒假就像是高考这场比赛中的一段"弯道"。有些同学选择在这段弯道上稍作休息，而有些同学选择在弯道上全力冲刺。毫无疑问，不同的选择将带来不同的结果。那么，同学们该如何充分利用寒假的时间，从容应对这段"弯道"，并超越自己呢？

300

第一节　再见，高中最后一个寒假

——管你风雨　我有自己

这个寒假，与往年不同。高考前最后一个长假即将到来，这也意味着高考离我们越来越近了。随着倒计时数字的递减，身边的同学也越来越努力，你是否也觉得自己无法置身事外，必须融入到这场寒假的奋斗中？

有人曾说："学习的重要性高过一切。你要有坚决的意志，学会独自面对，逼迫自己发挥最大潜能。没有人会代你为未来负责，要么努力攀升，要么陷入社会最底层的泥沼。"这句话道出了学业的重要性和我们个人奋斗的意义。

首先，我们需要根据上学期的学习情况和考试成绩，判断自己是否有某一科目成绩较差。找到自己的短板，并有针对性地补强，这是科学备考的正确方式。对于那些"瘸腿"的科目，我建议大家抓住寒假这个黄金时期，给自己充电。所以在寒假中，请抓紧最后一次反击的机会，弥补你的弱点。克服你最害怕的事情，就是取得胜利。即使是在过年期间，无论外界有多么喧嚣，也请坚守住自己的学习阵地，做好自己的事情。

要坚信，现在所付出的一切都将照亮你前行的道路。任何值得前往的地方都没有捷径可走。不要只把梦想当作幻想，只有非常努力才能使之变为现实，并且显得轻而易举。你无法控制此刻坚持所能带来的结果，但你能决定自己是否足够努力。永远不要只看到前方路途的遥远，却忘记了你过去坚持走了多久才走到了这里。

现在所做的虽然辛苦，但未来所带来的一切都是对你付出的回报。再坚持一百多天，为了你梦寐以求的大学。我祝愿2022届的每一位热爱学习的同学都能被自己心仪的大学录取！

你们的学姐：何爱莲

2021 年 8 月 1 日

寒假，我要逆袭！

我要改薄的科目1：_____	
改薄的知识点	
科目1改薄的计划与策略是	
我要改薄的科目2：_____	
改薄的知识点	
科目2改薄的计划与策略是	

第二节　高中最后一个寒假学习规划
寒假第一周

我的学习目标：_____

我的座右铭：_____

时间	学习计划	完成情况	自我评价
月　　日			
月　　日			
月　　日			
月　　日			
月　　日			
月　　日			
自我评价及反思			
父母评价及评语			

说明：寒假共有3周时间，此寒假学习规划表仅展示寒假第一周，第二、第三周省略。

第四章　坚定信心，踏实向前

——高三下学期，跑好冲刺

接下来的一个月，我们将面临开学考、广州一模、英语口语高考等一系列考试。无论周围有多么嘈杂，我们要拥有一颗宁静的心，即使学习再艰苦，也要有恬淡的心态，再多的作业也要有耐心。在接下来的100天里，我们需要这样的精神指引我们前进。

人生中很少有几次机会可以大展拳脚，而高考更是相信行动的力量。在美好的青春岁月里，我们要用实际行动证明自己并非弱者，这样我们青春的篇章就不会留下太多的泪痕。

今天，我们仍然信心满满地承诺着，因为美好的明天不是靠空洞的承诺可以提前兑现的。它需要我们付出真实的汗水和努力，懂得舍弃一些东西，抛开急躁的心态，摒弃自负，以沉着、冷静、自信和勤奋来培育即将绽放的花朵，为自己预留一个精彩的未来。

在这个过程中，要相信每一次努力都是有意义的。不管结果如何，都要为自己的付出感到骄傲。在充满挑战的高考道路上，我们要保持积极的心态，相信自己的能力，不断进步，追求卓越。

祝愿我们2022届的每一位同学都能以坚定的信念和顽强的毅力迎接未来的挑战，创造属于自己的辉煌！让我们一起书写精彩的青春篇章。

你们的学姐：何爱莲

2021年8月1日

第一节　坚信，曙光在前头——高三百日誓师

距离高考100天，致自己的一封信

_____

_____

_____

父母寄语

班主任寄语

科任教师寄语

第二节 不要怂，只要冲

我的阶段性目标

有了目标以后，就大功告成，只等着实现了吗？当然不够。目标指引行动方向，而行动还需要遵照具体的计划。请我们一起参与下面的计划行动：

（1）选择一条设定好的学期目标，分解出每个月的月度目标；

（2）从最近一个月中，分解出接下来一周的小目标；

（3）为这个一周小目标制订一周的行动计划；

（4）执行自己的行动计划，认真观察并诚实地记录自己的表现和感受。

高三下学期阶段性目标

高三下学期 高考目标	
高三下学期 月度目标	
3月份	
4月份	
5月份	
6月份	
高考	
大学	

一、2 月份个人周学习计划及反思

第一周（　　　月　　　日—　　　月　　　日）学习计划表

本周目标			
科目	主要学习内容	主要突破知识点（疑难点）	备注
语文	1. 2. 3.	1. 2. 3.	
数学	1. 2. 3.	1. 2. 3.	
英语	1. 2. 3.	1. 2. 3.	
选科 1：	1. 2. 3.	1. 2. 3.	
选科 2：	1. 2. 3.	1. 2. 3.	
选科 3：	1. 2. 3.	1. 2. 3.	
体育锻炼			

我的自评

曾子曰："吾日三省吾身。"现在请你通过回答以下问题对自己的执行情况做一个报告和反思：

关于本周目标，如果完整实现可以得 100 分，你给自己打多少分?	

续表

关于本周计划表，如果全部执行可以得 100 分，你给自己打多少分？	
在执行计划过程中是否出现了预料之外的困难？那是什么？	
语文	
数学	
英语	
物理	
（历史）	
选科 2	
选科 3	
面对困难你是否采取了克服措施？那是什么？	
语文	
数学	
英语	
物理	
（历史）	
选科 2	
选科 3	
根据你执行计划的实践体会，请给自己提三点建议。	
给自己一句鼓励语（座右铭）	

说明：个人周学习计划及反思仅以 2 月第一周为例，下学期其余每周的计划及反思在此省略。

第三节　山登绝顶我为峰（登山活动后）

6月，有一份期待，十八九岁肩挑使命对人生做第一次交代，

7日、8日、9日细写今朝风流页页运筹美满，

没有畏缩没有迟疑熟悉的考场竞赛，

6月的期待有十年的坚定和数千次的擂台，

花样的人生里满怀豪情挥洒自己青春的气派！

用心"备战"！乐观"应战"！努力"奋战"！争取"胜战"！

亲爱的同学们，祝福你：旗开得胜，"高考高中"！

高考前，我最想感谢的人：

感谢_____，因为_____

_____

感谢_____，因为_____

_____

感谢_____，因为_____

_____

第五章　待到凤凰花开日　必是折桂梦圆时

高三这一年，你将经历大大小小共8场模拟考试，前行的路上也许充满了挑战和困难，但无论你现在处在何种条件或位置，一定要怀抱着梦想。只有为了梦想不懈地付出努力，最终我们才能看到阳光穿越云层的那一天。那时候，我们将会明白所有的辛勤和付出都是值得的！

我们象贤人一样是追逐风的少年，不惧风雨，期待欢笑与痛苦。携手前行，我们定能战胜所有看似不可能的困难，高昂头颅征服每一个高峰！等到凤凰花绽放的季节来临，那将成为我们攀登桂冠、实现梦想的时刻！

在这个过程中，记得保持积极的心态，相信自己的能力与潜力。每一次考试和挑战都将成为我们前进的踏脚石，为我们的成功奠定基础。不要害怕失败或挫折，因为它们是成长的机会，会让我们更加坚韧与坚强。

同时，不要忘记给自己合理的休息和放松的时间，以保持身心的健康。高三是一段紧张而关键的时期，合理安排时间，保持良好的学习和生活习惯，将帮助我们更好地面对挑战，迈向成功。

思维开放、积极向上，相信自己的潜力和能力，坚持不懈地追求梦想。在攀登巅峰之时，我们将会庆祝我们的成就，享受成功的喜悦。

愿我们共同努力，去书写属于我们的壮丽篇章！

高三第一次模考成绩分析及考后激励语

同学，你凭什么不努力？

当你想要放弃了，一定要想想那些睡得比你晚、起得比你早、跑得比你卖力、天赋还比你高的牛人，他们早已在晨光中跑向那个你永远只能眺望的远方。

不管前方的路有多苦，只要走的方向正确，不管多么崎岖不平，都比站在原地更接近幸福！

一、各学科本次月考的各科与总分高优、本科分数线（若低于该线，则该科为薄弱科）

学科	语文	数学	英语	物理（历史）	选科二	选科三	总分
高优分数线							
本科分数线							

二、本次模考成绩

请自己关注一下：我的薄弱科目在减少还是在增加呢？我的成绩是波动还

是稳定上升呢？

学科	语文	数学	英语	物理（历史）	选科二	选科三	总分	总分排名
成绩								

三、下次模考我的目标：

姓名								
我的竞争对手								
我学习的榜样								
我心中的大学								
我的座右铭								
我的弱科	科目一				科目二			
	改薄时间				改薄时间			
下次模考（　　）目标	语文	数学	英语	物理（历史）	选科二	选科三	总分	总分排名
我想对自己说的一句话								

高三第一次模考考后反思

_____

_____

_____

_____

_____

高三第一次模考考后激励语（感恩：成长路上有你相伴！）

自己的鼓励：

家人的鼓励：

科任教师的鼓励（邀请教师给你写上鼓励语）：

班主任的鼓励：

每月致谢

　　人生的道路很漫长，我们的生活和成长离不开许多人的支持与帮助。我们出现在彼此的生活中，从而要彼此支持、彼此成就。学会生涯规划，就是要学会掌握自己的生活，但同时不要忘记，离开了身边人的帮助我们一定走不远。

　　永远心怀感恩，永远记住你不是一个人在路上。请写下感恩的话，让温暖伴你一路同行。

　　1. 感谢自己，因为＿＿＿＿＿＿＿＿＿＿＿＿＿＿＿＿＿＿＿＿＿＿

＿＿＿＿＿＿＿＿＿＿＿＿＿＿＿＿＿＿＿＿＿＿＿＿＿＿＿＿＿＿＿＿＿＿

　　2. 感谢父母，因为＿＿＿＿＿＿＿＿＿＿＿＿＿＿＿＿＿＿＿＿＿＿

＿＿＿＿＿＿＿＿＿＿＿＿＿＿＿＿＿＿＿＿＿＿＿＿＿＿＿＿＿＿＿＿＿＿

3. 感谢教师，因为_____

_____

4. 感谢伙伴，因为_____

_____

说明：高三每月模考成绩分析及考后激励语、每月模考后激励语（感恩：成长路上有你相伴！）和每月致谢仅展示第一次模考的模板，其余每月模考的反思等在此省略。

第六章　高考结束　青春不散场
—— 人生天宽地阔，任你书写

高考结束，青春仅是一个新的起点，

人生的真正旅程即将展开。

要学会为自己负责，为未来负责。

在高考之前，我们为了高考而努力学习，

而高考之后，我们要为自己的未来而学习。

如果把社会比作汪洋大海，那么高考结束后，你就站在了海岸边，

这时，你需要明确自己的航向，亲手打造船只，扬起风帆，

只有做足充分的准备，才能抵达梦想的彼岸。

社会是现实的，它不会纵容你的任性，

它也不会为你在学校虚度的时光买单，

因此，你要学会自律，懂得处理人际关系，

你要确立目标，对自己负责，

你要努力学好专业知识，为未来负责，

你要坚信你的付出，最终将获得回报。

年轻是一种宝贵的财富，青春应该充满激情，

坚信美好、向往阳光、怀抱宽广的胸襟，

坚守善良、勇敢，不忘初心，

始终保持努力拼搏和积极进取的态度。

人生充满着无限的可能性，

天空辽阔，大地广袤，任凭你去书写自己的人生篇章！

即使面临挫折和困难，要记住坚持与信念的力量，

随着时光流逝，你将越过重重的浪潮，

成长为一个更加坚韧、成熟的个体。

相信自己的潜力，相信自己的能力，

相信未来会为你展开属于你的精彩故事。

在这个崭新的人生阶段，勇往直前，展翅高飞！

此处留白，让你书写自己的人生！

第七章 《回首象贤路》约稿函（不忘初心）

2022届《回首象贤路》约稿函

亲爱的2022届同学们：

大家好！今天是2021年8月1日，距离你们高考还有302天。作为陪伴你们在象贤求学近两年的老师，我被你们身上洋溢的青春热情所感动。我期待着在接下来的日子里，能看到你们一如既往地发扬自强不息的象贤精神，努力学习，抓住时间，认真备考。衷心祝愿到明年的盛夏，你们手握理想大学的录取通知书，迈向更加精彩的未来。

象贤三年，情缘一世。设想一下，在未来人生的某个闲暇时刻，你翻开那本属于我们2022届的《回首象贤路》，墨香依旧弥漫其中。回想起奋斗的青春身影，难忘的师生情，浓厚的同窗情，这些画面在你脑海中闪现。我相信，它们必将带给你无尽的美好回忆，让你怀念过去，也为你冲向未来增添来自精神家园的温暖力量。

现在，我以班主任的身份约请你们投稿。希望你们以"毕业后我有一个精彩故事可以讲"为动力，在剩下的302天里，用汗水继续书写青春的篇章。在高考结束后的闲暇时光，你可以拿起笔，记录属于你、属于我们的精彩象贤故事。

期待大家踊跃投稿，谢谢！

始终与你们并肩前行的班主任：何爱莲

2021年8月1日

第八章
三品德育实施的教师视角

在三品德育实施的过程中，教师扮演着至关重要的角色。首先，他们不仅是知识的传授者，更是品德培养的引领者。教师在三品德育评价中的角色、素质能力以及专业发展，直接关系到学生的品德发展和整体教育质量。其次，教师在三品德育中需要具备一定的素质能力。品德教育的实施需要教师具备良好的道德素养和人文关怀，能够以身作则、言传身教。他们需要拥有高尚的道德情操，秉持公平正义的原则，并以诚信、责任和情感智慧去引导和影响学生。此外，教师还需要具备良好的沟通能力、团队协作能力和创新意识，以便与学生、家长和同事有效合作，共同推进三品德育的实施和发展。

教师在三品德育中的专业发展是持续的过程。品德教育的快速发展要求教师不断提升自己的专业知识和教育技能。他们应该积极参与培训和研修，深入学习品德教育的理论和实践，不断探索适合自己的教育方法和策略。同时，教师需要与同行交流分享经验，借鉴优秀的实践案例，以不断提高自己的教育水平和专业素养。

教师在三品德育实施中具有重要的视角。他们的角色定位、素质能力和专业发展对于学生的品德发展起着决定性的作用。通过本章的深入探讨，我们将更加清晰地认识到教师在三品德育中的使命与责任，并能够为他们提供有力的支持和指导，以促进学生的全面成长与发展。

第一节　教师在三品德育评价中的角色

教师要明确自己的定位，既是学生成长的引路人，又是榜样和评判者。通过教师对学生品德的准确评估，能够有效地发现学生的优点、成长潜力和改进空间，进而为学生提供针对性的指导和反馈。教师的角色不仅仅是为学生提供答案，更是引导学生自我发现、自我反思和自我改进的重要推动者，同时也要肩负着培养学生社会责任感和公民意识的使命。通过承担这些角色和责任，教师能够有效地促进学生的品德发展，培养他们全面发展、积极向上的品格。

一、引路人和榜样

教师要成为学生的引路人和榜样，通过自身的言行举止和品德修养，为学生树立正确的行为模范和道德观念。教师要以积极的态度和行动影响学生，使学生能够从师者言传身教中汲取道德力量。教师应具备以下品质和行为：一是正直和诚实，教师应该表现出正直和诚实的品质，建立起学生对他们的信任和尊重。他们要遵守职业道德，诚实地对待学生、家长和同事，充分展示出诚信和责任感。二是尊重和包容，教师要展示对学生的尊重和包容，不论学生的背景、能力或观点如何。他们要教会学生欣赏多元性和文化差异，并以自己的行为示范如何与他人和睦相处。三是公平和公正，教师应该公平对待所有学生，不偏袒或歧视任何一个学生。他们应该为学生提供平等的机会和资源，鼓励学生充分发挥个人潜力，不论学生在学业、体育或其他方面的表现如何，教师要做到一视同仁，不偏不倚。四是责任和关怀，教师要对学生负起责任，并要给予学生及时的关怀。教师要关注学生的整体发展，包括学生的学习、情感和社会需求。通过积极倾听和沟通，与学生建立起信任关系，并为学生提供必要的支持和指导。五是勇于引导和纠正，教师需要勇于引导学生走向正确的道德之路，并在必要时进行适当的纠正，帮助学生从中吸取教训。这种引导和纠正应该以爱和关怀为基础，旨在帮助学生成为品德高尚的个体。

通过展示这些品质和行为，教师应成为学生品德修养的模范，帮助他们理解和内化正确的价值观和道德观念。每个教师都有机会对学生产生深远的影响，因此，教师的努力和榜样作用对于社会的品德建设和学生的成长非常关键。

二、评判者和引导者

教师需要对学生的品德发展进行评估和指导。通过观察、交流和评价，教师能够准确评估学生的品德状况，包括他们的品德素养、道德选择和行为表现。基于这些评估结果，教师能够为学生提供针对性的引导，帮助他们发现自身的优点和改进空间，并提供具体的建议和反馈。作为评判者和引导者，教师的角色是多维度的。教师通过评估学生的品德发展，不仅可以了解学生的现状，还能够识别出学生在品德方面的优势和需要改进的地方。

在评判学生品德时，教师可以观察学生的日常行为，包括对他人的态度和行为，是否遵守道德原则，以及如何处理冲突和困难等情况。同时，教师应该与学生进行积极的交流，主动倾听他们的想法、关注他们的感受，以了解他们的价值观和道德选择。

基于评估的结果，教师要为学生提供针对性的引导。对于那些展现出良好品德的学生，教师要给予他们及时的肯定和鼓励，以激发他们进一步发展的动力。同时，教师也应该帮助学生认识到自己的改进空间，给学生提供具体的建议和反馈，引导他们更好地发展品德素养。

在引导学生的过程中，教师需要采取合适的方法和策略，可以通过开展课堂讨论、主题活动或案例分析等方式，引导学生思考道德问题，激发他们的思辨和判断能力。同时，教师也可以借助导师制度或辅导员的角色，与学生进行个别辅导和互动，帮助他们解决困惑和困难，培养学生正确的道德观念和行为习惯。

评判者和引导者是教师在品德教育中不可或缺的角色，通过准确评估学生的品德发展，提供针对性的引导，教师能够在学生的成长过程中起到积极的促进作用，帮助他们建立正确的品德观念和健康的道德行为。

三、自我发现和自我反思的推动者

教师不仅仅要给学生传递知识，更要激发学生思考和审视自己的道德行为。教师可以通过提出开放性的问题，激发学生的思考能力，这些问题可以涉及道德困境、价值观碰撞或道德选择等方面。通过引导学生思考这些问题，教师能够帮助学生自觉地认识自己的价值观、道德标准和行为准则，并促使他们进行自我调整和改进。

除了提问，教师还可以通过引导学生进行自我反思来推动他们的个人成长。如阅读《高三成长手册》，定期让学生进行自我反思，回顾自己的行为和决策，并思考其背后的原因。教师可以帮助学生识别行为中的潜在问题，并引导他们思考如何进行自我调整和改进。

在这个过程中，教师应该及时给学生提供具体和建设性的反馈，帮助学生认识到他们的优点和改进空间。教师还可以向学生分享自己的经验和观点，为学生提供其他视角，以促进他们的思考和探索。同时，还可以组织小组讨论或合作项目，以鼓励学生相互交流和分享思考。通过交流和互相倾听，学生可以从他人的经验和观点中汲取启示，进一步丰富和深化自己的道德认知。

教师作为自我发现和自我反思的推动者，通过提出问题、引导思考和提供反馈等方式，帮助学生认识自己的价值观、道德标准和行为准则，并激励他们

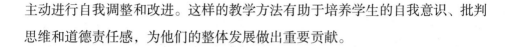

主动进行自我调整和改进。这样的教学方法有助于培养学生的自我意识、批判思维和道德责任感，为他们的整体发展做出重要贡献。

四、培养社会责任感和公民意识

教师在培养学生的社会责任感和公民意识方面有着重要的责任。教师除了要引导学生关注社会问题、理解公共利益，还可以通过以下方式丰富他们的学习经验，帮助学生明确自己作为社会成员要承担的责任，并培养他们为社会进步和发展做出贡献的意识和行动能力。

（一）创设真实情境

教师可以设计基于真实社会问题的学习情境，让学生能够亲身体验和面对真实的挑战。例如，组织模拟社会活动、案例研究或角色扮演等，让学生在实践中感受社会责任感和公民意识的重要性。

（二）社区合作与服务学习

鼓励学生参与社区合作和服务学习项目，这样的活动可以帮助学生与社区建立联系，并深入了解社会的不同层面和需求。通过参与志愿服务、社区项目或公益活动，使学生能够亲身体验到自己对社会的影响力和应承担的责任。

（三）班级讨论与辩论

组织班级讨论和辩论，让学生就社会问题展开思考和交流。通过引导他们分析问题的多个角度、探讨各种观点和解决方案，培养学生的批判思维和公民意识。

（四）基于案例的学习

利用各种案例让学生了解不同社会情境下的决策和行动。通过分析案例，学生可以深入思考道德和伦理问题，并评估各种行为所带来的社会影响。教师可以引导他们思考如何为社会进步和公共利益做出贡献。

（五）倡导参与和自主学习

教师应该激励学生积极参与社会事务，并培养他们的自主学习能力。教师可以提供资源和指导，鼓励学生主动探索社会问题，独立思考并制订行动计划。这样的学习体验能够培养学生的领导能力、解决问题的能力和公民参与意识。

通过以上方式，教师能够为学生创造全面的学习环境，激发学生的社会责任感和公民意识。他们将成为积极、有影响力和为社会做出贡献的公民。同时，教师自身也需要成为学生的榜样，积极展示公民的参与意识并通过个人行动向学生传递价值观和道德准则。

第二节　教师在三品德育中的专业发展

教师在三品德育中的专业发展是推动学生全面成长和塑造良好公民品质的关键环节。品格是指个体内在的道德素养和人格特质，品行是指个体的行为规范和道德表现，品位则强调审美情趣和文化修养。这三者相辅相成，共同构建了学生的道德品质和人格魅力。

班主任作为学生品德教育的引路人和榜样，承载着重要的职责与使命。在三品德育中，班主任应该不断追求自我专业发展，不仅要担当起教育者的角色，还要成为学生品格、品行和品位的良师益友。通过不断研究和学习，班主任可以进一步提升自身的道德修养、行为规范和文化素养，以便更好地引导学生培养正确的价值观念和道德行为，形成高尚的道德情操和审美品位，班主任的专业成长可以通过以下五个"天眼"实现。

一、第一个"天眼"：大政方针明责任

党的十八大报告强调将立德树人作为教育的根本任务，培养造就中国特色社会主义事业的建设者和接班人。习近平总书记 2016 年 9 月 9 日在北京市八一学校考察时强调："一个人遇到好老师是人生的幸运，一个学校拥有好老师是学校的光荣，一个民族源源不断涌现出一批又一批好老师则是民族的希望。"习近平总书记 2019 年 3 月 18 日在学校思想政治理论课教师座谈会上，指出："青少年阶段是人生的'拔节孕穗期'……最需要精心引导和栽培。"

党的教育方针政策、习近平总书记高屋建瓴的讲话，都在引导我们要成为"有理想信念、有道德情操、有扎实学识、有仁爱之心"的好教师，成为具备爱心、耐心、责任心、管理艺术和智慧的班主任。我们要用自己的人格和智慧吸引、引领学生，让他们亲近导师、信任导师，立下崇高的志向，成为不畏艰辛的奋斗者。

作为教师，我们的责任不仅仅是教书育人，更重要的是培养人才。我们需要明确为谁培养人，培养什么样的人，以及如何进行人才培养。选择成为教师就是选择了一份责任，我们要尽心尽力地承担教书育人和立德树人的使命，并将这种责任体现在平凡、普通、微小的教学和管理中。

因此，作为教师和班主任，我们应不断学习和提升自己的专业素养。我们不仅要关注学科知识的更新，还要注重培养教育教学方法和管理能力。只有通过不断充实自己，敏锐地把握教育的要求和学生的需求，才能更好地履行教书

育人的职责，为学生的成长和发展做出更大的贡献。

二、第二个"天眼"：成长规划指方向

班主任专业成长的第二个"天眼"是成长规划。成长规划是指在个人职业发展过程中制定的明确目标和路径，并通过有计划的行动来实现这些目标。规划的重要性在于它可以帮助班主任有一个清晰的方向，避免迷失和散漫，以便更加有针对性地进行学习、提升和发展。

让我们以周迅为例。在 2006 年，周迅凭借在影片《如果爱》中的精彩表现获得了金马奖影后。她在得奖后表示："一听说自己得奖了，我真的特别高兴。就想起小时候的那些梦，那些想都不敢想的梦，这回实现了，算是我给自己的特别的生日礼物吧。"这说明周迅小时候就拥有成为一名优秀演员的梦想。为了实现这个梦想，她经历了演艺学校的学习、演技的不断磨炼、参与不同类型角色的演出等。为此她制订了行动计划，积极寻找机会，不断提升自己的演技和表演能力。

每个人都可以对自己进行反思，问自己是否有进行良好的自我规划。成功的人并不是随随便便就能得到成功的。像周迅的老师曾对她说道："周迅，你是一棵好苗子，但是你对人生缺少规划，散漫而且混乱。我希望你能在空闲的时候，想想十年以后的自己，到底要过什么样的生活，到底要实现什么样的目标。如果你确定了目标，那么希望你从现在就开始做。"这位老师的话传达了规划的重要性，它可以帮助我们清楚地了解自己十年后想要的生活和所要实现的目标。

古人云："凡事预则立，不预则废。"这句话表明人生需要规划，有规划的人生更加精彩。特别是新入职的班主任，只有确定了目标，才能全力以赴地追求，并快速开启幸福之旅。那么，新入职班主任如何开启幸福之旅呢？

（一）抱定一个信念——我能行

作为刚大学毕业走上讲台的你，可能会感到一些担忧和不安，担心自己知识不足、方法不多；担心不受学生尊重、不被家长信任；对于如何开展工作可能有些迷茫。有这些担忧是正常的，因为每个初为人师者都会经历类似的情绪。然而，这些担忧正是你成功的基石——你拥有良好的愿望、责任感和上进心。此外，你还具备以下优势：

你具有全新的知识结构和教学理念，没有被旧有经验所束缚，可以像一张白纸一样创造出最新、最美的画面。这是耕耘讲坛的幸运条件，是其他资深教师非常向往的。

由于你年轻美丽、英俊潇洒，能够轻松接近学生，成为他们的知心姐姐或亲切的哥哥，与他们沟通没有障碍。这是你独特的优势，令许多老教师都望尘莫及。

你精力充沛、身体健康，家庭负担较轻，能够全身心地投入到工作中。这是你能够超越许多中老年教师的资本，让他们艳羡和回忆。

在面对这些优势时，请您深信自己：我能行！只要努力，我就能成为最优秀的班主任！

（二）培养一个习惯——思考

作为年轻的教师，很容易陷入盲目跟从的困境。模仿他人的做法往往得不到理想的结果。适合你的学生、适合你自己的方法才是最佳选择。这种方法并不在理论家的书本或专家的报告中，而是源于你自己的思考和实践中。因此，你务必养成思考的习惯。

思考什么呢？你应该思考：我的学生是谁？他们有什么特点？会遇到什么问题？该如何应对？同时，还要思考自己是谁？自身有哪些特点？如何管理学生？从何处着手工作？我要培养我的学生成为怎样的人？一年后、两年后，我

的班级应当发展成为怎样的班级？（即制定班级一年规划和两年规划）

什么时候思考呢？在做事之前，花些时间思考：我要做什么？我应该如何去做？制订科学的计划将有助于减少盲目性，摆脱盲目跟从、被动应付的状态，从而做到有条不紊、按部就班。

在做事过程中要持续思考：所采用的方法是否适当？是否还有更好的方法可供选择？在完成任务后，要进行反思：我做得如何？成功的经验是什么？失败的教训又在哪里？只有实践"吾日三省吾身"，才能达到智慧和行动的充分统一。

我们的大脑拥有巨大的潜能，也是最值得开发的资源。你应该养成持续思考的习惯，使思考贯穿于工作的始终。这样，你将不断提升自己的能力，取得更好的成果。

（三）找准一个定律——勤奋

勤能补拙是良训，辛勤付出与才能提升成正比，这是生活的定律。具体来说，班主任需要做到五个勤：脑勤——多思考，腿勤——多走动，眼勤——多观察，口勤——多提醒，手勤——多示范。

"腿勤"意味着要多进班。只有亲身走进学生的世界，了解学生，才能有效地管理他们。实现班级的"遥控"是每位班主任都希望实现的理想状态，但这需要具备许多条件，例如班主任需要具备足够的魅力和影响力，班干部需要具备领导能力和责任感，学生需要具备自我管理和学习能力等。对于年轻的班主任而言，暂时可能还没有完全具备这些条件，所以需要踏实地多进入班级，出现在需要出现的地方。

"手勤"意味着亲自去做。我推荐大家使用"七步训练法"：第一步，我演示给你看；第二步，你尝试演示给我看；第三步，我们进行讲评；第四步，我再次演示给你看；第五步，你再次演示给我看；第六步，再次进行讲评；第七步，你自己去做。

示范是最好的教育方式，行动是最好的老师。只有通过实际行动，才能激发学生行动起来。班主任不仅要作为指挥员的角色，还应该充当战斗员的角色；你给学生的口号不应该是"给我听"，而应该是"跟我来"。

（四）端正一个态度——虚心学习

对于班主任而言，经验至关重要。但如果缺乏经验该如何应对呢？这就需要我们保持虚心学习的态度，将他人的经验和智慧转化为自己茁壮成长的养料。我们可以从各个方面学习，比如从书本中学习，或向专家请教，尤其要向身边的老教师学习。

也许老教师外表平凡，学历不高，甚至知识有些陈旧，方法显得有些老套。然而，他们对学生的了解与实战经验使他们备受尊重。因此，当我们面临困难时，应该主动向他们寻求帮助和建议。

取人之长可攻己之短，行路人必有我师。对于初登讲台的您来说，除了怀揣抱负和付出汗水之外，经验和智慧同样重要。即使身处熟悉的环境中，也能发现新的风景。老教师就是那些拥有丰富经验和智慧的人。

（五）把握一个原则——公正

班主任要赢得学生的尊重，就必须坚守一个原则——公正公平。

班主任应努力做到对优秀学生不偏爱，对后进生不歧视。尤其在安排座位、分配任务、选拔干部、上课提问、批评教育等环节上，要做到公正无私、公平合理。

安排座位是一个重要的问题，它备受学生、家长和教师的关注。可以让学生进行讨论，采用民主决策方法来确定座位安排，但决策权仍然掌握在您手中。不要过分让学生做主导，一旦做出决定，务必坚决执行。在选拔班级干部方面也是如此，班主任应以公正之心，重视能力，这不仅是对班级负责，也是对学生最大的尊重。解决同学之间的矛盾更需要如此，班主任应实事求是，秉公处理，不偏袒任何一方，也不过于苛责另一方。

学生并不畏惧批评，他们害怕的是不公正的批评。因此，在新班级中，一定要制定严格的班规，并公平地执行。只要您能公平公正地对待每一位学生，公平公正地处理班级事务，学生就会支持您，尊重您。

（六）选一个视角——欣赏

赏识引导着成功。作为班主任，不仅要及时发现学生存在的问题并给予批评指正，还要善于发现学生的优点，并给予充分的表扬和鼓励，通过这种方式推动班级的建设和发展。

在某年的新生入学报到时，有一位学生主动帮助我打扫教室。在第一次班会上，我充满热情地表扬了他："他是我在班级中遇到的第一位同学，他展现了对班级和同学负责的精神和行为，值得我们学习。让我们一起用掌声表达对他的感激，并记住他的名字。"从那以后，其他学生纷纷争相效仿，自发地为班级贡献力量，因为他们知道这样做有机会得到教师的表扬和鼓励。

教师的表扬就像一台鼓风机，而学生就像是那满园的花草。当风吹向哪边，花草也会朝着那个方向倾斜。因此，作为班主任，你需要学会发现学生的优点，并善于运用表扬和鼓励的方式，让班级在顺风中起锚，让学生们感受到自己的成长和进步。

因此，成长规划作为班主任专业成长的第二个"天眼"，具有明确发展方向的重要性。班主任的成长规划可以作为工作的指导，它具有使命感，能够帮助班主任厘清思路，避免因为外部变量而迷失方向。通过规划，班主任可以明确自己的发展目标，制订相应的行动计划，并积极努力实现。规划是梳理个人发展心愿的过程，它能够帮助班主任在职业道路上披荆斩棘，决胜千里。

三、第三个"天眼"：认知自我挖潜力

新班主任在成长过程中通常采用阅读—模仿—实践的成长模式。这种模式的特点是培养了班主任的责任感和学习能力。然而，理想与现实之间的差距往往出现在忽视了专业成长的第一要素：教师本人。班主任需要对自身进行个人情况分析，包括个性分析（性格特点、兴趣爱好）、能力分析（师生关系情况、学科特点）以及三个"对"（对教育的理解、对学生的期待、对自己的期待）。通过认知自我和找准优势点，班主任可以在工作中发挥更大的作用。

以我个人情况分析为例，我的性格特点是活泼开朗。我计划通过设计丰富有趣的活动，引领学生成长；同时充分利用自己活泼开朗的性格特点，组织各种趣味和互动性的活动，激发学生的兴趣，促进他们的全面发展。例如，我开展系列化的"活动型体悟式主题班会课"，通过让学生亲身参与体验和实践，帮助他们更好地理解和应用知识；我还组织每月的主题化课外活动，让学生在一系列的主题活动中拓宽视野、培养他们的综合素质和创造力。最后，以表格的形式呈现出我的性格情况分析。

我的性格特点		
我的性格	我准备做什么	我计划怎么做
"活泼开朗"（有很多新点子、小创意）	设计丰富有趣的活动，引领学生成长	1. 每天跑步打卡，跑进"理想大学" 2. 开展系列化"活动型体悟式主题班会课" 3. 开展系列化"每月主题化课外活动" 4. 评选班级坚持之星（跑步、主动问问题） 5. 活动瞬间精彩展示（班级文化布置） 6. 开展互动式家长会 ……

以我对教育的理解为例，教育是一种引导和培养学生全面成长的过程，不仅仅是向学生传授知识，更应该重视学生的个人发展和生涯规划。在面对新高考改革的背景下，我准备为学生提供高中生涯发展规划指导，帮助他们学会自

主选择和合理规划未来。

我的计划是通过共建生涯的方式引领学生成长。首先，我将设计一系列生涯测评调查，以了解学生的兴趣、能力和价值观等。然后，开展个体和团体辅导，为学生提供个性化的生涯建议和指导。同时，开展各类生涯活动，将生涯规划渗透到传统活动、班会课和专题活动中。我还将推行生涯课程，将生涯教育融入学科教学中，使学生将学术领域的学习与生涯规划相结合。为了让学生有更多的实践机会，我计划设计不同寻常的寒暑假实践作业，让他们能够亲身体验不同领域的工作和社会实践。并在寒暑假结束后，举办作业展示会和颁奖礼，以表彰学生的努力和成就。通过以上的计划，我希望能够引导学生认识自己的兴趣和能力，为未来的发展做出明智的选择和规划。同时，我将密切关注每个学生的发展，并与家长、同事合作，共同构建一个关爱学生成长的教育环境。最后，以表格的形式呈现我对教育的理解。

我对教育的理解		
我对教育的理解	我准备做什么	我计划怎么做
新高考改革，需要重视高中生涯发展规划指导，引导学生学会选择，学会规划	引领成长共建生涯	1. 设计生涯测评：系列调查 2. 开展生涯辅导：个体与团体辅导 3. 开展生涯活动：传统活动渗透、生涯班会课、专题活动设计等 4. 生涯课程：学科渗透等 5. 不一样的寒暑假实践作业 6. 寒暑假实践作业展示会及其颁奖礼 ……

当我们充分认知自我、深入了解个人的优势后，并将注意力集中在核心任务上，然后逐步扩展自己的能力范围，担任班主任的工作就能更加轻松上手并且能够更好地发挥自己的潜力。通过认知自我，我们能够更清楚地了解自己的长处和专业知识，从而准确把握自己在班级管理和学生教育方面的优势。在工作中聚焦于核心任务意味着我们要明确自己的工作重点，并将时间和精力集中

在那些对学生和班级影响最大的方面。随着经验的积累和情况的变化，我们可以逐步拓展自己的技能和责任范围，不断完善自己的工作能力。这样，我们便能够更自信、更高效地应对班主任工作的各种挑战，并为学生的成长和发展做出更大的贡献。

四、第四个"天眼"：自我反思促提升

在成长的道路上，我们应该跟随优秀者学习、修行，永不放弃提升自己，让生活有明确的目标、工作有清晰的方向，同时保持思想的活力。阅读书籍可以开阔我们的视野，通过自身经历和感受，走过别人已经走过的路，体验成功带来的欢喜、失败带来的落寞、生活中的困惑和人生的感悟。我们可以从中学习别人的经验和方法，避免重复他人走过的弯路。阅读教育类书籍不仅能感悟教育的温润品质和柔美情怀，还可以让我们成为内心散发芬芳的人。

用文字记录生活是一种很好的习惯。我们可以将生活中发生的事情用文字记录下来，偶尔翻阅回顾，让思绪重新回到过去，客观地审视我们曾经经历过的事情，总结其中的优点和不足。好的做法将会继续发扬，不当的方法将成为我们引以为戒的教训。每个人的一生都应该留下一些痕迹：可以是一篇温馨的故事、一份出色的作品、一张充满情感的照片，甚至只是一段文字。通过坚持这种记录习惯，我们逐渐形成了自律的行为，这种积累将使我们在教育领域中成为无人能及的人。带完 2022 届学生后，我写了一篇主题为《"爱"走寻常路》的文章。

"爱"走寻常路

人生轨迹，尽在曲线弧度；岁月痕迹，包含加减乘除！当 2022 年 6 月 9 日最后一个学生的背影在校园门口渐行渐远的那一刻，我不禁感慨：你们的一

生，我只送一程；纵然有再多的不舍，但车已到站；我将原路返回，你们，远走高飞。2022届学生经历了辛苦的三年，从高一到高三的我们一起经历了很多个第一次。爱在寻常，守望相助，此时，思绪在感人的一个个瞬间中，徐徐展开……

一、爱，都源于教师的责任

太阳每天升起，是为了给世界带来光明。作为教师，我们的责任是带给学生一片光明，所以心中的那份责任总是沉甸甸的。

2019年9月接手2022届的孩子们，刚担任级长的我，整个暑假都忙着迎新生、做年级宣传资料、制订年级计划等，9月份忙着协助学生适应生活、衔接学习、开展军训工作等，追求工作完美的我，忙得没日没夜，10月份时身体出现了问题，需要动一个小手术，当时医生建议我休息两周，我担心影响自己所带班级的学习进度，担心年级的系列事情，我选择了周五动手术，周一如常回到学校上班，同事、学生没有一个人知道我动手术了。

今年4月高三封校期间，母亲已经在床上躺了有一段时间了，腰病已经迫使她必须躺着，不能下地走路。我打电话向母亲了解身体情况，可母亲却说："你安心在学校工作，我身体没事，别担心我，别耽误工作，别耽误孩子们……"每每听到这句话，我的眼泪总会在眼里打转，母亲的话让我心疼。可是我不能置母亲的病于不顾，所以一解封后，我马上带母亲去医院。在带母亲看病的那两天，虽说人在医院，可心却总牵挂着学生们：数学课学生有自觉做题吗？负责讲题的同学都讲懂给大家听了吗？年级有没有学生违反纪律？学校安排的事情今天需要完成等等，我时刻关注着年级和学校微信群。母亲看出我的心思，在病情稍微缓解时，母亲就劝我："赶紧回去上班吧，别耽误学生，让你哥哥来陪着我。"那一刻，我满含泪水地点了点头，然后马不停蹄地回到了学校，回到了学生身边。

责任是我们的承诺，也是我们看不见的关爱。

二、爱，是一路播撒一路开花

"感谢您，爱莲老师！首先感谢您高二下学期以及整个高三，还有高三因在家里上网课时您对我的照顾，您常常与我书信对话，给了我莫大的鼓励，如今毕业，蓄情于心，不知所言……"这是一封来自今年毕业后一个女生写给我的信，读着读着，我也暗暗流下眼泪。小英小时候常听到亲戚说："你不是爸妈亲生的……"这句话一直在她脑海浮现，她也经常在父母面前问："妈妈，我是你亲生的吗？"父母一直没有给她准确的答案，敏感多疑的她高二下学期被确诊为中度抑郁症。在接下来的一年多里，我一直坚持着做以下两件事情，成功帮她走出来了。首先是心理契约：每日一信，记录生活点点滴滴；我俩每天互通书信，记录着今天不开心的事情，同时更重要的是分享每天的小确幸。接着是改变认知：约谈父母，交流亲子沟通技巧；让父母与她坦白事实——孩子，你虽是领养回来的，但爸爸妈妈都很爱你的……

"爱莲老师，我很高兴能再次去到您班，是您特意安排的吗……"小文说完后马上扑过来抱着我，她是从上一届高三因为心理问题复学来到我们这届高三的。她高一的时候我教过她，后来我要到下一届高一担任级长，就没有教她了，今年高三我俩以这种方式相遇了。8月份快结束的时候，她因为头发比较长加之烫发了，德育处检查时批评了她，她一个晚上都闷闷不乐，第二天模拟考大家都奔赴考场，但，她却没有去考场！高三的三栋教学楼包括楼顶我都寻找一遍，却没发现她，一个小时过去了，还没找到她，两个小时后在艺术楼的一个角落里找到了她。她看到我，哭着说："我刚听到你在这里大声喊着我的名字，但我出来后找你却不见你……"我抱着她说："小文，我找了你两个小时，今天又穿了高跟鞋，你看我的脚后跟，全掉皮流血了……"她看到我的血，摸着我的脚，擦着我的血，哭着说："好痛吧？对不起，我不想你痛……"我说："看到你，摸着我，我不痛了！"她马上露出笑容，看着她笑，我也抱着她笑了，接着聆听了她独自跑来这里哭的原因后，回想以前她是一个男孩子

331

的发型，现在留着长长的头发，接着我说："我明白你的心情，这头发在休学期间一直陪伴着你，从没有剪短过，已经成为了你生命的一部分，对吧？"她点点头表示肯定，我继续说："你以后还想见到我流血吗？那以后不开心或有困难时能否第一时间先找我……"高三一年，每次她不开心就跑到我办公室，我首先巧用同理心，搭建沟通的桥梁；其次是获得认同，她说：因为喜欢您，所以喜欢学数学。我让她担任我的科代表，承担任务，收获同伴教师的赞扬；最后是增强自信，因为她数学学得越来越好，重拾了自信，让大家看见了她的进步，最终高考考上本A院校。

走在教育的生命之路上，一路播撒，一路开花，努力使这一征途缀满鲜花，弥漫花香，让无数学子即使踏着荆棘，也觉得幸福。

三、爱，是一场温暖的陪伴

高考期间，每天晚上我巡查完宿舍学生全部入睡后，12：00我才离开学校。高考考完数学后，有些学生在考场上已经哭了，许多学生跑出考场后哭了……看着这个情况，我晚饭也没有吃，一直安抚着学生，晚修期间我逐个班级去巡查，一个个班级去分享我当年高考的故事。高考成绩出来后，总分651分第一名的学生给我发来微信："级长，感谢您，感谢您考完数学的那天晚上到班级鼓励我们，讲您的成长故事，马上将我的心稳下来了，让我更有信心地去迎接最后两天的考试……"讲故事能将教师的信任度从30%提升到80%，因为故事承载了很多情感价值，能温润学生，感动学生，感动自己！

在高三，我重视各项的仪式教育，如开学典礼、颁奖典礼、成人仪式、百日誓师、"七"开得胜大礼包、家长加油视频、未来航班逐梦启程等，都是常规性和创新性相结合的仪式教育活动。高三时期的仪式感，能够帮助学生感知生活，建立内心的秩序感，建立生活目标。如考前我用心地为学生制作了毕业礼物——"七"开得胜大礼包，一是印有学校校徽的透明文件袋，寓意"袋袋"平安；二是特制学校吉祥物钥匙扣，满分钥匙逢考必过；三是刻上学生名字的金榜题名手环，戴上红手环，高考战必胜；四是十全十美"象"前冲红包；五是"天下第一上上签"，手执此签好运到，金榜题名人成功；六是特制红色祝福口罩，第一天戴"逢考必过"口罩，第二天戴"高考必胜"口罩，第三天戴"金榜题名"口罩；七是鱼跃龙门福袋。学生考前收到满满带有祝福的礼物，对学生而言有强大的积极暗示作用。

教育需要仪式感。对高三学生的爱应该是一场温暖的陪伴，而仪式感恰恰是重要的体现形式。

四、爱，是一场温柔的坚守

工作16年，我在班主任这一育人工作的主阵地，耕耘15年，一直坚持以"匠心立德，幸福成长"为工作理念。2020年初，我们教育孩子们如何做到宅家不懈志，宅家不宅情。我带领工作室全体人员及年级班主任共同出谋划策，为学生做好线上"云"护航，线下多鼓励。

（一）策划一场"空中"开学典礼

2020年"开学"第一天，开好头起好步，我为年级策划一场"空中"开学典礼，既能够激发学生学习的斗志，又能够给学生留下一个难忘的回忆。开学典礼上，我们进行了云端升旗，展报国志；致敬英雄，心怀感激；回忆点滴，不忘初心；开学宣言，砥砺前行。

"这是我第一次参加'空中'开学典礼，也是这个假期第一次穿上了校服。当国歌声响起，我高声地唱起了国歌，唱起国歌让我更加充满力量充满信心！""少年强，则国强。马上就要开学了，我要制订好计划，不负韶华，只争朝夕！"——学生的感受。

（二）线上线下两不误，只因一份坚守

有个别走读生开始焦虑，一直哭，吵着要回家。我陪她去足球场，听着她诉说……每天早上7:00前回到教学楼，晚上11:00才离开教室或宿舍。还有一个月就高考了，年级部分学生因为特殊原因，周日不能如常回校，需要居家学习，有的班级最多时有五六个同学不能来上学，这可把我愁坏了，马上联系学校总务处协调每个教室的直播设备，为居家学习的学生提供账号，让他们正常紧跟班级学习进度，不落下年级任何一个学生。同时，这个时期病毒性感冒猖獗，有的班级最多时有七八个同学请假不能来上学，有的学生在教室也是带病来，于是我请教医院的朋友，有什么好办法能在教室里遏制一下病毒。在朋友的帮助下，抓了一些草药，拿来电锅，每天早上到学校先把药熬上。这样坚持了一段时间，还真的很奏效，感冒的同学陆陆续续都好了起来，后来再也没有感冒的同学。看到同学们都能健健康康地坐在教室里，作为德育级长，我打心眼儿里高兴。

（三）设计系列线上思政班会

线上教学，需要坚持上体悟式思政班会课吗？答案是需要的！每届学生毕业后，我都会布置不一样的暑假作业——写《回首象贤路》。在回忆录上，我看到学生这样写道："特别喜欢上爱莲老师的班会课，在班会课上，您总能设计许多体验式的小活动让我们去感悟，去成长。在您的带领下，咱们班就是不一样，同学们表现与别班不一样，老师也跟别班不一样，我们有这样的同学、老师，感到很幸运、很幸福。"这段话一直鼓励着我。因此，我紧紧抓住这次特殊的教育契机，围绕爱国主义教育、生命教育、责任教育、心理指导、学习指导、毕业班指导等主题，引导孩子做到六个"学会"：学会感恩、学会敬畏、学会担当、学会思考、学会自律、学会乐观，让他们收获特别的成长。"莲"美团队合力设计共50节6个学段的线上思政班会课，班会设计每周末在公众号进行分享，并共享给全区班主任使用，受到番禺区班主任们的一致好评与认同。

坚守是我们的初心，也是我们与学生一起幸福成长的时刻。

因爱而行，用心而动。爱在左，责任在右。作为教师，我们一手握着爱，一手提着责任，走在教育之路上，我将继续义无反顾地一路前行，将教育事业进行到底！

我们常常羡慕他人的成功,然而,每一次成功的背后都有持之以恒的努力。正如一句名言所说:"许多事情不是看到希望才去坚持,而是坚持了才能看到希望。"在你所做的事情中,也许暂时看不到成功,但你不应该灰心,因为你正在成长、扎根。只要我们不断地进步,就能像一朵花一样绽放,永远走在教育的春天里。

五、第五个"天眼":守初心当大先生

习近平总书记提出:人才培养一定是育人和育才相统一的过程,而育人是本。人无德不立,育人的根本在于立德。作为一名新时代的人民教师,不能只做传授书本知识的教书匠,而要成为塑造学生品格、品行、品位的"大先生"。工作17年,我在班主任这一育人工作的主阵地,耕耘16年,一直坚持以"匠心立德,幸福成长"为工作理念,不忘初心、牢记使命,立德树人。16年的坚守,我不断思考与探索,成就学生的同时,也成就了自己。

(一)守初心,做锤炼品格的引路者

17年的工作生涯,我以"每个人都有人生出彩的机会"为目标,用三个5年实现了班主任专业成长与突破。第一个5年是探索阶段,根据学生需要,尝试小活动大德育班会课,引领学生成长;第二个5年是突破阶段,尊重学生的需要,探索体悟式主题班会课,侧重学生的感悟分享;第三个5年是成长阶段,结合新高考改革要求,探索学生发展指导下的体悟式班会课和课外活动,确立高一初探、高二探寻、高三解惑生涯的三阶梯模式,引导学生学会选择、学会规划。借助班会主阵地,育人见实效,我所带班级每月均获"标兵班",多次获区先进班集体称号,在提升自我能力的同时,与学生一起幸福成长。

1. 莲美文化，潜心教书育人

我的班级，围绕着莲文化，开展"莲和心田（精神建设）、莲美诗韵（物质建设）、莲心管理（制度建设）、莲动雅行（活动建设）"四大建设，学生浸润在莲美育人的环境中。通过"莲美正能量""评选莲心团队优胜组""莲美书信""莲美节日""莲美典礼"等不同的形式，与学生共同构建莲美雅趣的班级，落实立德树人的根本任务。

2. 思政班会，传播优秀文化

结合工作实践，我探索出生涯思政相融合体悟式班会课。作为德育工作者，通过思政班会，讲好中国故事、传播优秀文化、弘扬民族精神。如我抓住教育契机，围绕爱国主义教育、生命教育、责任教育、心理指导等主题，设计系列思政班会，引导新时代青少年要树立远大理想、热爱伟大祖国、担当时代责任、勇于砥砺奋斗、练就过硬本领、锤炼品德行为。

3. 家校共育，探索德育课堂

习近平总书记提出，办好教育事业，家庭、学校、政府、社会都有责任。家庭是人生第一所学校，家长是孩子第一任老师，要给孩子讲好"人生第一课"，帮助扣好人生第一粒扣子。近年来我探讨了互动式家长会、家长学堂、亲子沟通课程等活动，通过线上线下相结合的模式开展，以活动为桥梁，营造一个良好的合作交流氛围，一起"共赢"学生家长的心灵。

4. 实践活动，增强生涯意识

学生发展指导下系列实践拓展活动是我对生涯规划教育探索、实践的结晶，让学生更能理智规划未来的学业、职业方向；我汇编了三个学段的《学生成长手册》，记录成长路线、升华生涯体验、增强生涯意识、优化德育基因，帮助青少年扣好人生第一粒扣子。

守初心，争做"四有"好教师，通过多年的班主任探索和实践，我提炼了个人的育人文化与品牌——莲美文化和三品德育，一直为培养品格好、品行

正、品位高的三品育人目标而努力。

（二）铸师魂，做专业发展的引领者

习近平总书记提出："过去讲，要给学生一碗水，教师要有一桶水，现在看，这个要求已经不够了，应该是要有一潭水。"独行快，众行远，以工作室共同体为平台，推进班主任的核心素养、自觉的专业发展，形成一些优秀的理念、方法，辐射区域，打造广州特色。

立足时代，面向未来，我秉承"匠心立德，幸福成长"的理念建设工作室，以"打造名班主任群体，形成莲美团队名优效应"为目标，以"自主生长、专业支持、任务驱动、实践磨砺、联动共进、评价激励"为策略，以学生发展指导下"三育融合"为研究方向，以"一体两翼三育四品五位"为研究路径，以新时代的发展为契机，建设一支社会主义先行示范区的优秀班主任队伍，使工作室成为培养名优班主任"青蓝工程"的基地。

在班主任和主持人的责任担当中，在学习与研究中，助人助己，成就事业，丰盈人生！站在"两个一百年"的历史交汇点上，守好一段渠，种好责任田，给学生心灵埋下真善美的种子，帮助青少年扣好人生第一粒扣子，努力让每个人都有人生出彩的机会，培养担当民族复兴大任的时代新人，做新时代的"大先生"。

第三节　工作室在三品德育中的建设案例

"人才有高下，知物由学。"在广东，有这样一个名班主任工作室——她，一直追逐时代的前沿，坚持躬身实践，知行合一。她，以工匠之心，在知识的追求上精益求精。她，在做人的格局上立德树人、团结助人。她，就是广州市中小学名班主任何爱莲工作室，又名"莲美"团队(以下简称"工作室")。

工作室秉承"匠心立德，幸福成长"的理念，以初心立德，用匠心育人；兢兢业业，立德铸魂；"莲美"团队播种匠心，幸福成长，致力打造名班主任群体，形成"莲美"团队名优效应。

一、共绘蓝图，铺设团队成长高速公路

品质于心，匠心于行。工作室通过开展"体悟式班会＋讲座"、"思辨式班会＋研讨"、"魅力微班会＋沙龙"、微言荷语、下乡送教等各种活动，为工作室人员铺设一条快速成长的高速公路，不断引领团队蓬勃成长、向阳而生，让工作室成为他们实现名优班主任理想的梦工厂。

2016年4月至2019年3月，工作室第一周期创设"五位一体"研究方向，创新"五位一体"研究架构，确立"生涯教育三阶梯"模式，开拓生涯教育实践途径，助推师生共同成长，被评为优秀等级。

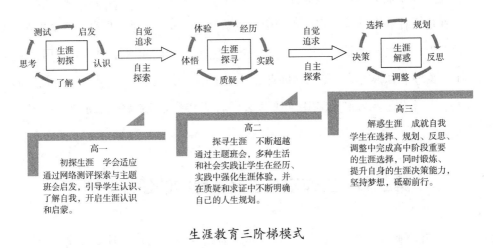

生涯教育三阶梯模式

2019年4月至今，工作室陆续开展第二、第三周期工作，在运行机制上坚持"四制并行、三个追求、四举并措"，实行刚性规范、柔性服务、活性激励；在特色运营上追求立足"三个基于"，形成"三级研究"，推行"八一工程"；在

研究方向上，创新学生发展核心素养下的"三育融合"，以"一体两翼三育四品五位"为研究路径。工作室致力成为各位学员成才与发展、提高与腾飞的基地。

一体：以"人的发展"（师生共同成长）为一体化主线。

两翼：以立德树人为引领先导，以文化德育为突破之口。

三育：又称"三育融合"，包括生命教育、心理健康教育、生涯教育，三者相互融合。

四品：基于学生发展的需要，一是打造三育融合下特色思政班会品牌，有利于学生的成长成才；二是深化三育融合下"班级管理小辞典"品牌，有利于聚焦新高考改革背景下走班管理、学生综合素质评价、学生发展指导等热点难点问题；三是创新三育融合下的社会实践活动品牌，有利于学生更好地规划未来的学业、职业方向；四是擦亮三育融合下学科渗透品牌，实现课堂思政，思政课堂，帮助学生扣好人生第一粒扣子。

五位：探讨五个不同定位班主任研究团队的专业发展途径和模式，实现"区班主任研究会为统筹，市工作室为引领，区工作室为带动，校工作坊为协调，年级研究坊为联动"，助推班主任朝"精细化、团队化、个性化、专业化"的方向发展。

二、激发内驱，探寻团队发展高效路径

凝心聚力谋发展，团结奋进谱新篇。工作室组织成员采取线上线下研讨、自主研修和专家引领相结合的形式，以理论熏陶的模式提升团队的班主任素养。

（一）"四制"并行，促进培养

一是导师领衔制。工作室聘请广州市教育研究院蒋亚辉主任、黄利副主任为工作室导师进行理论指导、方向引领、品牌提炼，以促进工作室的全面发

展。主持人做好班主任专业成长的研究者和推动者。

二是课题推进制。工作室以新高考改革的需求为依据，对高中生涯发展指导下体悟式主题班会和实践活动进行专题研究，确定主课题研究的方向，成员围绕主课题进行子课题研究。工作室借助课题研究，成为团队品牌凝练和成员专业成长的有力载体。

三是成果辐射制。工作室立足番禺，辐射广州，努力开发高中生涯发展指导下体悟式主题班会和实践活动两个课程。工作室借助课程开发，不仅是走出工作室特色发展之路的要求，也是新高考改革所提倡的学生综合能力发展的要求，更是学生发展理念下关注学生个性化发展的需要。

四是规章明确制。在人员管理上，工作室制定《活动参与制度》《成员学员考核制度》《任务达标记录卡》《专业发展评价管理评价表格》等相应管理制度和方案，实行量化管理，规范要求。

（二）三个追求，引领成长

"人生在勤，勤则不匮。"工作室与成员学员一起制定个人的长远目标、中期目标、近期目标。本工作室为成员确定"文化育人，成就名优班主任"为长远目标，鼓励成员学员要有精神追求、专业追求、事业追求，推行"八一工程"，领航专业成长，在文化育人中起示范作用，力争成为全区乃至全市、全省有一定影响力的班主任带头人。其中"八一工程"内容如下：

每天浏览一个网站——关注时事，思政育人。

每月研究一个案例——研磨案例，育人成长。

每月整理一次资源——整理资源，厚积薄发。

每季阅读一本专著——坚持阅读，立德树人。

每年上一节公开课——核心素养，班会先行。

每人追随一位师父——拜师学艺，共生共长。

每人研究一个课题——学研共进，知行合一。

每人提炼一个品牌——一班一品，形成范式。

（三）"开""筑""联""借"，四举并措

1. 开辟多种交流途径

工作室除常规例会外，还有形式多样的活动，如"主题班会+讲座"、"主题班会+研讨"、微言荷语等，创建这些活动主要是为了带领团队学习班主任管理的前沿理论，构建班主任成长共同体。

2. 筑牢读书学习基础

工作室定期为成员购买书籍，每人每季要精读一本专著，定期开展读书交流活动，撰写德育论文或读书心得，以提高个人理论水平。工作室共发表德育文章32篇，其中获奖15篇。

3. 联动共进相互学习

工作室主动牵手省市区校工作室开展活动互相学习，联动共进；积极承担省级德育干部跟岗活动、市级班主任培训工作、区级班主任研讨活动等共169场，培训人数达38597人次，包括班级文化建设、班级管理策略、主题班会设计、学生问题分析等，引领班主任走专业化道路。

4. 借助媒体共享成果

工作室开通微信公众号，上传各类资料共300多篇，总访问量达4万多人次，实现资源共享；编辑小报《绽放》38期，记录工作室成长；开通3个工作群：番禺高中班主任群632人、贵州交流研讨群210人、莲美团队微信群46人等，充分利用网络进行交流研讨，共享资源；积极参与"广州班主任"微信公众号建设，共投稿或担任责编40多篇。

三、凝练建设，擦亮团队硕果特色品牌

学无止境，勤则可达；志存高远，恒亦能成。工作室通过自主生长、专业支持、任务驱动、实践磨砺、联动共进、评价激励，围绕"学生发展"这条主线合力打造莲美团队的四大新特色品牌。

（一）特色线上研讨：三育融合下的"班级管理新辞典"

线上研讨，潜心教书育人。工作室建立特色研究栏"班级管理新辞典"，围绕新高考改革下的走班管理、学生综合素质评价等热点问题，每周都会开展线上专题讨论，汇编《班级管理新辞典》《微言荷语》成果集。

（二）特色思政班会：三育融合下的思政主题班会

思政班会，传播优秀文化。我们围绕爱国主义教育、生命教育、责任教育、心理健康教育、生涯教育等主题，共设计99节思政班会课，供全区班主任使用，且《核心素养视角下"三育融合"思政主题班会》已出版。

（三）特色课外活动：三育融合下的实践拓展活动

实践活动，增强生涯意识。学生发展指导下系列实践拓展活动是工作室对生涯教育探索、实践的结晶，引导学生不断思考和明晰自身的发展道路，更理智规划未来学业、职业方向。另外汇编《学生成长手册》《学生发展指导下课外实践活动》。

（四）特色学科渗透：三育融合下的学科渗透

学科渗透，探索思政课堂。工作室开展学生发展指导下学科渗透，引领学生成长，其中工作室承担学科渗透区级公开课6节，市级公开课1节。何爱莲

老师 2019 年 12 月成功申请了市级课题《新高考背景下高中数学"导研式"教学与生涯教育相融合的研究与实践》。

四、辐射引领，打造团队腾飞专业基地

能力越大，责任越大；格局越大，舞台就越大。工作室自 2016 年成立以来，共有成员 52 人次，学员 97 人次，以"共商共策，幸福前行"为宗旨，以"打造名班主任群体，形成莲美团队名优效应"为目标，使工作室成为培养名优班主任"青蓝工程"的基地。

（一）乐于承担，引领辐射

任务驱动，立德铸魂。工作室建立 27 个校级工作坊，开展 219 场班主任研讨活动，涉及省级德育干部交流活动、广州市骨干班主任培训、番禺区班主任全员培训、番禺区"高中学生发展指导"项目实验活动等，培训人数达 5.4 万人次，承担德育讲座 176 场，设计 99 节思政班会课，通过线上线下相结合的模式，搭建多渠道交流平台，引领班主任走专业化道路。

（二）对口帮扶，辐射内外

星星之火，可以燎原。工作室进一步发挥辐射引领作用，6 次赴贵州省毕节市威宁县、赫章县、独山县和广东省惠州、潮汕、湛江、韶关等薄弱地区进行交流支教，接待与指导云浮市、威宁县、赫章县、广州大学、华南师范大学等多批跟岗班主任共 25 批（其中威宁县、赫章县跟岗班主任共 6 批）。《番禺日报》、"花城+"、《广州日报》、学习强国等媒体均做了报道。

（三）科研导航，硕果累累

潜心科研，助力成长。工作室全体人员积极开展课题研究、撰写论文，以

提高科研水平。工作室围绕"学生发展"的主线进行实践探索，共有广东省中小学德育规划课题《体悟活动助力高中生生涯发展的实践研究》等8个省市区德育课题，出版了《高中生涯发展指导下体悟式主题班会课》《三育融合思政班会课设计》两书，参与编写书籍《爱心润泽，慧心化育》和《中学新班主任入门》，汇编成果30多本，培养了一大批优秀班主任，教育教学获奖316人次，其中何爱莲老师被评为广东省"百千万人才培养工程"名班主任培养对象，古孟利老师荣获2021年南粤优秀教师、孟祥鹏老师荣获第三届番禺区十佳班主任、段超老师带领番禺区名班主任段超工作室参加第八届广东省班主任专业能力大赛获中职组团体赛二等奖。

（四）立足番禺，丰盈人生

立足"价值追求"，着眼"未来活力"。工作室立足于推进文化德育，服务番禺教育，发挥番禺区班主任工作研究会为核心的团队精神，引领番禺区建立了31个区级工作室、214个校级工作坊工作室协助统筹，带动开展区级活动152场，网络研讨活动121次，培训人数达56597人次。

五、开拓创新，紧跟步伐做时代大先生

"看似寻常最奇崛，成如容易却艰辛。"回首走过的道路，"莲美"团队深感充实与快乐，收获了幸福与成长。"志之所趋，无远弗届，穷山距海，不能限也。"工作室积极鼓励每一位班主任做专业的研究者，推进班主任的核心素养。初步形成优秀的育人理念、文化特色，让工作室成为名班主任成长的摇篮。以新时代的发展为契机，建设一支社会主义先行示范区的优秀班主任队伍。"独行快，众行远。"区域名班主任培养任重道远，"莲美"团队永远在路上。